敘事治療入門

Narrative Therapy:
An Introduction for Counsellors

Martin Payne　著

陳增穎　譯

Narrative Therapy
second edition
An Introduction for Counsellors

Martin Payne

English language edition published by Sage Publications of London, Thousand Oaks and New Delhi, © Martin Payne, 2006

獻給　瑪麗

我重要的工作伙伴、愛侶

本書謹紀念佩翠西亞（佩特）‧柯林斯

CONTENTS

作者簡介

馬丁‧佩尼（Martin Payne）

　　為獨立執業的治療師，並在英國諾爾維屈（Norwich）提供治療訓練。他已完成麥克‧懷特（Michael White）在澳洲阿德萊德（Adelaide）的敘事治療密集訓練課程。

譯者簡介

陳增穎

學歷：國立台灣師範大學教育心理與輔導研究所博士
　　　美國伊利諾大學香檳校區教育心理學系諮商心理學組
　　　訪問學者
曾任：國高中輔導教師、大學校院兼任講師及心理師、
　　　永達技術學院學生輔導中心主任
　　　高雄張老師及社區心理衛生中心特約心理師
現任：南華大學生死學系所副教授
專長：敘事取向個別與團體心理治療、受苦生命經驗的轉化、
　　　心理師成長、悲傷輔導

推薦序

　　這是一本令人驚豔且重要的書。馬丁‧佩尼是一位英國的諮商與心理治療師，其初始訓練和專長領域為個人中心取向，強調自我、自我實現、真誠一致、接納與同理心等核心理念。接著他受到麥克‧懷特（Michael White）及大衛‧艾普斯頓（David Epston）的「敘事治療」實務工作影響啟發。他的書告訴我們，他如何理解敘事治療並將之整合至實務裡，甚而影響到他的世界觀。他告訴我們許多他從敘事治療裡發展出的實務工作，也藉此讓他以較肯定與創造性的態度，主動而完整地參與當事人的生命。

　　在本書中，他也寫出如何費力理解麥克‧懷特理念中所傳達出的倫理與哲學意涵。不似大多數最近出版的諮商學著作，這是一本相當基礎的書，同時反映出那些支持與質疑其成效的雙邊觀點。敘事治療前衛與令人費解的本質都很清楚地在馬丁這本書裡得到詳盡的描寫。為了回應「因生活中的問題」而求助的當事人，他的敘事治療取向是支持性、有目標且易於接受的。但同時，敘事治療的概念又與當代其他諮商師和心理治療師的做法有相當大的差異。在某種程度上，這些差異來自新發展的技巧與介入方式（如：寫信給當事人）。但就如馬丁所言，在另一程度上，寫信與其他敘事治療的技巧不僅僅是治療師的技術錦囊，也是理解何謂治療的另一種方式。我自己的觀點是，敘事治療是一種*後心理學*（postpsychological），這種運動讓我們了解到心理學的模式與概念如何促成葛根（Kenneth Gergen）稱之為「缺陷語言」（language of deficit）的傳播，而且腐蝕集體與共有的生命與關係。馬丁從文化和社會取向的觀點為我們描述與重新思考很多諮商實務的做法。

麥理歐（John McLeod）

丹迪市艾伯泰大學（University of Abertay）

誌謝

　　我要感謝麥克・懷特撥冗討論本書（按：此指原文書）第一版的架構及內容，並審閱評論第九章，更感謝他的鼓勵。與麥新保（Don Meichenbaum）在電子郵件往返中的對話，有助於我和有創傷後反應的當事人工作。我要感謝麥理歐撥出時間閱讀本書並作序。

　　我要謝謝麥翠爾（Barrie Mencher）花時間搜尋李維斯（F. R. Leavis）的著作。貝蒂（Rose Battye）、艾默生（Peter Emerson）和夏普（Freda Sharpe）閱讀並評論我早期第一版的草稿。夏普不厭其煩地投入本書，細究討論文字的差異，也常提供出色的修正方向，以及令人信服的論點，使我得以應用在本書上。海沃（Mark Hayward）慷慨地提供他在鷹架對話（Scaffolding Conversations）上的筆記，增加我對實務的理解。史碧迪（Jane Speedy）對本書第一版敏銳的評論使我重新構思第六章。與艾默生和葳爾金森（Mary Wilkinson）多年來定期的討論，對我在敘事治療的理解貢獻良多。我要特別感謝葳爾金森，她引領我走入敘事治療，閱讀和討論本書兩版的手稿，澄清許多不熟悉的概念，更提出很多重要的論點，找出打字和標點符號上的錯誤，更給予我許多支持。

　　我要感謝所有 Sage Publications 的工作同仁投入本書的計畫與印行，他們的支持與專業是無價的。

　　所有指導過我的人仍是我學習和靈感的主要來源，鼓舞我去了解人們如何在經歷不公、虐待、失落、困惑、創傷和災難時，仍可活出完整的生命。那些允許我在本書說出他們的故事的案主，也熱切地希望這些故事能使他人受益。

原文二版序

　　從本書第一版出版至今七年來，敘事治療持續發展，如：在全球舉辦年度研討會，主要創辦者麥克‧懷特到全世界各地巡迴演講，以及日益增加的實務工作與著作，也已建立治療師訓練課程。儘管如此，讓我印象最深刻的是它在諮商（counselling）文化裡尚未占有一席之地──我的眼界或許有些狹隘，但是在英國，諮商和家族治療的確仍存有差異。很多家族治療師運用敘事治療的理念與實務對個人、伴侶和家庭進行治療工作，但大部分我所遇過的諮商師對敘事的理念似乎都不太了解。本書第一版主要在彌補這段鴻溝，雖然很高興能得到來自家族治療期刊的迴響，但令人失望的是，只有獲得少數諮商期刊的回饋。

　　我希望新版能對諮商師及家族治療師提供有用且最新的敘事治療理論概觀與技術。雖然章節順序仍照舊（只多加了一章），本書仍做了很大的更動。不僅重寫以使其更簡明易懂，也援用更恰當的治療實例，修飾誇張或簡略的段落，並且在以麥克‧懷特的實務為核心發展理念的架構下，從很多敘事治療師那裡徵引新的觀念。

譯者序

　　記得十幾年前讀大學及碩士班時，教科書上只有九大學派，時至今日，教科書上所列的學派不斷增加，敘事治療即為其中之一，其聲勢甚至有凌駕「前輩們」的傾向，這顯示諮商師／治療師並非躲在象牙塔中，而是會根據社會及當事人的需要，適度地加以修正或創新。

　　故事經常變成自我實現的預言，而學習敘事治療過程中最讓我佩服的地方在於，它挑戰主流及強勢文化，重視個人經驗的獨特性，使治療師必須以一種比以前更為個人化，以及對每個當事人更為獨一無二的故事，來取代一般性的、預先決定性的論述。透過從多種角度來探索經驗，治療師實現對當事人的尊重，一種樂觀、積極、正向、謙遜的態度，不評價、不論斷、不病態化、不自以為是；能夠留意到大的系統脈絡的問題，並且評估當事人的資源所在；為了鼓勵當事人對故事做生動的探索與延續，很多的做法可以運用，其豐富令人難以置信，使治療師和當事人都能夠藉此展望未來，不但讓我有躍躍欲試的興奮，也深受感動。特別是「重新入會」的觀念更讓我看到支持的強大力量，使當事人不必再孤軍奮戰，讓關心的人挺身而出，共同對抗受虐的情節，確保個人的地位與尊嚴，反而能重新造成一種社會的解放。

　　這本書的翻譯前後歷時兩年，要跟讀者說聲抱歉，因為俗務纏身，再加上字斟句酌，使得翻譯進度緩慢，但現在總算可以把好書介紹給大家，著實鬆了一口氣。雖然這只是一本入門書，但卻已涵蓋敘事治療最精要的理念與實務。坦白說，在學習敘事治療時，常有「瞻之在前，忽焉在後」的感受，足見敘事治療仍在發展中。翻譯這本書，希望能讓讀者更容易貼近敘事治療，也讓我為它盡一份小心力，以此表達我的敬意。

增穎　於高雄左營

導論

幾年前我接受個人中心取向的諮商課程訓練，也廣泛涉獵其他個別諮商心理學與方法，額外學習家族治療。當時我太太葳爾金森在另一個完全不同的訓練機構學習系統治療，我對於這兩套課程所建議閱讀的材料及實務方法甚少重疊感到很不可思議，而家族治療的理念似乎更有趣及刺激也讓我感到困惑。我特別喜歡應該將個人的家庭和社會脈絡納入問題定義與治療過程的考慮這個觀念。我開始設想家族治療的理論與實務也許可以適當地運在個別諮商／治療上。

偶然間，我讀到瑪麗的一本書，是一位我從沒聽過的家族治療師所寫的，他描述一段與一名十二歲的男孩及其父母親的治療歷程：

約翰突然嚇了一跳，「這是第一次有一個很明確的方法可以擊退我的恐懼（雖然在過去他已經被鼓勵過無數次要停止自己的強迫性行為）。」他現在「知道」解決的方式就是不要去餵（feed）恐懼這個壞朋友。約翰和沃克太太因得到解脫而哭了。約翰用手遮住眼睛，陷入沉默。我問他在想什麼，他回答說，他擔心我會以為他在哭。我說：「如果你的內心

哭了，但卻不同時表現出來，你的能力就會因此而被淹沒。」
（White, 1989: 5）

我震懾於這段描述所流露出的情感，也為這男孩說怕哭會丟
臉的回答所感動。我的好奇心被激起，當我繼續翻閱這本書，另
一個段落吸引住我的目光，與我過去生命中的某段時期起了強烈
的共鳴：

> 外化作為治療的一種方法，是用來鼓勵個體去客觀化、
> 但又同時擬人化他們感覺到被壓迫的問題。在這個過程中，
> 問題變成可分離的實體，從被視為問題的個體或關係中分化
> 出去。這些一向被視為是個體或關係中內在的、具有相當固
> 著特質的問題，變得較有彈性且不再那麼束縛人。（White,
> 1989: 97）

幾年前我深受憂鬱症所苦，稱它為「敵人」。這種方法很有
效，但我從未思考為什麼。這段描述是這麼生動，我才了解到藉
著給憂鬱症一個無禮的名字，我得以更能跟它劃清界限，更能控
制我的生活。

這本書就是麥克‧懷特（White, 1989）的《選粹》（*Selected
Papers*）。我開始閱讀懷特及其同事大衛‧艾普斯頓的著作，也因
此開啟了我從事敘事治療的知性、專業與個人的旅程。

懷特是位於南澳大利亞阿德萊德達爾維屈中心（Dulwich Cen-
tre）的主任，而艾普斯頓是位於紐西蘭奧克蘭（Auckland）家族
治療中心的主任。他們已共同或個別撰寫許多本書及期刊文章，
通常只在其國家刊行，除了《故事、知識、權力：敘事治療的力
量》（*Narrative Means to Therapeutic Ends*）這本書是諾頓（Nor-
ton）於 1990 年出版之外（譯註：中文版由心靈工坊出版）。懷特

或許是兩人當中最多產及最富影響力的。他們也重新思索歐洲和北美家族治療的很多理念，運用其歷史觀、後現代哲學、社會心理學、人類學、女性主義理論和文學理論（White, 1995a: 11-12, 61-2）。敘事治療已跨出澳洲及紐西蘭，在北美和加拿大及其他各地成立，並有越來越多的出版品（例如，Parry & Doan, 1994; Parker et al., 1995; Freedman & Combs, 1996, 2002; Zimmerman & Dickerson, 1996; McLeod, 1997; Law & Madigan, 1998; Parker, 1999; Angus & McLeod, 2004a; Madigan, 2004）。

本書的範疇與型態

在本書裡，「敘事治療」（Narrative Therapy）具有特殊的意義，意指懷特、艾普斯頓及其他實務工作者所發展出來的理念與實務工作。它並未涵蓋特別稱之為「敘事」、使用敘事歷程理念的其他治療師，如心理分析取向治療師史賓斯（Donald Spence）。

懷特很謙虛地表示，他只是「投入這項工作」，敘事治療是屬於所有認同它、並且將它具體表現在平日實務工作的治療師（White, 1997a）。然而，截至目前為止，他的書、文章、公開訪問及跨國研討會已帶領敘事治療的擴展並廣受治療師認同。

懷特一開始並非使用「敘事」這個詞來形容他的工作，他早已撰寫出版許多文章和書籍，強調他的某些理念：「是傑利·懷特（Cheryl White）和艾普斯頓鼓勵我用敘事的隱喻來說明我的工作，並對此種隱喻做更具體的探討。」（White, 1995a: 13）如前所述，敘事的概念也出現在非屬懷特—艾普斯頓「敘事治療」派的治療師中，這常會令人混淆。麥理歐曾告誡說：

所有的治療都是敘事治療。不管你在做什麼，或認為你

在做什麼,只要治療師或當事人是透過敘說和重新敘說故事
來得到理解就算。沒有什麼「敘事治療」,沒有單一的做法。
要說「敘事治療」是治療市場中的一種全新商品(附帶訓練
手冊)是大錯特錯。(McLeod, 1997: x)

3　　　或許需要一個新名稱。不管怎樣,其他創始治療師並未特別
用「敘事」這個詞來定義其工作。當事人向宣稱自己為完形、個
人中心、心理動力、認知行為等學派的治療師「說故事」,但是
只有懷特和艾普斯頓屬意這個詞,而且其治療工作也特意專注在
敘說的歷程與概念。我真的相信,懷特和艾普斯頓已發展出一套
獨特、一致的工作方式來界定「敘事治療」,即使它無可避免地
會讓其治療工作的其他部分晦澀難懂。懷特及其同仁視敘事治療
為發展中的、共同合作的實務,但有些技巧和方法仍是其治療法
所特有,是有志於學習此法的治療師該學習的。這些技巧在後續
的章節中大多會描述到,但本書是入門書,不是手冊,因而無法
提供精熟此治療法的全套系列規則。

　　　在我的觀念裡,(家族治療)仍然開放且多元,我認為
這也許是它最重要的長處。家族治療不是「封閉型的商店」。
(White, 1995a: 78)
　　　我還在學習如何從事治療——我不是「麥克‧懷特治療
師!」(White, 1997a)

當我請教懷特他想在本書看到什麼,以及該刪減哪些時,我
預期得到的回答是:「確定你有強調外化」或「要涵蓋敘說和再
敘說的描述」。結果他提到的是:「我希望聽到你自己的聲音,
你自己對這項工作的發現,這項工作在你自己的生命中引起共鳴
的方式,以及你的生命促成你投入這項工作的方式。」這本書是

基於我自己的閱讀、思考、理解或誤解。為避免它被視為權威，我已試著在治療中去理解和運用，用我自己的實務工作當例子。雖然在本原文書第二版裡有較多其他敘事治療師的工作，本書仍以我對懷特的理解和描述為主。

我採用艾普斯頓的斜體、驚嘆號、修辭性疑問句，以及非正式的口語、片語，以避免學術性、非人稱的口氣或專家的立場，而顯示出無所不知與高高在上的風格：「我選擇用我自己的『聲音』來定調我的描述，摒棄客觀的、遠距修辭的科學『寫法』。」（Epston, 1989: 7）我交互使用「諮商師」及「治療師」這兩個詞，並沿用懷特稱呼前來接受治療的個人為「當事人」而非「患者」。為避免性別的誤用，代名詞他／她、他的／她的用法亦會隨機出現。

這本書要依順序閱讀，循序漸進地描述理念、實務和專業術語，儘管有些讀者可能會喜歡看完其他章節後，再回過頭來讀第二章。第一章強調敘事治療某些重要的概念與實務；第二章描述敘事治療的哲學基礎；第三章到第七章詳盡涵蓋理論到實務的應用，大部分改寫自我自己的實務工作；第八章呈現兩個有關受虐記憶與憂鬱症的治療故事；第九章再回到理念，探討敘事治療的後現代結構主義基礎如何建議傳統諮商文化重新思考某些被視為理所當然的寶貴理念。第十章提供敘事治療在創傷後反應與伴侶上的實務工作詳細範例。而附錄則包含共同督導的經驗性學習素材。

我希望這本廣泛介紹敘事治療的書可以引起讀者的興趣，激勵從事個別或伴侶治療的同仁們一起來研討，發揚此項實務工作前輩們的著作。未來更希望且相信運用此法的同仁可以像我一樣，找到既具挑戰性又豐富的治療理念與假設。

4

① 敘事治療概觀

敘事治療與傳統治療法

敘事治療在很多方面是很前衛的，它所涵蓋的理念、假設、目 標與方法，對熟習傳統心理治療取向的治療師而言，可能會 覺得陌生且富有挑戰性。然而，傳統治療法中的某些共同因素卻 能通向理解的入口。敘事治療的文獻並沒有特別強調這些共同因 素，讓有些評論者將它視為打高空，即使懷特堅持他的理念與做 法和傳統治療法不同，但並不表示這些理念是「錯的」（White, 2000: 19-20, 2004a: 132）。

*個人中心取向*的治療師認為敘事治療和其享有共同點，治療 師的目標在激發知識、技巧、覺察及適應性的生活能力。治療的 目標在創造尊重及接納的氣氛，這些因素在一開始時並不為當事 人所知覺，但卻能藉由認可、談話、增強而引發正向的改變。治 療師的角色都在促發這個過程，而非在個人的動機與需要上灌輸 專家知識。兩種治療法都假定治療師和當事人間的相互合作與平 等地位，治療師亦步亦趨地跟隨當事人展開發現之旅，並決定如 何運用。

5

*認知取向*的治療師認為，非理性思考是阻礙個體克服現實與情緒困擾的主因。敘事治療也鼓勵當事人詳細檢視現有觀念的限制來重獲覺察。兩種取向都認為治療師的任務在協助個體投入更多能力以重新建構其經驗。

*心理分析取向*理論家（如史賓斯）強調，治療師不能將治療重點局限在當事人尋求治療時所帶來的原始、過去發生的實際經驗。當事人敘說的內容是片段的、選擇性的、不一致的，受到社會的假設概念所影響。治療師的理解根植於專業假設與詮釋偏見之下，使得它偏離被選擇性描述的過去現實，而社會相傳的語言模式與常規也會改變其型態（Spence, 1982: 321-37）。敘事治療師均同意以上的觀點。

其他更多的例子也有助於我們理解。*神經語言程式*（Neuro-Linguistic Programming）和敘事治療的共同點在於兩者都注意到治療中的語言，近來將焦點放在個體對治療師所敘說出來的故事本質（Young, 2004）。*阿德勒學派*（Adlerian）對個體和社會之間核心權力關係的體認也是敘事治療的中心思想，強調社會脈絡和個體間互動的重要性要比分析假設性的病理學更適當（Carlson J., in ed. Madigan, 2004: 76）。以凱利（Kelly）*個人建構心理學*為本的治療師和敘事治療師一樣，強調個人對世界的解釋為治療的素材，就如同敘事治療師相信，檢視個體對現實的建構是個體脫離受限的自傳基模的起點（Fransella & Jones, 1996: 37-8）。*焦點解決短期治療*和敘事治療在許多方面雷同，尤其是拒絕將個體病態化，以及用來指認問題目前沒有出現的例外技巧，討論這些例外並運用其作為朝向改變的基礎（de Shazer, 1985, 1991）。敘事治療源於系統性家族治療，也共享許多方法，包括廣泛地提出問題、關注社會和家庭對個體知覺的影響，以及運用迴響團隊。

在對同時使用他種治療取向的讀者提供敘事治療的入口時，我並非在鼓吹折衷主義，或暗示這些治療法在本質上是一樣的：

> 硬要把這些獨特的思想和實務傳統結合在一起……會對
> 不同思想家的立場產生錯誤的表述……當這些獨特性被模糊
> 了，我們就找不到平起平坐之處。儘管我們有不同的信念，
> 但若能致力於彼此的對話，就可以超越思考的限制。（White,
> 2000: 103-4）

　　儘管「敘事」的概念是否提供一個處所以滿足治療的心靈還有待商榷（Angus & McLeod eds, 2004a: 367-404），而某些由懷特和其他敘事治療師所發展出來的實務，如果經由適當的闡釋理解，將能有效地引至其他的工作取向中。參加敘事取向夫妻工作坊後，一位個人中心取向的治療師告訴我，「例外」的概念（另一個詞是「獨特的結果」──參閱以下的解釋）觸動了他們的內在，協助他們指出更精確的時機，讓當事人找到往前走的路。

殊異卻同樣令人信服的敘說

7

　　亞當斯（Adams）和虎波（Hooper）寫了一本很有趣的書《四季裡的大自然》（*Nature Through the Seasons,* 1975/1976），用兩種方式描寫英國鄉間的四季更迭。一種描述方式是科學性的，涵蓋的主題包括大氣、因地球繞太陽公轉所造成的溫度變化、土壤的化學變化、植物成長的生化觀點，以及禽鳥的交配與遷徙。另一種描述方式是召喚性的（evocative），例如，秋天田野的朦朧之美、溪溝邊如星幕般散布的報春花、遠方杜鵑鳥的咕咕聲。兩種描述方式對於同時節的描寫都令人信服，但卻有著完全不同的風格，結合在一起反而能提供雙重的觀點，*一個更完整全面的描述*。綜合這兩種殊異的敘說讓*故事更豐富完善*。

　　敘事治療主張從經驗中汲取不同的、厚實的、兼容並蓄的描述。

這本書針對每個季節還會各舉兩個例子。其一描繪開闊的全景，另一個描繪林中風景。格達（David Goddard）鉅細靡遺地說明每一種動物、鳥類、植物或樹木，但另一方面是非寫實性的：每個畫面都布滿了樹木、花朵、植物、昆蟲、蕈類、鳥類、動物，以及與季節相關的爬蟲類。這些描述有跡可循——讀者知道他不會只從一種角度欣賞所看到的野趣。即便如此，仍有一些遺珠之憾：一些驚喜的可能性（我曾經在肯特郡看到蘇格蘭原生品種的鸊鷉水）。沒有任何一種獨特的描繪可以涵蓋各種不同的變化，但我們卻可以讓經驗有不同的版本變化，更值得懷念。

敘事治療師把重點放在非典型——非典型，就像人類的知覺一樣。他們鼓勵多想想非典型之處的細節，透過非典型促使個體跳脫主流故事對其知覺和生活的影響。鬆動刻板印象型的經驗描述與影響力，運用治療策略協助這些刻板印象型的描述變得更完整。

在本章裡，將使用如亞當斯和虎波書中的筆法來說明敘事治療的實務大綱。它將提供概觀，但並不是說所有這些元素都要涵蓋在每個敘事治療的療程裡，個人的反應仍須優先考量。我所參與的敘事治療幾乎都按照我所描述的順序，運用這些實務技巧，但有些特殊的技巧則完全未使用到。

敘事治療的語言

使用敘事治療的特定語言是很重要的。懷特認為，他精挑細選的用語看起來也許不那麼為人所熟悉，但卻是他描述傳統主流的治療法之外的理念時不可或缺的：「雖然有些讀者可能會覺得某些用語太難懂，但我還是希望他們不要將這些用語重新翻譯成傳統治療法中較熟悉的話或語詞，因為這麼做可能會改變它們的原意。」（White, 2004a: x）懷特和艾普斯頓認為，有意識地使用

語言是治療師主要的責任：

> 我們必須要對語言有所敏察。遣詞用句很重要，在很多
> 時候，語言就是全世界，因此我希望在我跟人們工作或寫作
> 時，都能對語言的呈現多些敏感性。（White, 1995a: 30）

　　藉由召喚性的語言來激發強烈的聯想，可以運用在治療對話
中以增加活力與立即性，我將在後面幾章中舉例說明。但這有個
缺點，敘事治療師嘗試要去覺察語言其實是充滿各種模糊、誤解，
以及未經思考的假設。語言在本質上充斥著從歷史和文化中衍生
出的意義，經常在未被覺知的情況下，影響或扭曲當事人和治療
師的特質與彼此之間的溝通。「男性化」和「女性化」就是很好
的例子：即便是最深思熟慮的人，這些字眼也極有可能引發根深
柢固的聯想和言外之意，如：「剛毅的」、「主動的」、「果斷
的」，相較於「溫柔的」、「易受傷害的」、「順從的」，兩者
都暗指性別之間的絕對分野，是生物學和社會心理學所否認的，
而且必須很努力才有辦法擺脫這些意涵。語言並非是可以清楚區
辨的現實表徵，但其衍伸出來的象徵卻會讓讀者賦予意義，並從
其相關的聯想中去定義它們。這些聯想強烈地影響那些從社會和
語言社群運用中所得出的假設。不明確的定義甚至用來描述我們
的專業術語，對普羅大眾來說，「諮商」可能已經失去它原來「提
供建議」的意義，但「治療」卻還是很明確地保有其醫學上的意
涵——源於專家本位的治療。

　　錢波尼（Adrienne Chambonne）及其同事說得好：

> 語言構成人類生活的基礎，人無法自外於語言。語言是
> 召喚性的並產生現實，因此，從治療一開始到整個治療過程
> 對話，我們都必須對語言的使用保持警戒。我們所關心的不

只是人們如何解讀語言和環境，還有我們如何詮釋他們的詮釋。（ed. Madigan, 2004: 152）

懷特和艾普斯頓的書寫方式通常是栩栩如生且富有吸引力的：

尼克有很長的遺糞史，卻很不想去解決它，其他機構的治療師也束手無策。幾乎每天都有「意外事件」發生，當然，意思就是指內褲裡有「豐富的成果」。更糟的是，尼克和「便便」竟成了好朋友，「便便」成了他的玩伴。他會把它們一條一條地塗在牆上、抹在抽屜裡、跟球攪和在一起、從壁櫥和衣櫃後面彈射出來，甚至會黏在餐桌底下……。「便便」也成了尼克洗澡時的習慣。（White, 1989: 9）

9

我故意聽不懂她對我的問題所做的回答，我通常會跟緊張、害羞或不情願的青少年說：

妮奧莉安：（用幾乎聽不到的聲音囁嚅地回答迪的問題）

迪：　　　（很疑惑地）妳想要買一個南瓜？

妮奧莉安：（很驚訝地看著我）你說南瓜是什麼意思？

迪：　　　我以為妳說妳想要買一個南瓜。

妮奧莉安：（大笑，但音量已經可以聽得見也比較有反應了）不……我說的是……

（Epston & White, 1992: 39）

然而，懷特在稍早時也指出，剛接觸敘事治療的讀者可能會覺得某些話看起來很難懂或模糊抽象，也會發現一些熟悉的字眼卻用不尋常的方式表達。懷特解釋傅柯（Michel Foucault）作品中那些源自於古希臘的概念，有些是很令人望而生畏的：

　　組成自我道德機制的第二層面是「服從制」（mode of subjectification）〔不是「壓制」（subjugation）〕，是服從制讓個體被鼓勵或要求在相關的道德內容管理方面去認知到他們的道德義務。（White, 2004a: 189）

　　在其他的情況下，敘事治療的語言和已熟知的詞彙一樣具有清楚、特定的意義，但新手對這些詞彙可能會覺得困惑：

　　我會提出幾個問題來協助家庭成員找出獨特的結果，把這些獨特的結果放在時間的脈絡中，重視獨特的結果，並思索新的可能性。這些問題對家庭成員而言都是開放性的，是「意義的展現」。（White, 1989: 41）

　　接下來我會說明在實務上運用敘事治療時會出現的一些名詞，協助讀者從陌生到熟悉。

　　懷特對含有性別和種族中立意涵的字詞非常謹慎，更在意那些被廣為接受的慣用語。他對在機構內以權力為基礎的關係所發展出來的字詞特別敏銳，這些字詞已經有所轉變，其內含的意義可能未被辨認出來，但卻仍具有影響力。他尤其要避免某些治療法中醫學模式的語言：

　　有很多的機會讓心理健康專業人士得以病理化個體的生活……我們現在用這種方式大量地跟當事人談話和互動，複製這種主體／客體二分法，這種關係結構在我們的文化中是如此普遍。（White, 1995a: 112）

　　懷特用「當事人」（person）而非「患者」（client）來表示 *10* 尊重，並表達他對字詞所隱含的角色被如此廣泛使用感到不滿。

我沒有要對他的用法提出解釋，這些可以在他早期的作品中找到。他也從不使用「個案」（cases）或「個案史」，認為這種字詞是在物化個人的生活，忽略個人帶入治療中對自身很重要的經驗，通常是痛苦的，混雜著愛、困惑、喜悅、沮喪和悲傷。當我們在他們人生中最困難的時期，用「個案」這種疏離和病理化的字眼來形容他們時，並沒有適當地尊重這種信任（White, 1997a）。

療程組織

敘事治療沒有一套固定的療程長度，我自己的治療時間傾向於維持在傳統的五十分鐘架構內，但我曾看過懷特和他的同事治療超過兩小時以上，工作對象不只有家庭，還有個人和伴侶。療程中的間隔時間也各異——沒有假設要每個星期一次，或者其他事先訂好的間隔時間。敘事治療不是「短期治療」，某些敘事治療師會說他的工作包括許多療程，但敘事治療的技術與實務會讓其整體長度比其他療法少很多（White, 1995a: 195, 200）。

敘事治療實務綱領

下面的實務綱領將帶領讀者瀏覽整本書，每一個要素在其後的章節會有更詳細的說明，以及相關的參考書目與資源。在這裡為了保持內文的完整性，我沒有將參考書目列入。在每個敘述方塊裡，我會說一個「治療故事」來闡明主題，跟這本書其他地方不一樣的是，這是虛構的，我並沒有實際治療任何一個故事裡面所描述的當事人。不過，這些故事的確是綜合取材自我治療過的當事人。

我大略用順序的方式來說明這些實務，其實治療師可以根據他對當事人的了解，判斷什麼是有助益的，而加以擴充、縮短、

重複或跳過。為了描述的方便，我將它們分成幾個主要部分，敘事治療的變化、錯綜複雜、敏感性與彈性可能無法反映在這些綱領中，因此不需要把它當作實務上的慣例。為了簡明起見，我以個別治療的方式來說明，但在其後的章節中也會有與伴侶工作的例子。

說故事的人：「充滿問題」的描述

　　敘事治療始於治療師在安全、不受干擾的情境下，給予當事人尊重、充滿興趣的注意力，邀請當事人談談他擔心的事情，治療師會仔細聆聽。通常當事人會用充滿挫折、沮喪和悲傷的方式來說故事，鮮少看見希望的曙光。懷特稱這種狀況為「充滿問題的描述」（problem-saturated description）。一個「充滿問題的描述」包含當事人目前生命中的「主流故事」，治療師會認真看待這個故事的敘述，接納它，同時也會假設這不是全部或唯一的故事。雖然當事人在治療一開始時所描述的故事大部分是充滿問題的，但某些部分卻不是，隨著治療的進展，那些困擾他們的問題也會有不同的變化。在這種情況下，治療實務也會有相當程度的修正。

　　一旦當事人的故事接近尾聲，會有一個自然的停頓，此時治療師開始詢問澄清和延伸性問題，鼓勵當事人鉅細靡遺地說明他的困難，並澄清這些困難對他的生活造成的影響。透過當事人的回應，治療師和當事人都能獲得豐富素材作為治療的基礎。從1990年代起，懷特用「稀薄的描述」（thin description）取代「充滿問題的描述」，使其更能真確地反映出這樣的理念：一個初始的「故事」無可避免地會遺漏個人生命中某些被遺忘或不被注意到的部分。

11

> 　　露蕙絲是一位教師，吉姆是位機械操作員，兩人在短暫的交往後閃電結婚。經過一年快樂的婚姻生活後，吉姆病倒了，露蕙絲全心照顧他六個月，直到吉姆病逝八個月後，露蕙絲才接受治療。她把吉姆的疾病歸咎於雇主對職場安全的疏失，以及男人喜歡在工作場合冒險的文化。她描述他病中及死亡這段期間的情況，這些感覺仍使她不堪負荷。她無法入眠、痛苦地工作，在逛街或開車時難以抑制地哭泣。我邀請她描述她的生活中被影響的其他部分，她提及了很多其他的反應，包括作噩夢、無法享受生活，以及無望感。

問題命名

　　當鼓勵當事人擴展其初始敘說時，治療師會邀請他為問題取個特定的名字，單字或片語都可以。如果當事人想不出來，治療師可以提出幾個建議，如「憂鬱」、「婚姻壓力」、「虐待」等等，直到取得暫時性的協議為止。這個名字就被當事人用來做進一步的描述，除非之後有更好、更適當精確的名字可供選擇使用。為問題命名可以提供焦點和明確性，讓當事人對問題更有控制力，並對問題外化有更清楚的定義（如下）。

12

> 　　露蕙絲把她的問題命名為「悲傷、挫折與憤怒」。當我們更仔細檢視情況及她丈夫生病的原因後，露蕙絲另外把「憤怒」改為「合理的震怒」。

使用外化的語言

　　敘事治療師通常運用語言來體現隱含的假設，即問題*對個人的影響*，而非存有於個人本身。這種語言的策略稱之為「問題外

化」。治療師會說「憂鬱侵襲了你的生活」，而不是「你很憂鬱」；或者說「你們雙方都被壓力所影響」，而不是說「你們兩人都太緊張了」。外化的語言持續在整個療程中使用，而不僅僅用在第一次的療程中，目的是要協助當事人將自我認同和問題分開，把問題視為情境或人際歷程的產物，而不是個人心理或人格所造成。然而，外化的語言並不是要用來作為自私、傷害或虐待行為的藉口，否則會被很直接地命名為「他虐待你有一段很長的時間了」，如果這個人本身就是個施虐者，就是「你虐待她有一段很長的時間了」。被用來合理化虐待的信念和假定可以外化為：「你被『暴力是可接受的』這樣的信念控制住了」。

> 討論露蕙絲的問題時，我使用外化的語言，例如「悲傷掌控了妳的生活」、「合理的震怒堅持要被聽到」，以及「挫折入侵了你平靜的日子」。

考量社會與政治議題

敘事治療凸顯出一個假定：文化、社會和政治因素都和當事人帶入治療的問題息息相關，特別是在西方社會裡，以權力為本的關係在人際及其他關係上更是特有的。敘事治療師體認到，當事人有時候會把令人沮喪和社會不公所導致的結果歸咎於自己的失敗、缺點或錯誤，而且常被處在權力位置中的人暗示事實就是如此。同樣地，能夠協助當事人從責備和罪惡感的卑下中解放出來的因素，可以用來檢視社會權力的議題。性別互動的政治學或權威人物都可以被命名及檢視，還有機構、政治經濟、社會政策對個人生活的影響。治療本身如果是在沒有認知到權力關係的基礎上進行，可能會造成潛在性的傷害，敘事治療師試圖降低這種潛在的危險性，藉由不斷地批判檢視其實務工作、定期跟當事人

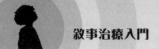

核對治療是否令人滿意，以及各種不同的方法來對自己「去中心化」（de-centring）。

13

> 在確認露蕙絲對談論她先生病情的細節是否舒服後，我鼓勵她說說看，為什麼她會認為他的死是由於工作場所不當的安全預防措施所致，並探討她希望能為此做些什麼。她決定要讓立法機關注意到這個問題，不只是因為這問題本身值得改善，也是作為尊崇她先生的治療性活動。我們也討論到其他人要她「熬過去，繼續過妳的生活」的期待，使她懷疑她不間斷的、強烈的悲傷情緒可能暗示著她的不穩定。露蕙絲下結論道，在英國中產階級文化裡，很多人目睹強烈的情緒都會覺得很不自在，但她悲傷的強度是恰當的——對別人是個問題，對她自己則不是。

相對影響力問句

「相對影響力問句」指出兩個特性：問題對當事人生活的影響，以及相對地，當事人對「有問題的生活」的影響。懷特和艾普斯頓早期的文章寫到，在指出充滿問題的描述後，他們會要當事人回憶他能設法控制問題的情境，就算只是件小事也可，或者回憶他能夠處理類似或相關問題的情境。當事人會詳細描述這些差點被遺忘的例子，接著治療師就會邀請他思考它們的重要性。最近，懷特較喜歡等待，讓這些回憶自發地從當事人的敘述中浮現，到時候再把焦點放在上面並詳細探討。問題可以是有關情緒、想法和行動；過去和現在；由當事人直接想到和由別人想到的。懷特、艾普斯頓及其他敘事治療師通常都會運用高夫曼（Erving Goffman, 1961）的用詞「獨特的結果」（unique outcomes），來指稱這些重要的回憶，以抵銷或修正充滿問題的主流故事。

露蕙絲指出幾個獨特的結果——跟她主流、壓迫性的故事相反的例子。她繼續工作、應付因先生去世所引發的法律和財務方面的問題、持續經營為身障年輕人所組成的曲棍球隊、減少在失落這段期間後迅速增加的酗酒量。她接著也了解到，試圖說服她要「繼續過自己的日子」的說法是不適當且無益的。整體來說，雖然有某些驚慌的場合會讓她覺得她的情緒強度是不太穩定的，她也設法去理解，強烈的悲傷和合理的憤怒都是自然且適當的。

解構獨特的結果

14

當當事人提到他經驗的某些部分似乎否決、牴觸或修正他主流的、充滿問題的故事時，治療師會邀請他詳述這些細節，以及這些獨特的結果的本質。透過問問題，把注意力放在為什麼這些事跟之前說出來的故事不合。這些細節式的注意與描述，或解構，協助這個第二類的描述變成強有力的敘述而不致輕易地流失。治療師的詢問是大範圍的、涵蓋當事人過去、現在與未來的情緒、行動和想法的獨特的結果。治療師邀請當事人思索那些對他而言很重要的人，當他們看到這些獨特的結果時，他們可能會怎樣看待他。透過這個過程，當事人對自己的經驗獲得較寬廣的視野，敘說更豐富及更完整的故事，重新思考自己的認同，並且指認之前隱而未顯的改變。

在這些獨特的結果中，我和露蕙絲一同解構，她希望採取直接的法律和政治行動，她指出因她先生過世所產生的憤怒根本不是問題，完全是適當的反應，而且她下決心要為她先生爭取應得的回報，是她生命中的治癒要素。藉著放大他工作場合中草率、疏忽和男子氣概的文化，導致他要在沒有

堅持完善安全措施的情況下工作，她堅信自己必須採取行動，花時間和精力在這上面。在討論她所欲採取的行動細節時，她獲得對抗先前壓迫、缺乏力量的主流故事的觀點。她繼續經營曲棍球隊也使她忙於組織和人際關係，而且她很確定隊上的成員和他們的父母親都能體會到，她並沒有讓她的私人事務影響到應盡的責任。她開始從新的觀點看自己。不斷地討論這些細節，她覺察到開始接受她極大的悲傷這段期間，有另一種互補性的故事，充滿能力並推動著生命前進。

邀請當事人對問題採取主動位置

治療已經來到了轉捩點。當事人可以決定要繼續保留生命中充滿問題的主流故事，或者決定要採用治療師鼓勵他敘說的另一個更豐富的故事。當事人可能會面臨的兩難情境有：對我而言，現在採取新的方向是適當的嗎？還是我需要更多的時間來思考這些可能性？問題仍然掌控了我大部分的生活，改變它安全嗎？若真如此，它的力量何時能減弱？我如何觀察它的發展？通常當事人會決定要跟問題保持不同的關係位置，並且化為口頭上的承諾來協助他們堅定信心，而不是含糊帶過。但有時候當事人可能會認為改變太困擾、太痛苦或時候未到，此時，治療師會跟當事人一起深入探討這些不同行動的可能結果。

15

在幾次療程後，露薏絲獲得了較豐富的觀點，她不再用自責的語言內化強烈的悲傷，反而視它是適當的、合理的，且不可避免的。同時，她也了解到挫折與悲傷並沒有完全征服她的生活。我毋須用「進退不得」的策略來探討她是否希望她的生活不要改變，因為她代表她丈夫採取法律行動的決定，就已經相當令人振奮且具有治療性，帶給她控制感而非

成為一個被動的受害者。

運用治療性文件

　　治療師可以引進書寫性文件，有時是治療師自己創作，有時是鼓勵當事人創作。這些文件概述當事人的發現，描述他所知覺到的進展。當事人可以留著當作未來的參考，或決定要如何使用。形式包括信件、備忘錄、聲明、表單、小品、契約及證書。非語言的「文件」也可用錄音的形式記錄當事人在療程中的重大發現。有時候文件作為個人隱私，有時候他們也許會想和治療師分享，或想和其他人分享。這些文件的使用作為強化的機制，因為寫下來的文字比說出來的話更持久，而且在西方社會裡，也帶來權力——在這裡，當事人比專家更具權力。

> 　　在治療期間，我寫了幾封信給露蕙絲，摘要我們的討論，也提到一些獨特的結果和她在其中所找到的意義。露蕙絲決定要寫一本書，內容是她和吉姆的愛情故事，書中附有插畫、相片和其他兩人共同生活的紀念品。

重新入會

　　對於那些親友過世或失去聯繫、在生命中曾經帶來重要正面貢獻的陌生人、藉由勇氣及正直的典範間接影響當事人生活的名人，當事人可以經由紀念這些重要他人而得到安慰與支持。在治療師的協助下，當事人象徵性地邀請這些人重新加入他的「生命俱樂部」，懷特把這個過程稱之為「重新入會」（re-membering）。另一方面，當事人可能會希望把那些曾經虐待、忽視、壓迫，或用其他方式傷害自己的人排除在他的生命俱樂部之外。

16

> 在露蕙絲的書中，記載著她和她先生的舊日時光。她跟我一起分享，幫助她記得吉姆的存在，而不是聽別人的勸告說要把他忘掉，去過自己的生活。

運用圈外見證人

懷特越來越強調觀眾，而非治療師在當事人敘說和重新敘說他自己開展出來的故事時的重要性。在較早期的文章裡，他提到鼓勵當事人向朋友、親人、同儕等人敘說新版的故事。從這個想法出發，他發展出在適當的時機裡，於治療室中提供觀眾的策略，包括其他的治療師、當事人所選出來的人，或兩者兼具。懷特把這些觀眾定義為「圈外見證人」，並安排成數個不同的敘說與重新敘說療程。療程可以錄影，並把錄影帶拿給當事人私下再觀看。圈外見證人的成員可能會談到他們相關的經驗，這不但不會消弱或偏離當事人的敘說，反而會經由自己生命的共鳴而讓當事人得到增強。也可以召募更多的社區民眾作為當事人重新敘說的觀眾。

> 在治療結束後，露蕙絲花了幾個月完成她的書，然後跟我約了時間拿給我看，也討論這份創作對她的意義是什麼。她也想要告訴我關於她先生職場安全運動的最新進展。在這次的療程中，她同意我的一個嘗試性提議，跟我兩位研究敘事治療的同事談論她的失落、悲傷、回報與復原的整個經驗過程。這個療程在三個星期後進行，療程結束後，露蕙絲分享她的經驗，也聽到別人跟她自己生命相關的經驗，令人深受感動也很有幫助。

持續治療：敘說與重新敘說，讓自我的故事更豐富

有時候並不需要再有更進一步的療程。當治療持續時，目標在促進當事人開始建立和擴展自我生命故事的敘說，讓它更豐富，就好像它過去、現在本來就是這樣，以及未來可能會變成這樣。

> 露蕙絲參與了幾次更進一步的療程，確定她採取行動的決心、討論她希望開始實施的法律步驟和新聞採訪的細節。在這幾次的療程裡，她只是很平靜、動人地談談她的先生，以及懷念他們共同生活的回憶，特別是在他生病之前他們婚姻生活的黃金年代。

結束治療

當當事人認為他的故事豐富到足以支撐他的未來時，治療就可以結束了。最後的療程可以安排成歡樂的場合。邀請對當事人具有重大意義的他人來重新敘說，或進行儀式以紀念這個場景，如：頒發成功證書。

> 在露蕙絲最後一次的療程中，我和我的同事共同見證她重新敘說舊的故事，聆聽她重新敘說未來的故事，以及回應對我們三人所造成的意義，儀式呈現出一種隆重和肯定的氣氛。

CHAPTER

② 形塑敘事治療的理念

理念的綜合

當我一開始研讀敘事治療時，我發現我在個人中心學派的學習背景並無法讓我更能理解敘事治療的理念與在家族治療上的實務。我立即了解到，懷特和艾普斯頓所說的即使在這個領域裡也是個異數。他們的思想來自於一個我完全不熟悉的概念架構，跟我個人的訓練所形成的假設鮮有明顯的關聯。我希望本章可以給初接觸到敘事理念的讀者一張地圖，在探索此治療領域時能獲得概念性的方向。

懷特很能融會貫通，他從不同的來源擷取觀念，有時候在概念化和整合這些觀念上，並無法完全獲得這些領域專家的認可。這是一個演進的過程，有些理念出現在懷特和艾普斯頓早期的文章裡，如：策略和系統家族治療學派、貝特森（Gregory Bateson）負向詮釋與限制的概念，以及用人工智慧的隱喻來描述個體和事件間的互動關係，但這些理念在懷特近來的著作和教學中都顯得不那麼重要了。敘事治療開始發展出獨特的工作方式，其他的實務工作者也提出他們自己對理論的註解，豐富了這些概念。雖然

他們的重點有時候跟懷特和艾普斯頓的略有不同，例如，在後現代主義和社會建構主義，以及後結構主義上（Parry & Doan, 1994; Hare-Mustin & Maracek, 1994; Freedman & Combs, 1996; Winslade & Monk, 2001）。

　　限於篇幅，我無法讓這些主題都得到完整的文獻探討，但它們在西方思維裡都占有一席之地。然而，我希望這些提綱可以指引讀者了解這整本書。

「敘說」的兩種意義

字典的定義

> 敘說（Narrative）：敘述；對任何事件的描述；有意的講述；說故事。──（n.）被說出來；持續性地說明一連串事件；故事。（Chambers Concise Dictionary, 1985）

　　「敘說」可意指對事件的說明、說故事。如〈蓋文先生與綠騎士〉（*Sir Gawain and the Green Knight*），以及丁尼生（Tennyson）的〈夏洛特的女士〉（*The Lady of Shalott*）等詩都是在說故事。他們依序地描述故事，這些都是敘事詩。格雷（Gray）的〈鄉間墓地的輓歌〉（*Elegy Written in a Country Churchyard*）是虛構的，它不是在說故事，那不是首敘事詩。「描述」、「故事」以及「敘說」在這個治療法中是互換使用的名詞。就字典的定義而言，它們意謂著*生命中的特選鏡頭*（selected sequences of life），透過敘說成為存在的實體。

　　個人的自我故事是以第一人稱敘述，他指出自己是誰，係根據對自己的記憶、他現在的生活、他在各種社交和私人場合的角

色，以及他的關係而成。從這些自我故事中說出來的，通常是他告訴別人、而且也是他常告訴自己的片段的「內在」獨白，在每一次的敘說中轉變成更精確的細節，但仍保有一再重複的主題和概念。當事人通常會投射這個故事到*假想的*（assumed）未來：「我一向很憂鬱，我想我將來也是」、「我們的婚姻現在卡住了，我不知道還能有什麼方法解決」。有時候，當事人可以把他的故事敘說成*想要的*（preferred）未來：「我一向很憂鬱，但我期待我能夠跳脫」、「我們的婚姻現在是卡住了，但不會再繼續這樣下去」。像這種個人敘說的過程，以及敘說的內容，都會漸漸在與治療師的對話中修正，這就是所謂的「重新敘說」（re-storying）或「重新撰寫」（re-authoring），這是從書寫和閱讀文學中所得到的隱喻。文學理論在敘事治療中扮演重要的角色，我將在第五章中詳述這些影響。

敘說作為後現代的概念

法國哲學家、理論家和文學家瑞克爾（Paul Ricoeur）在 1980 年代中期出版他極富權威與影響力的三冊專論巨著──《時間與敘說》（*Time and Narrative*）；就在當時，很巧地，懷特和艾普斯頓也正在發展他們關於治療的理念（Ricoeur, 1984）。從聖奧古斯丁（St Augustine）和海德格（Heidegger）中汲取構想，瑞克爾認為敘說是人類覺察的重點，他主張敘說是心理結構歷程，透過我們對自身存在關係的定義，到地球、行星、恆星、銀河系的運行；經由歷法的發明，到我們對時間形成直線的觀感；客觀與主觀世界的事件，以及我們從過去到未來的移動感。經由反思與預期，以現在作為結合這兩者的持續性互動位置（Sheehan, 1997; Cobley, 2001: 16-21）。這是從詩歌到說故事的漫長道路。

字典對「敘說」這個詞的定義只是敘事治療所使用的其中一項，如果那就是全部的話，比較起來，它的用法跟許多其他治療

20

法中要當事人把他們的故事告訴治療師而言，並沒有太特殊的意義。一個顯著、廣泛的意義與瑞克爾和其他思想家的觀念有關，他們思索人類生命本質和人類知識的方式，就成為所謂的「後現代主義」（postmodernism）。這個名詞有很多意涵，但它的重點是認同用多重方式描述世界和人類生活。這兩種方式都是科學性和敘說性的。雖然科學性的描述在傳統西方文化中享有較高的真實地位，後現代的闡述傾向於把較多的注意力放在先前未被重視的敘說。

許多傳統的治療師本著其心理學的知識，常常會擁護其所發展出來的「科學性」：意義來自於觀察，提出對這些觀察的解釋以形成理論，並經由客觀研究獲得確認（Rogers, 1961: pt. v; Garske & Anderson, 2003: 145-75）。以心理學為本的治療創始者假定，透過閱讀、思考和實務工作，受訓的治療師可以採用客觀、專業的知識牢牢記住這些理論，學習去找出並評量動機、揭開困擾的歷史根源、分析關係的情結機轉，並看出當事人帶到治療中隱藏在現有議題背後未被認知的現實。但後現代觀點假定，我們當下、每天、具體的、個人對生命的理解——透過敘說，我們告訴自己以及別人告訴我們的故事——才是最主要的知識，即使這些故事在現實複雜的生活當中只占一小部分。故事不只是記憶的中立性語言所構成，它們也是有影響力（influential）的。這些故事或敘說形成的概念與信念，是我們用以理解生命、世界，在我們告訴自己的故事和我們生活的方式之間，存在著連續不斷的互動。

接受訪問時，懷特被問及什麼是他所謂的「把生命的故事或敘說作為實務的準則」：

> 這是認為人類具有詮釋的本質——我們主動地詮釋生命
> 中的經驗。這也是認為我們不可能在缺少認知能力的架構下
> 去詮釋我們的經驗，它提供我們經驗的脈絡，並歸因可能的

意義。我們認為，是故事組成認知能力架構，從詮釋的過程中形成的意義對我們的生命並非沒有影響，它真實地影響我們在生命中所做的、所採取的行動。我們認為，是故事或自我敘說決定了我們哪些經驗獲得表達，也認為是故事或自我敘說決定了我們經驗的類型。*我們經由生命中的故事而存在，這些故事形塑、組成，並「擁抱」我們的生活……*（White, 1995a: 13-14，強調處為作者自加）

在上述的訪問段落中，懷特和瑞克爾及其他後現代作家一樣，使用「詮釋」（interpreting）這個詞。在這裡，詮釋不是指某個專家告訴另一個當事人說，他們的經驗意義實際上是什麼的行動，同樣的，也不是指當事人應用心理學的理論到他的生命中。這些事都不會發生在敘事治療裡，雖然在某些治療法中當然會看得到，但將之做個區分是很重要的。在這裡，根據後現代主義，詮釋意指個體不是以「本來是」（as it is）（這是不可能的）但卻是用先入為主的方式來了解這個世界。這些先入為主是過去主觀的經驗所形成，而它們所引發的心態已經強而有力地影響大多數人，且被加諸生活在這個微觀和巨觀社會的人們身上。

敘事治療師強調當事人詮釋（理解）他們帶入治療中的經驗，基本上都是透過文化和社會的鏡片來看待，而非經由天生的生理或心理因素。這些社會文化因素常是無形的，它們都是在我們所隸屬的團體和生活的廣大社會中被視為理所當然的假設和價值觀，而且必定多多少少在某種程度上，已滲入我們每天的日常生活知覺觀點裡。然而，這並非暗示說這些因素是牢不可破的，我們可以指認它們、考量它們如何在我們身上運作，並選擇我們是否要繼續接受它們。

語言具有澄清、扭曲和過度簡化的特性，在這些詮釋的過程中，扮演著中介和具有影響力的角色。透過語言，包括我們內在

未明說的獨白，都用來界定和組織我們的思想和感覺。由於語言是文化的產物，其所涵蓋的假設會藉由既定的意義和「標準化的故事」（canonical stories）——我們試著去符合既定的刻板印象式敘說，並說出我們的生命故事——反過來影響我們的詮釋。這些標準式的敘說（要在事業上成功、要找到永恆的伴侶、為人父母、扮演適當的性別角色等等）常常在我們的生活無法與之配合時，成為沮喪和失去認同的根源。

在跟某人描述我所處的境地，在跟他們敘述對我而言那是什麼事時……我用這種方式審視我的處境，而區分出某些特別重要的特徵……當我的描述帶出某個結構，我可以說這是奠基在我對我的處境的「先前理解」（pre-understanding）……（Shotter, 1985: 182-3）

關於權力議題的主流文化敘說

「敘事」這個詞〔有時稱為「大敘事」（grand narrative）〕長久以來亦被視為文化假定的真實，偶爾會令人感到不解。一些社會—文化敘說的議題，如種族、身心障礙、性傾向、性別、年齡及其他層面，治療師都有可能跟別人不同，在敘事治療裡尤其受到特別的關注。以性別為例，女性主義者論證父權的態度如何滲透到社會機構與大眾思想中，以及這些假設如何引發偏見。結果在某些社交圈裡，傳統上關於「必要的」——以及附屬的——女性本質的敘說，都已不再被認真看待。雖然我認為，這些理念論證的方式通常都沒有得到我們這些思想開放的男性認可。對性別議題保有敏銳的決心是敘事治療的特點，不只要注意帶入治療中的特定性別相關問題，還要自我監測治療中的權力關係。性別

議題不只是治療中要注意的要素，治療師未被意識到的所有文化
權力議題，都有可能會盤據或扭曲與不同文化或次文化的當事人
的實務工作。我認為，很少有治療師會贊成男性沙文主義、種族
主義，或其他類似的信仰，但在敘事治療裡，卻特別強調要持續
不斷地警覺以對抗更隱微的表現形式。懷特非常重視女性主義者
對深植在心理學內父權假設的分析，也承認女性主義者已提醒他
要注意性別歧視、男性沙文主義可能會在男性治療師身上以隱微
的方式表現出來，透過語調、主導對話，也透過詞彙的選擇、不
具備同理心能力，以及假定的文化與性別規範而對其視而不見
（1997a）。懷特堅持這些表現形式不可能完全避免，因為男性治
療師就是生活在培養這些態度的文化裡（1995a: 158-9）。然而，
他相信藉由嚴格的自我監測與定期和當事人一同檢視，治療師就
可以降低這些因素，這麼做就是一種道德義務。

後現代主義與知的敘事方式

> 現代化被串連在一起……透過對外在世界進步、合理的
> 科學發現，以及個體的內在心靈故事。（Parker et al., 1995:
> 14，強調處為作者自加）

儘管有一些歷史上的先驅前輩，後現代主義最主要的起始點
仍是在 1970 年代。它質疑那些支持西方近三百年來關於可觀察的
與主觀世界思想的假設，這個思潮運動要重新找回複雜、變化與
未知。儘管它有某些極端的表現形式，以密集和隱晦的寫作方式
諷刺及貶損（Dawkins, 2003: 47-53），但它實際上是以謙遜的態
度看待存在的奧妙。特別的是，它對幾乎所有的事物都不可能有
終極的確定性這點提出令人不安的挑戰。後現代思想家很肯定地

相信地球不是平的，也幾乎很肯定地認為現在的生物都是從較早期的祖先演化而來，因為這些理論都提出壓倒性的證據。但是，他們會質疑（例如）嬰兒期與母親的連結失敗會對後來的生命造成影響的必然性。他們爭辯道，這是無法證實的——科學的觀察頂多只能提供暫時性的假設，不管是科學本身或其檢驗的方式，都無法完全客觀。

從文藝復興時期開始，在少數的知識分子間就流傳一個信念，即理性與邏輯並無法弄清楚這個世界、宇宙與人類的奧祕。在十七世紀時，隨著天文學的發現，探索並描繪這世界上許多之前未知的領域，牛頓和其他人的理論解釋也朝此過程前進。其後的發現和理論都只是用以確認這項假定，加上達爾文（Darwin）和愛因斯坦（Einstein）的理論簡說都滲透到日常生活的知覺裡，強化了所有真相最後都是無所遁形的想法，而且要透過科學的方法學來完成。恩格斯（Engels）、佛洛伊德（Freud）和其他的理論家在相對較不那麼可證實的人類（human）研究領域（經濟、歷史、心理學）上，界定他們的工作是科學化的，並且在這樣的立場上描述事情。某些核心的信念就來自傳統的科學知識進展中，成為理所當然、無形的信仰（beliefs）——成為「假定的」或「主流的」真實。時至今日，舉例來說，媒體採訪者幾乎都會自動化地詢問受訪者的童年生活，作為了解其後人格和行動的方法。

主流的真實

受限於特定的學術圈，後現代的觀點並未深入到西方文化裡，現代主義仍是思想的主流。大部分西方的人們對世界的看法仍舊展現出現代主義的主流真實，例如：

- 因果論是普世通則與人盡皆知的。
- 人類可以客觀觀察者的身分來理解現實。

- 語言被用來論述及反映現實。

- 知識進步的歷史包括某些傑出的人們應用其技術和人文素養，展現出無限的潛力以發現自然和生物世界的本來面貌。假以時日，它將可能獲得接近完美的知識，並加以應用以促進人類更美好的生活。

- 現代知識通常具有「深度」，相當神祕，使得一般人難以理解。為了理解這些現實，就需要專家貢獻其稀有、高度發展的技術。

- 就像很多方法已被發展出來用以發現隱藏在心理和生理領域的真實，因此，有關人類動機與社會動力的隱微世界真實就被發掘出來了。

- 在「社會科學」裡，特定學科根據的是人類生活各個不同層面間真實的不同點。同時，普遍的人類本質在跨文化中也能得到認可。

後現代主義要挑戰這些思考。這個反應部分起因於，很多被視為「科學」的神聖行動無法實現樂觀的前景；甚至在後現代這個詞開始被使用前，已有普遍反對科學本質上（intrinsically）是客觀的、真相本位及善意的想法，它宣稱能代表客觀知識已受到質疑。科學家開始失去他們自認為是超越表象現實的客觀調查者之立場，他們也開始認知到他們的工作，以及他們詮釋工作結果的方式，總會受到社會、政治和個人因素的影響。德國已出版的研究報告宣稱經過科學驗證，某些人類群體是次等的，數以萬計的人民因而在毒氣室裡遭到謀殺。隨著 1945 年聯軍投下原子彈結束了第二次世界大戰，以及其後不久氫彈的發展，讓人類面臨滅絕的可能性，也讓人類的意識改變。醫學的進步無法治療癌症或預防愛滋病的蔓延，時至今日，抗生素已逐漸無法抵抗病菌。污染、全球溫室效應及人口激增，讓世界暴露在新的危機裡。即便在科

24

學的應用下，貧窮、失業和經濟蕭條仍持續著，壓力和心靈的痛苦一發不可收拾。早期共產主義的唯心論導致對史達林極權主義的畏懼，但當東歐最後終能從極權主義中掙脫時，卻被粗暴的國家主義和犯罪所支配取代。車諾比（Chernobyl）核能發電廠的爆炸讓世界飽受輻射線毒害的威脅；在東歐，數以百計不穩定及具毀滅性的核電廠的存在，更加深此種恐懼。戰爭、內戰與饑荒還在殘害上百萬人民。

近代歷史上這種如冰山一角的悲慘故事，反映出某些反對現代主義假定的背景，要求提出質疑。技術與科學的顯著進步的確產生許多偉大的價值，但也導致災難與危險。不只是這些科學和理性的程序，還有其客觀性是否能獨立於文化與社會的影響之外，都值得懷疑。後現代關於科學的懷疑主義也許無法分辨作為研究方式的科學方法論和研究現象場，以及在人類的知識範圍內無法完成、解釋和運用這些方法學之間的區別，但思想家對「現代」樂觀的期待已被後現代象徵相對性、彈性、重新考量過去的認同、重新思索既定規範的知性氣氛所取代。後現代主義假定所有的知識都是暫時的，受到社會與政治因素的影響，並與社會權力有關。科學須被重新定義為只是知（knowing）的某種特殊方法而已。

後現代主義不是要摧毀信念或怪罪或採取道德立場，但它的確具備一個態度——為*什麼*？這個答案也許重複出現在某些現代主義的信念裡，但要用新的方法重新檢視、思考、拆解、測試與重整。*解構*（deconstruction）意指詳細的審閱、不用理所當然的心態，清楚地考慮假設與信念。解構式的審查已越來越被視為我們自己、個人、當下生命經驗的試煉，顯現在我們告訴自己與他人的故事裡。

自然與社會科學：令人誤解的類比

對科學客觀性的尊崇假設人類生命的生理／生物領域，和思

想、情感與行動領域間有所雷同。兩者都採用相同的概念和語言：社會科學、研究發現、機轉、症狀、動力、不適應、功能、失功能、病理學、創傷、健康、崩潰等等。這類隱喻的使用強化人類生命的功能和生理或物理世界間有很多相同地方的假設。從後現代的觀點來看，人類的生活不管是從經濟學、心理學、社會學、人類學，或其他自成一家的學科之角度來研究，都因其變化性、變異性、獨特性、多面性、不確定性和複雜性，而難以下確切的結論。人類的現實不受約束，只能形成假設，而且無法被證實，因為沒有任何一種考驗的方式可以包括所有當下持續改變中需要被考慮進去的因素。後現代的思想家不否認精密地計算和控制組研究，在證據可得的情況下能提供*可能*（might）是什麼的有用建議。但他們對宣稱真相會採取謹慎的態度，專家知識被視為是不完整的、暫時性的、有偏見的，而且經常和人類每日獨特生活的特定具體知識有天壤之別。後現代思想家認為用敘說的方式表達這樣的「本土知識」（local knowledge），跟專家知識一樣有價值。而且可以肯定的是，在敘事治療裡，表達日常具體知識的語言要比專業術語更珍貴。

互補的「知」

後現代主義不因尊崇經驗／本土知識，或因其是民間智慧而憂慮。現代主義者已經錯誤地提升科學至上主義，讓近代的思想凌駕其他形式的知識。後現代主義試圖要避免重蹈覆轍。

用後現代反對現代涉及二分化，跟用後現代超越對差異和細微差別的二分對立的描述相反……這個詞不是「反現代」（antimodern）……更確切地說，這個取向本身是要在新的脈絡下重新使用及拼貼剪輯，吸收傳統的元素使其重生。（Kvale, 1992: 7，強調處為作者自加）

傅柯——一位懷特認為對他的思考產生重大影響力的人，當他被問到對後現代主義的看法時，說到：

> 我認為有一種普遍與濫用的傾向，告訴人們應該要反對、把已經發生的當作是主要的敵人，好像這就是最主要的壓迫形式，而人們應該要解放自己。現在這種簡化的態度必然會造成無數危險的後果：第一，傾向於尋求某些廉價的復古風或想像往日的歡樂時光，例如，事實上在歐洲，人們根本……不好好學習農家的建築，只是表現出十足的虛榮心態，想要成為覆著茅草屋頂的小個體戶而已。（Foucault, 1984: 248）

傅柯的目標是試圖讓後現代主義為自己辯護，他用建築為例，因為後現代主義首次在建築上找到表現方式。至少從 1930 年代起，現代化建築的特徵是大量使用鋼骨結構組件的大樓，避免採取圓形樣式。發光的玻璃和水泥結構經常因龜裂、長壁癌、危險的樓梯間、三不五時罷工的電梯，以及缺少自家的庭院，終為人們所厭惡。但人們傳統的住宅區被摧毀，只好委身於這種現代化的生活方式。後現代的建築師開始問人們「他們」想要什麼，設計了不同種類的大樓（以回應他們的答案）。幾何形式和傳統的樣式與格局相呼應。後現代的建築師有時會加進一些有趣的元素、幽默和鮮明的色彩，隨心所欲，高興就好，像迪士尼樂園一樣（Ghirardo, 1996: 45-62）。小型但融合當地傳統樣式、素材和結構的建築取代大樓，讓人們可以擁有更多的隱私，更容易和鄰居接觸。但這並非普遍的設計，高樓大廈仍在興建，很多新房子的金屬窗櫺仍不採納後現代——如天然石材或彩色木頭的設計。

後現代的理念很快地普及到建築界之外。在人類學裡早已有超越專家知識的傾向，尊重人們從自己的生活中獲得的知識。例如，不假定他們已經了解某個社群藝術品的涵義，人類學家會詢

問這個社群的成員，對「他們」而言，這些藝術品的意義是什麼。

　　這個方式並不是要你跟資料提供者心靈相通，我們寧可
讓他們去呼喚自己的靈魂，毋需太大費周章。這個方式是要
去理解到底*他們*想要做什麼。（Geertz, 1983: 58，強調處為作
者自加）

　　「詮釋的轉折」（interpretive turn）就這麼發生了，後現代思
想開始流傳，人們用新的方式描述他們的生命、他們從生活中得
到的意義，並且用新的方式認真看待這些敘說（Geertz, 1973, 1983,
1995, 2000）。宇宙有一些假設，但當更多的探究發生時，就會消
失在差異和獨特現實中：「唯一能夠把佛洛伊德、皮亞傑、馮紐
曼（Von Neumann）和瓊斯基（Chomsky）（沒有提到榮格和史金
納）連結起來的信念，就是人類的思考機制不會隨著時間、空間、
文化和情境變動，*以及他們知道那是什麼*（they know what it
is）。」（Geertz, 1983: 150，強調處為作者自加）唯有科學和「本
土」知識聯手，才能更周詳描繪人類的真實世界假設：研究者運
用科學方法，加上具體、直接、敘說的知識，才得以從多元化的
假設理論中提煉精確、獨特、經驗性的素材。

27

　　後現代主義並非意味著「我們現在所知、所想和所做的都比
過去的『知識』好」的態度，更確切地說，後現代主義是一種「我
們不認為『專家知識』就是真理，*而且我們也從未擁有專家知
識*——我們必須持續不斷地重新思考，要知道我們所下的結論都
是不完整的」。

　　簡言之，假使我們希望和人性接觸，我們必須探索細節，
超越造成誤解的標籤，超越抽象的形式，超越空泛的類比，
以更能掌握不同文化與文化內不同個體的重要本質。在這個

領域裡，真理之路通向大眾，通向簡明易懂的科學，與特殊性、情境性、具體性息息相關，但在理論的分析下……亦具有組織及方向。也就是說，路就在那裡，通向令人驚異的*複雜性*。（Geertz, 1973: 53-5，強調處為作者自加）

敘事與意義

不管「本土」知識用何種形式或脈絡表達、是朋友間的談論、三大冊的傳記文學，或者是在治療中提到的問題，它都是用*故事*（stories）的形式──用連續的方式選擇話題，透過自我故事（self-stories）的方式，我們得以形成自我感：

最後這幾年，我用另一種方式思考，跟理性完全不同的方式：這種思考方式既不合邏輯亦非歸納法，而是用故事或敘說……就像它值得用來詳細檢視物理學或歷史學如何形成，但當我們在建構自己的生活時，為什麼不能用同樣的方式好好地探索呢？（Bruner, 1987: 12）

敘事是藉由人類對其經驗和行動給出意義而得以成形。敘事的意義功能在於了解生命意義，並加入日常生活行動與事件。它提供理解個人過去生命事件的架構，並規劃未來的行動。它主要是藉由給出人類存在的意義而彰顯。（Polkinghorne, 1988: 11）

專家知識和經驗知識有個很重要的不同之處，在於後者包含了*個人意義*（personal meanings）──它一點也不客觀，完全是對個人而言很重要的第一手經驗。在敘事治療裡，稱呼這種從直接、具體、經驗得來的知識為*本土知識*（local knowledge）（借用自

Geertz, 1983），這個詞可以運用在社群及個體上。老式連棟房屋社區裡的所有居民、轉角商店及當地的酒吧，都共有未經深掘的本土知識，當 1965 年要被迫遷往高樓大廈街區時，這對其生活方式是一場大災難。同樣地，社區裡的某個人會罹患憂鬱症，可能是因為她每天跟鄰居的交往互動被剝奪了，沒人傾聽她的本土知識所造成的孤獨，帶來的傷害會遠比她得到新廚房和熱水系統的好處還要大。

28

後結構主義

　　在後現代主義的整體觀點下尚可再細分。後現代主義是對理性主義者、權威本位現代主義世界觀的反動，而後結構主義是對結構主義的反動，在 1950 年代後開始發揮影響力。

　　結構主義思想家宣稱理解所有人類生命和活動的「深層結構」，主張這些結構比本土、個別差異重要。這是很難理解的概念，所以我會從文學理論中舉例。結構主義文學理論尋求文本整體的平衡，如此才能顯示它們的力量與價值。這個傳統已應用至小說上，例如，把一連串事件組成章節、事件源於另一事件、早期困難或未確定事件最終得到解決等。這些結構當然都是用語言本身的結構表達，而整合語言結構和聯想與歷史意義不在作者控制的範圍內。羅蘭·巴特（Barthes）的名著〈作者已死〉（*The Death of the Author*）即寫道，自從所有的文學作品都用沿襲的語言形式寫就，作家就僅僅是預先形成意義的傳聲筒而已（1968）。在結構主義的觀點裡，異類小說家，如喬伊斯（James Joyce）、克莉絲蒂（Agatha Christie）、詹姆斯（Henry James）和佛萊明（Ian Fleming），同樣也適用於結構主義的分析：

　　　　我們不能盡信敘說的「現實」。上班時在辦公室接起電

話，龐德會「回應」。作者告訴我們：「跟香港人溝通很煩，因為他們總是很難懂。」但在這裡真正的訊息既非龐德的「回應」，亦非電話連線的品質不好。此種偶發生的情況可能會對「生命」產生錯覺，但真實的訊息是電話的發話處、香港人的機智，這會在稍後顯現出來。因此在所有的敘說裡，失真伴隨著偶然，敘說的功能不是要「象徵」，它是要為我們展現一種懸疑的場面，卻又不能太虛擬。「現實」的連續性不是由「自然」一系列行動的組成，但卻是用合乎邏輯、有驚無險的方式顯現。（Barthes, 1966/1988: 134）

一個後結構主義者會說：「那又怎樣？」哪一種文學分析會選擇用*這種*（this）特別的小說，而對小說的浮華和陳腔濫調的散文形式視而不見，它的性別偏見、無謂的暴力和充斥的粗鄙又怎麼說呢？巴特隱然鄙視不知道文學的價值在描述人類經驗以及顯現作家視域和知覺的人。引用伊格頓（Terry Eagleton）對結構主義的評論：「排除實際內容來說……完全只注重形式。」（1996: 83）結構主義無知的分析無形中拋棄了這些很重要的元素，這是作者透過特別的、個人化對生命的表達和描寫，因而賦予文學作品獨特的聲調。

上述並非暗指作者組織其文學作品是不重要或沒有價值的研究，沒有這些代表性事件和關係的結構，根本無法完成令人滿意的作品。但這和從具有意義及價值的文本中摘要出結構有所不同。結構分析的語言也許在警惕我們，不要在書寫文本和生活即興口語創作間做太緊密的類比。

後結構主義治療

質疑本質論的隱喻

我們生活在一個相當穩固、三維的物理世界裡，有很多自然生成或人工製造的物體，如湖泊、樹木、房屋、電腦、汽車以及人造建築等相關的東西組成這整個世界。這些物體有外觀，而在外觀之下有維持功能和穩定的要素。當這些結構的內在要素開始失功能時，訓練有素和經驗老到的人看得出外觀上的變化顯示出哪裡有問題了。皮膚上的紅疹可能暗示有內部的疾病；螢幕上出現令人不快的訊息可能是電腦中毒了；房屋牆壁上的裂縫可能暗藏塌陷的危機。如果沒有任何外觀上的訊息顯示可能有地方出錯了，就必須要從外觀下（beneath）去尋找──打開引擎蓋、打開電腦機殼、進行初步手術、翻開土壤等等。一個具有特殊知識和訓練的專家要找出問題的根源，設想解決之道，並且付諸行動。

我們使用物理世界的語言來完美恰當地描述人類經驗、心理概念和社會功能。後結構主義者邀請我們重新檢視這種語言的使用，以及它所造成的後果。

當運用至人類經驗時，我們容易誤察語言結構並非如字面所示──它是*隱喻性的*，因此，不容易覺察到此種語言所呈現的意象與概念可能會造成誤解。用暗喻指稱人類世界的真實；用結構和深層的隱喻描述人類生命已滲透到日常生活的語言、心理學與治療語言中。某些隱喻將心靈描繪成互動的結構，佛洛伊德用水力學的隱喻來解析，例如「潛抑」和「抗拒」，與釋放水壓相呼應（Freud, 1917: Chapter 19; White, 2004a: 6）。在敘事的隱喻成為他們主要的思考和語言前，懷特和艾普斯頓早期的寫作亦使用機體控制系統的隱喻。

30

此種語言是結構性的。結構主義者斷言在心理學和社會學裡的用詞：「人是由結構所組成，超乎其自由意志與個人控制」（Kearney, 1991: 256）。這種「深層結構」被假定為人類本質、潛意識的作用、個體間的互動模式、跨文化的家庭型態、宗教本能及神話原型。無視文化差異，基本結構被視為整體人類生命的代表（Pinker, 2002）。

懷特堅稱敘事治療是*後結構主義*（post-structuralist）（1997a; 1997b pt iv；本書第九章）。其他的敘事治療師也都跟隨懷特的腳步，我不知道有哪些敘事治療的著作會質疑這項前提。在檢視及質疑結構主義「外觀是深層的相反詞」的隱喻與有機體互動的語言時，懷特提出另一種隱喻，這可以幫助我們掙脫像是「很難去改變」及「需要專家來了解和指正」的語言限制。他建議在治療的語言中，傳統被推崇的「外觀和深層」隱喻（他用很稀薄的方式描述他的生活、她深深忽視她的動機）最好能被「稀薄和厚實」或「稀薄和豐富」的語言所取代。

對生命稀薄和豐富（厚實）的敘說

用稀薄／厚實（thin/thick）或稀薄／豐富（thin/rich）的方式描述生命經驗的隱喻源於萊利（Ryle），在葛茲（Clifford Geertz）《文化的詮釋》（*The Interpretation of Cultures,* 1973: 6-10）這本書裡有探討。萊利指出，同樣的行動會有不同的意義，端視行動者的意圖和情境，而外在的觀察者也有可能因自己的偏見而誤解行動。這點在葛根（Gergen）的文章裡也有令人印象深刻的描寫，在近九頁的篇幅裡，對一個簡單的行動——一位男子輕輕地碰了一位女性的秀髮——作了可能的解釋（1982/1994: 60-68）。葛茲區分「稀薄」和「厚實」（或「豐富」）的敘說之間的差別，前者是觀察者對事件的解釋來自其未經檢驗和受到社會影響的偏見，而後者為事件對個體的意義事實上與他們息息相關。他藉著

描寫摩洛哥和猶太人部落間一連串偷羊事件來說明，而法國殖民地的官員用他自己的文化假設來解釋這些衝突因而全然誤解，也沒有覺察到這些事件對部落的特殊意義。

懷特認為，稀薄的生命敘說源於個體受到未經檢驗的社會和文化信念的影響，而豐富或厚實的生命敘說則和個體對生命實際及複雜的體驗有關。一個稀薄的敘說可能來自於當事人容易受到專家診斷和評論的影響，專家的權力狀態遮掩了當事人直接或本土的知識。稀薄的描述會受到很多種權力形象和權力機構的影響。一個大男人可能會迫使女性質疑她自己的價值；一位老師對學童作文的諷刺或傷人的評語可能會影響他的自信心；一個被醫生診斷有強迫症的人可能會相信自己心理有病；一個被原生家庭殘暴對待的成年人可能仍然認為自己是不值得被愛的。適當的敘事治療可以協助當事人重新檢視其生命，並專注在自己本土、經驗性的知識，這將產生一種反作用力，幫助他對生命和關係形成更豐富的「對立描述」（counter-descriptions），讓他遠離權力的影響，他們的自我故事會變得更「接近經驗」（experience-near）（另一個取自葛茲的詞彙，引自 Heinz Kohut）。女性可以了解自己的價值，毋須依賴丈夫對她的看法；男孩可以重拾信心；病人可以拒絕貶低性的標籤；成人知道他是被愛的。被權力形象加諸的稀薄真相可以被更具有說服力的、豐富或厚實的個人現實生命經驗和有意識的知識所取代。

社會建構主義

人際和文化對個體主流故事的影響

社會建構主義是社會心理學的分支，強調社會和文化的影響與常規會滲透並活化個體的思考、互動及認同，而非發生在當事

31

人內在的心理動力。這和許多傳統的治療取向認為當事人或分別治療伴侶才是治療的焦點有所不同。根據這些傳統的觀點，個體或伴侶可能會影響、被影響，甚至受到與他人互動的制約，或者受到不幸經驗的衝擊，但他們把「傷害」或「病態」視為永久存在的內在要素或動力。就是這種假設性的傷害值得治療師關注。在（現代主義的）諮商文化裡，「治療」的範圍包含許多不同的方法，如根除早期生命中潛意識的影響、協助當事人更理性思考、透過教導轉變行為、與案主發展出接納和同理的關係。用這些方式來治療，當事人帶進治療中的個人社會位置和議題並未受重視甚至被忽視。相反地，社會建構心理學家的重點不在於缺陷理論、內在的傷害或病態，而在於我們獲得世界觀的社會與文化歷程，以及這些觀念如何反過來影響我們的行動和關係。社會建構主義者認為，未受檢視的社會—文化常規告訴個體、次團體和社群「真實狀況」（truth status）。他們主張，我們不斷和這些常規建構對現實的觀點。如布魯納（Jerome Bruner）所言：「塑造我們的生活——我們放在心中的自傳初稿是不斷變動的——對自我和他人的理解是經由……對文化系統的詮釋。」（1990: 33）幾年前在英國，有一位年輕人跟蹤、恐嚇一對年輕夫妻，導致夫妻倆出車禍雙亡，只因他們沒有讓他超車。社會建構主義心理學家認為，這種行為不是由於內在動力，而是由於他選擇去行動或「表現」一個來自於他的次團體的觀點，即某些道路行為可以被解釋為挑釁，而暴力和危險的反應是有效的，且能適當地表現出男子氣概。不容侵犯被扭曲成具有榮譽感，就像許多其他男性施暴的例子一樣（Archer & Lloyol, 2002: 117, 126-7）。

32

社會建構主義是後現代性的，因為它質疑透過個人心理學獲得「知識」的可能性。它的後現代性強調多元、變動、複雜和人類生活的互動本質。在歐薩利歐（Peter Ossario）明確又充滿智慧的論文裡便主張：

心理學的理論在某些方面把個體描繪成不受限制，但也容易受到扭曲……是否有任何的觀察資料可以告訴我們，事實上這些行為不是宣洩本能能量的方式，或者事實上行為不是學習經驗與當前情境的必然結果，或者事實上個體不只是存有於世？當然沒有。（Ossario, 1985: ch. 2）

歐薩利歐認為，傳統的心理學理論對「臨床實務」提供不當的原理闡述，而「臨床判斷」的假定也都是從「粗糙的督導」和「胡說八道」中推論而來。他認為兩千年前的歷史已經顯示出「真實」是「棘手的迷思」，我們需要的是能提出「真實總是相對的」心理學。心理學要從人類的直接經驗中形成系統化的概念。歐薩利歐相信透過社會建構主義，才可能有新的開始。

跟歐薩利歐比較起來，修特（John Shotter）就不那麼犀利，他也認為敘事可以成為社會建構心理學的基礎：

每個人的社會生活是……一整塊連環相扣的活動所組成的馬賽克拼圖，具有相互支持及定義彼此的功能，每個人都因其在關係中所扮演的角色而獲得理解……我們需要的是個人和自我在尋常情境與事件的「描述」……讓我們得以看到每個人的不同面向，就如同排列在一幅風景裡，從各種立場來看，彼此都相互關聯……我們已經從不相干的觀察者角度放太多注意力在孤立的個體上。（1985: 175-7）

社會建構主義和決定主義不同。敘事治療師贊同建構主義者的觀點，雖然社會─文化因素對思想和行為是最有影響力的，但這些影響力可以被識別、檢驗，以及*摒棄*（discarded）：「治療的對話是……把世界帶入治療中，作為文化和歷史的產物，很多對生命和生活方式尋常與未被質疑的理解都變得清晰可見，不再被

視為理所當然。」（White, 2004a: 104-5）

對「自我」的另類觀點

社會建構主義者質疑「核心自我」（core self）的概念。他們認為，認同是社會建構的──不斷地「協商」（negotiated），根據情境而變動，它表面上的連續性是一種假象，因為大部分的人生活在普遍一致及重複的社會情境裡（Gergen & Davis, 1985; Anderson, 1997; Gergen, 1992, 1999）。這些想法是變動不拘的，更確切地說，它令我們了解到顏色並不固存於物體之中，反而是在我們視覺神經的生理反應上所形成的主觀判斷。但仍然有較中道的觀點，這個社會不斷重塑認同的概念與主觀連續性的認知一併存在：

> 擁有自我感就是知道自己的位置所在，就好像一個人不管在多少他人之中，都知道自己的個性。不管在什麼時空背景或個人所知覺或行動的世界裡，都擁有自己的觀點。但是，「自我感」這個詞也被用來說明個體對自己擁有一組特質的感覺，雖然它們會改變，但仍保有個人整體的獨特性。這些特質包括個體對自己個性的信念。就這部分而言，「自我」並不是個實體……它是一個人個性的集合。「自我」這個詞也曾被用於個體讓他人看到的特性……我們似乎在同一時間擁有三方面的個性，即便沒有一個是真正的實體……我們已經用名詞編造出說出它的方式，一種合乎實體說話的文法形式，在我們數次使用「自我」這種表達方式之時。（Harré, 1998: 4-5）

社會建構主義在面臨價值時，因拒絕接受心理世界而產生不安感。然而，塞翁失馬焉知非福，它也注入一股新象，帶來了啟

發。它驅使我們重新檢視我們的生命，並將之與真實的生活結合。

> 後現代的意識不會……招致有關探索心理潛能的懷疑論，
> 相反地，藉由揭開現代主義的神祕面紗，它試圖讓心理學家
> 和社會更親近。如此一來，科技不僅具有更直接與開放的價
> 值，更重要的是，心理學家被鼓勵要去參與倡導各種形式的
> 價值，發展新的認知，呈現出文化的新選擇……逃離過去虛
> 假的可能性，以及更能完全整合學術與文化，這也是我和其
> 他人被深深吸引之處。（Gergen, 1992: 28）

權力與知識

傅柯從 1970 年代起的著作就在分析西方世界的觀念、政治權力和社會體系間的歷史關係。他在後現代的架構下探討信念、實務和體系在心理健康與病態、紀律與懲治，以及性等主題的發展。他關心的是定義這些體系和概念對當代個體的意義，而不是根據某些絕對的、現代的觀點來詮釋它們。

34

> 對傅柯來說，沒有永遠的確定性，沒有普遍知識可以超
> 乎歷史和社會之外。他的策略是盡可能在他的分析裡不依賴
> 普遍性。他主要的手法是對那些聲稱他每次所遭遇的人類本
> 質具有普遍範疇的人提出歷史的相對性論點。（Rabinow, in
> Foucault, 1984: 4）

傅柯認為，西方世界已經發展出用以維護權力地位的能力，透過他們實際或假定的專家知識，權力滲透到相關的社會體系中，如醫院、療養院、階級與法律。近來社會權力不再僅主要由力量

或威嚇所建立,還在一開始時就謹慎地護衛專家知識以確立權力,然後再隱而不顯地說服人們內化和停留在安排好的附屬位置上。在十九世紀早期,新建造的監獄讓囚犯受到獄卒的監視,可是又不能肯定他們被看管著,傅柯對此有很著名的討論。圓形監獄(Panopticon)即因代表一種很特別的現代態度而聞名:

> 這個監獄作為行刑之處,也是犯人被觀察之處。它採用兩種形式:監視,另外還包括每個犯人的思想、行為、心理的深層狀態、進展等。監獄必須是囚犯形成客觀知識的場所。(Foucault, 1984: 216)

監獄的權威知識是心理知識,跟牢房一樣重要。這種知識是經由監視所學得——囚犯被監看,而且可能知道他被監看著,由於他的行為不再是隱私,他就很容易受到監視者期望的影響。為了要在這種環境下生存,他必須扮演好囚犯的角色,而為了扮演好這個角色,他可能要內化這個角色,變成這個機構所要求的附屬品。在歐威爾(Orwell)著名的未來式小說《1984》裡,「老大哥」(Big Brother)就代表著躲在權力背後的偽善形象。傅柯分析檢視很多機構的權力/知識/控制情況,認為它們是偽善的。他引用十九世紀早期一位醫生為例,在觀察症狀並建議治療選擇方案後,醫生強調要考慮病人的情緒(感情)。這位醫生使用慈悲的語言,但實際上卻是要推動權力:

> 「要了解病患及其情緒,緩和他們的痛苦,減輕其焦慮,注意他們的需要,承擔他們奇怪的想法,盡量運用他們的特質並掌握他們的意志力。不要像殘忍的暴君宰制奴隸一樣,而要像慈祥的父親留心孩子的命運」……這麼多的權力,在不經意中流洩出來……隱沒到全能父母親式的權威裡,這只

35

是眾多逐漸建立君權注視的形式——知識及決定的眼光，統治性的眼光。（Foucault, 1963: 88）

傅柯分析人們在權力的位置上如何透過「從屬技術」（techniques of subordination）及「專家知識」來建立及保有權力。表面的偽善、監視與隱微的推銷內化的從屬關係，都與高夫曼（Goffman, 1961）對心理矯治醫院的機構式權力研究相呼應。

傅柯對懷特實務工作的影響在敘事治療的政治層面，治療計畫在增加當事人對抗生命中明顯或隱而未見的權力關係。很多帶到治療中的問題都是起因於權力行使的社會建構議題，導致當事人用受限的方式定義其認同與生命。下面是從我自己的實務工作中蒐集到的例子，可以用來說明權力／政治特徵的影響力。

行使外顯權力的例子如下：

- 丈夫可以偶爾對妻子施暴，也許一年一次，那麼她就會永遠受到恐懼感的脅迫，隨時擔心下一次的暴力攻擊。
- 教師被不斷增加的行政文書作業逼到絕望邊緣，起因於政府對學生評量的政策，而教師的頂頭上司總是要求他須限期完成。
- 在家中，父母親因青少年體型上的優勢而無計可施。
- 一個妻子病重的男性被會診醫生告知說他可以自由進出病房，但卻發現他總是被行政人員拒於門外。當他終於設法在醫院長廊的轉角處見到醫生時，卻被警衛威脅要他離開。

當事人因內化別人對他們的觀點而自我審查（self-censored）的例子如下：

- 一位女性的同伴不斷地跟在她身邊，挑選她要穿的衣服與

髮型樣式，選擇她應該看哪類書籍和電視節目，還突然造
訪她的健身房，以確定她沒有跟其他男性過於親密交談，
所有這些都以關心的名義進行。由於她無法對這些關愛的
舉動心生感激而充滿罪惡感。

- 一位傷心的寡婦因沒辦法做到朋友要她「放下」的要求而
  覺得自己很無能。

- 一位關心年邁母親的女性發現她很難擁有自己的生活，卻
  接受住在附近的兄弟們沒有義務來照顧母親的說法，因為
  這是女人的責任。

- 一位女士的丈夫堅持他必須跟另外一個女人保有性關係，
  因為他「用不同的方式來愛她們」。她因發現自己很難接
  受這種安排而飽受罪惡感之苦。

36　　　我看到很多被配偶控制的例子；被雇主欺凌，但卻不敢說出
這些不當行為，只因為害怕失去工作；被某些自負和頤指氣使的
助人專業者羞辱。*自我監探*（self-surveillance）也是很常見的，通
常是因為無法符合配偶、家人、次團體或社會的常規與期望。更
常見的是，當事人因為他們永遠無法達到父母所期待的標準而受
苦，當父母過世後，這些感受更是特別深刻。

摘要

「敘事」在治療中意指當事人對自己及別人敘說生命的故事，
也意指個體和社群的第一手、經驗性的知識。後現代的思想家認
為，此種「本土」知識對科學的知識具有同等符合的效力，特別
是在人類生活的脈絡上。後現代的觀點強調知識的暫時性本質，
並且質疑在西方社會裡，很多現代主義者所宣稱的主流普世真實。
很多這些主流真實都被視為個體對權力位階的合理化自我辯護，

被美化成善意或科學的真相。敘事治療奠基於後結構主義思想的傳統，要挑戰人類生活是物理有機體、生物功能或普遍性人類本質象徵的描述。對人類心理生活的深層、結構和症狀方面的隱喻，相較於對生命「稀薄」而非「豐富」（或「厚實」）的敘說，對敘事治療師而言鮮有助益。這其中的差別在於前者的經驗敘說大部分受到未經檢驗的文化與政治信念和假設的影響；而後者的敘說大部分是根據第一手、對生活經驗的全盤理解而形成的信念和假設。敘事治療的開創者認為，個體持續不斷地敘說別人和自己的故事，對他們理解世界的方式、活出自己的生命和定義自己的認同，都具有強大的影響力。這些故事經常受到未被認可或未經檢驗的社會規範及專家知識所扭曲。

CHAPTER

3 協助當事人描述問題

自我故事

我們會隨口在家裡、工作場所、對伴侶、朋友和親戚訴說發生在生活中的故事，有時候甚至對陌生人（如諮商師）訴說。我們說故事給自己和別人聽，藉著講述的過程把它們從記憶中創造出來，還加上姿勢、模仿他人的口氣、戲劇性的抑揚頓挫，以及肢體動作等。當獨自一人時，我們沉浸在未說出口的故事獨白裡，也許不合語法及使用縮寫句，將我們的記憶編織成片段的、生動的，以及沒有結局的肥皂劇。

說故事似乎要有現成的技巧。布魯納引用杜威（Dewey）的論點，指出兒童具有理解語言結構的本能，瓊斯基的理論認為我們使用語言不僅是為了溝通，還為了要「理解這個世界」（1990: 88, 69）。布魯納主張「對語言發展的研究顯示，兒童對*敘說*的組織與論述具有『原始母語的』預備狀態」（1990: 80，強調處為作者自加）。馬可思（Gary Marcus）的研究似乎證實了這項假設（Radford, 1999）。我們因需要理解經驗而說故事，且從年紀輕輕時就藉由說故事來理解經驗。布魯納描述一個很可愛的實驗（Nelson, 1989），有一個叫愛蜜莉的小女孩，十八個月來被錄下她在搖籃裡對自己和玩具講話的聲音。當她發展出說話技巧時，她自發性的表達方式變得越來越有組織性，終至形成*敘說*的形式。這些敘說*依序*整合事件與對事件的反應，發展出因果概念的表達，覺察並假設動機，發覺事件的不合理性，並試著透過敘說的方式來解決不確定性（Bruner, 1990: 87-94）。

> 愛蜜莉在三歲時就能因*敘說經驗的訓練而熟練順序、規則與觀點*。這場景被用來組織她與人們互動的經驗，用一種擬人、說故事的方式……我們從她先前與父母交談的喃喃自語中學到，有一種「把事情做好」的強大壓力，使她能夠「思考」與理解攤開在她面前的選擇。畢竟她的父母親都是知識分子。（1990: 93-4，強調處為作者自加）

人類學家描述在很多文化裡，說故事同時具有在非正式與儀式場合上的重要性（Turner & Bruner, 1986）。日常生活經驗與學術研究都確認了人類敘說的重要性和無所不在的特質。說故事的形式和內容受到社會脈絡的影響，而文化的語言、概念和假定都會深入故事中。

當個體的生命逐漸推展，他們告訴自己和他人有關其經驗的故事會變得越來越多元與複雜——或者更確切地說，再次借用布魯納的妙語：在「我們粗略與持續改變的自傳初稿裡」（1990: 33），*經驗的複雜性會產生多元化的故事*。即便是小愛蜜莉長達十八個月在搖籃裡，只有錄音機安靜地轉動著伴隨著她，也記錄了超過五百天的自言自語：

> 在她年幼的生命當中，弟弟史帝芬誕生了，不僅取代她在家中的獨生女地位，也占據她的房間和嬰兒床……。在她

弟弟出生後不久，她被帶到吵鬧的托兒所。由於雙親都需要
工作，所以他們也請了保母——所有這些都是要因應連停車
場設計都很擁擠和雜亂的城市……她的自言自語就更多了。
（Bruner, 1990: 87-8）

在生命後期，我們經驗的多元性、複雜性與數量都會增加，
因此，在我們思想和互動中自我創作的故事也會交織在生命的記
憶結構裡。但我們無法真正確定生命經驗的小片段影像，除非我
們告訴自己這些故事內容，否則甚至是一小時前的經驗，都會立
刻成為選擇性的記憶。但即便是重要的回憶——燦爛或黯淡的時
刻與事件在整體故事中扮演標記和特色的角色，也很容易受到扭
曲。

艾米斯（Kingsley Amis）在小說《老魔頭》（*The Old Devils*）
中用一段動人卻是以可笑反諷的手法描繪此種特性。四十年來，
馬爾肯相當珍視他跟愛人芮艾儂在海邊共度一天的回憶。在分開
很長一段時間後，他們再度重逢，他提議再去一次海邊。他欣喜
地一遍又一遍回憶當時的細節：暴風雨後的景象、天氣、他借來
的車、車庫裡的意外等等，芮艾儂心神不寧地附和他的述說。接
著換馬爾肯支吾其詞了，他不確定芮艾儂真的記得他所談到的任
何事情，這真令人失望——但此時他的回憶突然鮮明起來，他了
解到過去四十年來，他已經把那一天跟其他不同的場合混淆在一
起。他大部分的生命都在隱約地告訴自己他跟芮艾儂相處這一天
的故事，但現在他按著事件發生的順序回憶，跟她說這個故事時，
他重新具體地經驗，而正確的回憶也再度浮現——但卻令他沮喪
失望。他也曾希望遠在數哩過另一種生活的芮艾儂，可以偶爾帶
著愉快的心情記起這一天。現在他失去了珍貴的影像和聯想，跟
小說其他地方描寫貧乏的情緒成了一個強烈的對比（1986:
166-8）。

39

　　我有時候會在工作坊裡邀請治療師在十分鐘內寫下他們的自傳，往往他們會要求需要更多的時間。一個半小時？十年？如果要盡可能回憶的話，一個完整的敘述甚至要花一輩子或更久的時間——即使這樣也無法完整，只要一開始寫總會遺漏某段時光。在敘說我們的生命故事的細節時，我們只能提供部分的表述，我們經驗的「地圖」無法涵蓋所有的陳述。我們僅擁有不完整的地圖。這並非說這些地圖的某些部分是不正確的，儘管它們無法代表整體。

　　當當事人前來尋求治療，他們有故事要說，想展示生命的地圖。困惑、擔憂加上挫敗感，常常使其記得的故事和所經歷過的都是「充滿問題」的樣子（White, 1989: 39）。他們的故事值得受到尊重與信任，*但仍有其他的故事。*

> 　　人們帶著故事前來。他們想告訴你一些故事，因為他們想要跟你一起寫新故事。但不知為何就是做不到。他們是這故事的作者，而他們需要一位共同作者……。人們在對話中組織其意義和存在性，他們藉由創造有關於自己的故事來應對。每個人基本上都是說故事的人，所有的人類都有故事要說。如果他們沒有故事，他們就不能算是存在於這世界上。他們的故事使其成為一個人，但這也成為他們的牢籠……。他們變得相當忠於他們的恐怖故事，這就是需要治療的地方。慢慢地，你參與其中成為新故事的共同作者。他們建構了一個新現實。（Cecchin, 1988，斜體處為原作者強調）

　　在本書裡，賽新（Cecchin）不被定義為敘事治療師，他是系統治療的先驅，但就如以下的引文所顯示的，也如同麥理歐（McLeod, 1997; Angus & McLeod, 2004a）所主張的，當事人的敘說對多數治療師而言，比他們被稱之為敘事治療師更重要。將賽

新的話和以下懷特與艾普斯頓約同時期的著作比較：

> 　　我們假設當事人所經驗到的問題，也就是他們常常會尋求治療的原因，當他們「敘說」其經驗時，以及／或者他們的經驗被他人「敘說」時，並不足以代表他們的生命經驗，在這樣的情況下，其經驗將有很大部分與主流敘說相牴觸……我們也可以假定，當當事人尋求治療時，一個令人滿意的結局將成為新的認同，或一個非主流的故事將使其能開展出新的意義，帶給他們選擇的可能性——當事人將經驗到更有幫助、更令人滿意及開放的新意義。（1990: 14-15）

　　要鼓勵當事人敘說使其走入治療的故事，敘事治療師試圖在一開始時就注意故事中和當事人描述的基調有相當不一致之處，並在治療的稍後階段讓*替代性的*（alternative）故事有伸展的空間。我會在第四章時再回過頭來討論這個主題。

相似的基礎

40

　　作為一個敘事治療師，我如何回應這個剛坐在我面前的當事人——也許他第一次見治療師，期待要跟一個陌生人、在一個不熟悉的房間，談論他的痛苦、挫折，而且可能是很私人和尷尬的、從未跟任何人全然分享的話題？

　　我邀請當事人談談是什麼使得他前來治療，如果他有所遲疑，我願意等待，建議他慢慢來，並試著藉身體的姿勢及眼神接觸傳達放鬆但準備好傾聽的樣子。這聽起來很耳熟，敘事治療剛開始的療程跟其他治療法很像。大部分的當事人會穩定心情，開始說他們的故事，很快地就覺得好多了。這陌生的脈絡慢慢地因熟悉*的說故事歷程*而變得較不重要。在陳述問題時，當事人很可能需

要因應強烈的情緒衝擊，即使同樣的問題他已經說過無數次了。在很多社會情境裡，他已習於審視經驗，選擇重要的部分，並說給別人聽。這有可能大略依據經驗發生的順序，但也有可能是整個故事的片段。

鼓勵更完整的敘說

當當事人停頓時，表示開始的問題敘述結束了，我會鼓勵他在問題的描述上再多說一點。我用細節、隱喻的問句表示我對問題整體影響的興趣與關心：「問題對生活和關係的影響……問題對行為、情緒、身體、人際互動與態度的影響程度……來確定問題和不同的人之間，以及問題在不同關係之間的影響層面。」（White, 1989: 8）我*詢問*下列的*問句*，這並沒有一定的順序，當然也不是審問，而是用自然對話的方式回應當事人的反應：

- 對考試結果的焦慮對你的睡眠或放鬆的能力有造成任何影響嗎？
- 你有任何健康上的問題可能跟焦慮有關嗎？
- 你發現你可能因為焦慮而做／說／想了什麼嗎？
- 焦慮是否影響到你的感覺，是你還沒提到的？你想要再多說一些嗎？
- 你說你缺乏自信去克服考試焦慮，如果可以的話，我很樂意多聽些細節。
- 沮喪有時候會出現，這會如何影響你跟別人的相處或別人怎麼看待你嗎？你願不願意多告訴我一些？
- 擔憂如何摧毀你的日常生活？
- 在家裡情況如何？你的伴侶／父母親／朋友／同事說了些什麼？

41

　　更進一步的問句則從當事人的反應而來，例如：如果他睡不好，我會問有關睡眠型態和頻率的探索性問句；如果沒有睡眠問題，我就再往別的方向詢問。如果他覺得還好的話，我會引導出對當事人而言相當重要的問題細節，如果他抗拒，問句就先擱著。這個目的不是要讓當事人覺得被診斷或評估，而是要讓他參與對話，讓他知道真的有一個人在他生命困頓的時候願意去了解他。

　　一開始詢問的問句沒辦法勾勒出問題的全貌，但隨著敘說越來越清楚，當事人會更認真看待自己的問題，而非企圖忽視它。他不需要在其後重複描述問題。但同時，用細節勾勒出問題的影響，常能幫助當事人了解到問題的影響力是*有限的*。他會自動發現生活的某些層面是問題影響不到的，或者只影響了一小部分。這個問題也許就會比在一開始自發性的敘說時，顯得沒那麼有壓迫感了。像這樣發現問題的有限，不是因為我的再保證或太樂觀因而提出——那是在對話中自然被引導出來的。

　　理查是位二十七歲的會計師，因為擔憂他對妻子羅絲的暴怒而前來治療。理查會在屋裡摔東西，但不會毆打羅絲，不過他擔心自己遲早會這麼做。他對自己的反應感到困惑及害怕，由於次數越來越頻繁，他想該不會自己什麼地方有毛病了。然而，在回答我的細節問句後，他確定他並未在工作時因被貶抑而暴怒。他已經決定要找其他工作，憑藉他的資歷，這應該不困難，也就是他不必擔心工作。他的身體健康狀況並沒有走下坡。當被問到問題是否影響或被家族關係所影響時，他開始談到母親對羅絲，以及羅絲對母親的態度，還有他進退兩難的感受。他認為太太誇大母親對她的敵意，但羅絲說他眼睛瞎了，才會看不到他母親對她的敵意行為。他認為只要羅絲再多加努力跟母親相處，事情就會改善。有時候他也會對母親生氣，但很快地又有罪惡感。這讓他對羅

> 絲更生氣，因為在他的觀念裡，就是她讓事情發生的。他已
> 經失去判斷適當的孝道與婚姻忠誠義務的能力。他只想要每
> 個人快樂和睦地相處，可是他要兩個女人和好的所有努力都
> 只是讓情況更糟。在療程結束後，他對問題的概念已從「我
> 有問題」轉變成「我──不只是我──的處境困難」。他開
> 始理解到問題跟脈絡、過程有關，不只存在於他和太太之間。

42

　　我的問句的確會揭露出問題影響理查生活的許多層面，但問題的影響力也有限。在治療開始後不久，他就對工作的那部分覺得好多了。他對問題如何影響關係的回答讓我進一步的詢問，特別是在關係糾纏不清部分，這又引導出更進一步的回答，然後又有更多的問句鼓勵理查說出更細節的故事。我說那個故事似乎讓他覺得，他必須在妻子和母親之間做抉擇。我更進一步的暗喻問句是：「真的是這樣嗎？還有其他的可能性嗎？」這個問句並不需要馬上回答──它只是像播種一樣，答案自然會適時出現。

邀請當事人為問題命名

　　當事人可能會因沒法成功地因應問題而覺得無能。無法解決問題可能會導致失敗感，而求助治療師的決定更確定此種失敗，因為他們必須依靠別人的幫助。有時候當事人會讀某些心理學或自助書籍，但通常沒有正面效果──他們可能早就知道該做什麼，卻發現做不到，這就讓他們覺得更糟了。如果先前的治療經驗讓他們受挫，他們可能也會覺得自己是失敗的「個案」。

　　敘事治療的目的之一，是要盡可能早一點協助當事人獲得對生活的控制感。這就是有計畫和持續地邀請當事人為*問題命名*（name the problem）的理由之一。命名是為了控制，命名是起點，表示對某事、某人或威脅有選擇性。兒童特別能感受到命名

的賦權效果，而且常常不願意向不認識的兒童洩露自己的名字（Opie & Opie, 1967）。很少教師能躲得過命名：從我年幼起我就特別記得德卡拉這位有著鷹鉤鼻的校長，威風八面地穿梭在校園間——他被稱為「弗烈德」（Fred），意指有權力的人。

當當事人尋求治療，問題已經握有權力，因此命名可以激勵士氣。但這不僅僅是象徵性地獲得某種控制感的步驟，雖然這的確很有用。這是澄清問題與使其常態化的手段——兩者都有助於當事人重新定位他和問題的關係。經驗過沮喪、悲觀、冷漠、自我懷疑、易怒、健忘與失眠的當事人，經由將問題命名為「憂鬱」而了解其焦慮，或者獲得某種權力感。如果他們也讀到某些文章或書籍，幫助他們將憂鬱正常化為對重大失落或長期受挫的普遍反應，或者上述因素都無法說明，那麼也可能是因藥物所造成的心理失衡反應。當事人會因此得到解脫並重新獲得力量，增加他們用另一種不同的方式看問題的能力。當事人有時會自動地為問題命名——把憂鬱稱為「烏雲」、把憤怒稱為「怪物」等等，這給他們一種和問題保持距離的感覺，而能夠客觀地看待它，並開始擬定因應計畫。曾有一個當事人從為恐慌症命名中得到很多滿足，這是我在專業出版品中從沒看過的！

43

此時我的問句可能是：

- 我們可以把這個問題稱為什麼？
- 此刻你有想到什麼特別的名字來稱呼你所經歷的事情嗎？
- 有好多的事情發生在你身上——我們是否可以將它們指出來？它們是什麼？我們應給它們取什麼名字？
- 我把他們對你做的事稱為「建設性的解雇」？這個用詞對嗎？
- 從你所說的話聽來，你很容易受到情緒勒索。如果從現在起我們這樣叫它，你覺得怎麼樣？或者還有更好的名字？

對伴侶而言，命名可以減少互相指責的傾向——指責的語言變成「歷程語言」。他們可能一開始指控對方為「約翰脾氣很不好」及「菲麗很嘮叨」，但可能會同意將問題定義為「關係中的壓力」。當他們將問題定位在關係互動而非歸咎於雙方的個性，如「互相隱瞞真實感受的習慣」或「難以對彼此坦誠」或「擔憂性生活的滿意度」等的說法，都有助於去個人化。當然，可能有些問題不適合說成是互動過程的一部分，而主要是伴侶的行為——如外遇、暴力與虐待。但對大多數陷在互相指控的惡性循環和防衛裡的伴侶而言，為問題命名可以視為共同合作要同心協力去打倒的敵人。

假使當事人沒辦法想出名字，我會暫時建議幾個可能性，然後選用當事人較喜歡的一個。如果我的建議被拒絕了我也不會生氣，但通常當事人會因拒絕我的說法而受到刺激，想要自己命名：「不，這些說法都不對，那比較像是……」我邀請理查為他的問題命名，開始時可能因為事情太複雜或太痛苦，他很難想出名字，但當我們開始稱呼其為「婆媳壓力」或「婚姻爭執」時，這個問題就逐漸獲得控制。初期他把問題說成是他和羅絲的問題——「我的脾氣」、「我的憤怒」、「她疑神疑鬼」，話題談到「婆媳壓力」及「婚姻爭執」不只將問題中立化，視其為可控制的，而且象徵它們是過程和脈絡的問題，而非個人的特性或缺陷。當他的敘說越來越詳細，為了回應我的問句，他開始重新定義問題——他的母親和羅絲成為我們對話的重點，使我們討論到三者之間複雜的互動關係。要對此種複雜性命名是很難的，在這件事裡也許只顯示出一小部分，即便如此，這也證明了命名和*重新命名*可以成為弄清楚全貌的手段，把問題的多元面向記在心裡，而不是過度簡化它，用它鼓勵當事人聚焦，增加敘說的豐富性。命名是漸進性的，其進展既反映也重新建構當事人逐漸開展的故事。理查將母親包含在內，就比他原來只看到他和妻子之間的敘說還要豐

44

富，而他對三邊互動的敘說，就比將每個人視為分離的個體之敘說還豐富。

　　為問題命名的另一項功能是直截了當。用不加修飾的字句如「三年來他一再地虐待你」，而非「這件事已經發生三年了」，或用「他不斷地毆打你」取代「這一直在發生」等等來談及支配行動，就比較能協助先前喜歡用逃避性字眼如「干涉」或「已經有好幾年了」的當事人。更清楚一點的，如「他觸摸你的陰莖，即使你已經告訴他不要這麼做」、「他打你的眼睛和鼻子」、「這些年來他持續用沒有說出口的暴力威脅恐嚇你」，都能鼓勵當事人看清現實與虐待的嚴重性。很明顯地，此種命名是對問題的詳細深究，以及當事人願意往這個方向前進。為虐待命名對施虐者及受虐者而言都是個信號，代表我不贊同施虐者用藉口來規避其要對行動負責，也鼓勵受虐者不要忽略及低估她的經驗。這種廣泛的探索及討論，讓態度及信念上難以表達的受虐者的心聲能夠被聽到，因而可能讓施虐者自我審判（White, 1995a: 89-90; 本書第八章）。

外化問題

　　外化問題（externalizing the problem）意指當提到帶入治療中的問題時，用一種特別的態度和口語來形容它是*影響*當事人的事情，而非當事人本身的個性或特質。治療師把問題說成是攻擊當事人、入侵他的生活、嘮叨不休、束縛他，或用某種方式企圖傷害他。透過隱喻來外化是敘事治療的一大特色：當事人要回應的是問題情境，而非問題，因此，問題是當事人可以排除在生活之外的，或者用某種方式控制住的。外化是「去病態化」（de-pathologizing），且是暗喻著希望與鼓舞的語言。

　　如果要限制我只能使用懷特實務工作的其中一項，那就是「外化問題」，他的座右銘是：「當事人不是問題，問題才是問題」。這是我治療工作的基本原理，要中立，亦即要同時站在雙方的立場，並且用承諾和熱情對抗問題，不管問題是什麼。（Epston, 1989: 26）

45

　　在懷特一篇著名的文章裡，他稱外化為「一種治療方法，用以鼓勵當事人客觀，有時並能把有壓迫性的問題經驗擬人化」（1989: 5）。他在治療兒童時發現了這個想法，而他們和其家人也覺得這很有趣，其後便將之擴展作為「描述問題」的方式（1989: 6）。懷特強調他絕非必用外化的語言不可（1989: 27-28; 2004a: 124），而我自己在運用時，也試著以要去病態化作為特點。這個方法對敘說「充滿問題」故事的當事人特別適合，因為他們的負面故事太強大了，以至於任何矛盾的證據和與之相反的故事都有可能被視而不見（White, 1995a: 25）。

　　某些當事人*被*困在只能有少許甚或沒法改變的情況裡，例如，住在找不到工作的地方，也缺乏資源搬家；負債累累且無力償還，或是生重病。敘事治療的重點在當事人所要努力克服的問題對其生活真正的影響——它不是一種「感覺不錯」（feel-good）的治療。用外化來緩和或否認當事人經驗的現實也是一種濫用。然而，透過外化把被視為無可逃脫的問題情境外化為當事人*被*困在裡面，有時可以協助他認識並重視自己的生存與因應技巧。以來日無多的當事人為例，外化死亡以假定這是他可以克服的挫折既不恰當也很殘忍。然而，跟當事人說「沮喪影響你」，而非說「你的沮喪」，可能是有幫助的。

　　外化是邀請當事人為問題命名的方式之一，使用外化可以促進覺察，用語言的力量以對抗當事人將問題當作自我認同的一部分。會來找我的當事人常常堅信是自己有問題，所以才會造成困

境，例如，他們有某些缺陷或不足，意謂著他們沒有能力過令人滿意的生活。這些缺陷被視為是他們個人道德或認知上的錯誤，或心理的機轉。受到當代西方心理學理論長久以來建立與被視為真實的思潮影響，即便被文學、電影、小說、笑話和卡通諷刺，當事人還是相信兒童時期一些未知的因素塑造了他，使他成為現在這副模樣，需要我的專家知識來糾正他。他可能認為他的心理狀態是導因於疾病或精神病。有關係困擾的當事人會要求另一半前來接受治療，以心理學的解釋來*辯解*自己或伴侶的虐待或不體貼的行為，例如，那是不愉快的童年所造成的傷害，或者他們只是無助地複製原生家庭所建立的模式。

當我使用外化語言時，我不是要否認很多經驗的影響力，特別是早期生命經驗，或者去否認不愉快或創傷事件的長期影響。然而，我認為這些概念很有說服力，但並非總是最重要的，有很多未知的多元因素會塑造我們告訴自己或別人的自我生命故事，只要這些經驗發生了，都會成為我們的過去。如果當事人持有不同的觀點，並且反映在他的語言上，我會很尊敬地放在心裡。我試著避免跟當事人陷入心理學理論的討論——雖然有時會做不到！但我真的希望可以傳達和鼓勵一種觀點，就是把心理因素跟問題*分開*是有可能的，要把它們視為*影響*而非*決定因素*，了解到思考和行動的習慣不是固著於我們的*內在之中*，相反地，是經由學習或習慣養成，是可以被認清、重新檢討、改變或拋棄的（常常需要很大的努力和痛苦的思索）。外化問題幫我做到了。當事人悲觀、根深柢固的「這就是我」的看法被帶到治療中，可以被轉化為更有希望及更有助益的「這就是影響我去做和去感覺的事」的社會建構或後結構主義觀點。所以我避免使用標示症狀原因的隱喻來象徵困擾或生活的痛苦面，而且我也不會說當事人是有問題的。

懷特（White, 1989: 6）對外化問題的效果描述如下：

46

　　我……認為，這個技巧和其他技巧比起來，能：

1. 降低人與人之間無謂的衝突，例如爭論誰該對問題負責。
2. 減輕當事人因問題持續存在而產生的失敗感，儘管他們已經很努力去解決了。
3. 鋪陳讓當事人之間彼此合作的道路，共同對抗問題以跳脫其對生活和關係的影響。
4. 為當事人開啟採取行動以便從問題及其影響力中重新取回生活和關係的可能性。
5. 解放當事人，採取較簡單、更有效且較沒有壓力的方法來對付「超嚴重」的問題。
6. 開啟有選擇性的對話，而非只能對問題自問自答。

隱喻的語言

　　外化可以採用直接擬人化的形式，例如，懷特稱小朋友的大便為「狡猾臭臭的惡作劇」，而不是說「你的大便」（1989:8-12）。或者當治療師說「自我懷疑的聲音在對你說話」，而非「你有不安全感」。字詞的習慣性用法可帶出外化的隱微訊息，顯現在低調、自然平常的對話中：

- 這些噩夢何時開始出現的？（而不是「你什麼時候開始作噩夢的？」）
- 孤單似乎跟了你大半輩子（而不是「你大半輩子都是孤單一個人」）。
- 所以你總是會用一些安慰性的儀式來給自己安全感？（而不是「你是一個強迫症患者？」）
- 酒精很成功地控制你的生活（而不是「你是個酒鬼」）。

47

● 你和瓊已經發現到嫉妒入侵了你們的關係之中（而不是「你
　和瓊互相嫉妒對方」）。

　　所有的語言都是隱喻性的——不管是用寫的或用說的，都象
徵它們所指陳的對象。它們不是在指稱自己——但字詞在想像力
中所喚起的心像太容易被誤認為現實。對我而言，某些隱喻似乎
因更常在治療中出現而變得很具體，如：核心自我、移情、壓抑、
否認等等。它們已隱約地被當作是真實和已知的實體，而非僅僅
是象徵假設性概念的字眼。

　　將問題定位在事當人內的隱喻是：語言中的壓縮比較意象。
替代性的隱喻是可行的。外化不是因為治療師真的認為狡猾的便
便、焦慮、憂鬱，或自我懷疑的聲音（White, 1997a）等概念，是
真實存在於當事人經驗之外的有害物體，它們會被選用是因為外
化的語言具有正面的效果，如懷特在上一段中所說的話。外化問
題的潛在效用在於它以溫和不唐突的方式對「問題產生不同的氛
圍」（White, 1995a: 21）。

檢視將問題視為「內在」的文化壓力

　　強有力且無所不在的媒體，將諮商師、治療師、心理學家和
精神科醫師的形象塑造成兩大類：諷刺性的形象說他們是裝模作
樣的無能者，只會使用可笑的偽心理學術語；理想化的形象把他
們描繪成擁有近乎全能的洞察力、智慧，足以看透人類的生命和
動機，可以帶來驚異的療效。這種理想化的形象受到某些治療師
的風格和著作所增強，極少經過檢驗及深入探討，卻常用去非凡
（impersonal）及專家的口吻寫就，強調其知識、智慧和洞見。命
名和外化要對抗此種「專家」的假設，鼓勵當事人根據自己的知
識去定義自己的問題，並開始把他們的問題從自我認同當中解套。

文化的假定要當事人將問題歸因於認同、人格、心理不健全，或無法逃脫的制約，因而需要有智慧的專家來詮釋解說。這些都可以在治療的對話中加以嚴密地批判檢視。懷特稱此為「外化內化的論述」（externalizing internalizing discourses），而此種過程可經由「外化對話」來達成（1995a: 41; 2004a: 124-5）。

論述

「論述」（discourses）這個引用自懷特的用語，意指習慣性思考的方式，在某個特定的社會群體中流行，以語言的特性體現共享的信念與價值。社會和文化群體都有自己的論述、自己共有的價值觀和語彙，範圍從小到大都有，如：俱樂部、社會階級、宗教與政治組織、專業團體、國家、歷史時期等。

容我虛構一對伴侶——吉兒和伊萊茵，她們是情侶和室友，她們共享兩人間的笑話和愛對方的方式，也就是一個「吉兒—伊萊茵」的論述。伊萊茵所屬的爵士樂俱樂部和吉兒所加入的管樂隊彼此間有不同的論述：歌詞、音樂、樂團和樂器在這兩種論述中都有相當不同的意涵。這對情侶共享當地女同性戀社區的論述，也共享全世界女同性戀女性主義的論述。但她們在恐同性戀者試著要把她們置於性傾向正常的社會論述下，也有很多痛苦的經驗。由於吉兒和伊萊茵都是精神科護士，她們共享職業上的醫療模式論述，在這個社會廣泛流傳，包括標籤化病人、關於心理疾病本質的假定，以及精神病學家的專業知識。這裡的每一個故事都用內在獨白的方式敘說著，而她們告訴對方，以及她們告訴其他人的故事都來自廣大的社會脈絡，在不同的論述下表達。這兩位女性不只生活在某個論述裡，她們可以從一個論述跳到另一個論述，毋須費力或覺察到這些轉換。

當事人表達他們問題的語言似乎指出，他們本土或文化及社會群體的論述，對他們的生活和自我概念具有限制及有害的影響。當事人在治療早期最常說出的故事型態涵蓋了自責、自我懷疑、自我控訴、把問題歸咎於自身的個性、缺點、人格，或其他內在天生的因素。這樣的內化已經受到許多被本土和較大社會脈絡視為理所當然的假定所影響與支持。在治療實務裡，「外化內化的論述」就是要外化剛才所描述的問題。包括詳盡地檢視自我敘說裡的觀念，以及支持這些觀念的語言，因而可以直接把關係和機構政策的問題搬到治療室討論。這種討論讓當事人以更經驗本位的方式來概念化其問題，容許他有逃離主流自我責備論述的選擇。

下面的例子擷取自我的實務工作，我並沒有指出吉娜的扭曲性思考，我要幫助她敘說一個改良後的故事，以對抗某些習以為常的、很明顯來自於她原生家庭與當前社會脈絡所假定的真相之受限論述。

吉娜，五十歲，在祖國義大利長大。她的父親在墨索里尼時代是個法西斯黨員，而他對政治的忠誠與他對待家人的態度一致，特別是對女人。他的太太和女兒們都在家族男性的控制之下，認為女人生來就是為服事男人，沒有質疑的份。吉娜雖然有能力繼續接受更高等的教育，卻被迫提早中止學業。她和姊妹們都不被容許有任何家族外的社交活動。儘管有這些限制，她還是在二十歲時愛上了一位英國的生意人，他們很快地就決定生活在一起。經由這段關係，她逃到英國，展開一段新生活。她因青春期女兒的問題前來求助，因為她常常認為女兒太自我中心，也太自私了。吉娜說因為早年嚴屬的家庭背景，使她很難區分合理的執行規定及不當體罰之間的差別。在此同時，女兒的行為也令她光火，她覺得她應該對女兒要求她在時間、金錢、物質和耐性上的付出時有所

49

讓步，因為有時候當她拒絕這些要求時，她會覺得自己很自私。我們很詳細地檢視父權社會脈絡下女性的三從四德，即便跟她的原生家庭比較起來沒那麼明顯，但仍是主要的假設；以及母親們在西方社會裡如何同時被責備與理想化，常常讓她們陷於必敗的處境。我問她是否還常常「聽到父親的聲音」而覺得自己很自私，以及她自己是否能區辨她父親和大部分社會所謂女人的「自私」和「滿足自我合理的需求」之間的差別。吉娜陷入一陣沉思。接著她開始點頭，用很肯定及強烈的情緒說：「不，我並不自私！」這是一個轉捩點，讓她重新去界定，並且慢慢地決心付出行動，在處理和女兒有關的事情時，會把她自己合理的希望考慮在內。

　　家庭和社會脈絡的*語言*是我一開始跟吉娜討論的重點。我們檢視她的內在聲音所使用的語言，她了解到家庭、女性特質、責任、親職、自私和正常的概念，已經在某種程度上「污染」了她，這是她以前未曾察覺到的。她父親的法西斯主義論述在她童年和少女時期每天公開播放，帶著絕對的權威性，跟鄰居和朋友的性別假設論述隱約相呼應（因其所住的鄉下社區相當偏僻且傳統）。透過命名，以及拒絕之前的命名，她得以了解到意義上的區別。因為這樣的覺察，她才有能力去拒絕先前原生家庭和社區本位的觀念說她很「自私」（這還受到文化對「無私的母親」角色尊崇所增強），因而找到自由，透過改變的自我敘說，可以在拒絕女兒不合理的要求時沒有罪惡感。她現在可以敘說一個尋求合理的需要，以及*一直以來就在實踐的自我故事*。這不僅是一個「從現在起她可能會做什麼」的發現，或者主要是「她一直做不到是由於受到原生家庭的壓迫影響」的發現，而是「她一直以來總想做，且試著去做卻無法成功的，*其實是OK的*」。內化論述被外化了，她的自我故事跟先前充滿罪惡感的完全不同，結果就是她能夠修

50

正她的自我感為：「……所以我並不自私……」。

在外化內化的論述時，我會問些問題，邀請當事人檢視他們告訴自己的事情，也去檢視支持這些自我敘說的論述。這些問題的形式像是：

- 你從哪裡得知這些觀念？
- 這個觀念是你的還是別人的？你是否曾經想過是什麼會讓一個人這麼做，而使你去思考自己的觀點呢？
- 為什麼行政院長在定義政黨所要幫助的民眾對象時，都只講到「家庭」呢？身為一個男同性戀者，那會讓你感覺如何？
- 所以你告訴自己，你會那樣對待她，是因為你的父親也這樣對待你的母親？我在想你是從哪裡得來這種觀念，只因為看到你父母親的例子，就說你沒辦法不這麼做。你是從什麼地方讀到的，或者是在電視上看到的嗎？
- 自我貶抑曾是你想要放棄的習慣嗎？誰鼓勵你繼續保持這個習慣？他們用了哪些技巧做到了？在罪惡感和後悔之間有沒有什麼不同？
- 我在想，是哪些電影、書、雜誌和電視節目影響了你的觀念，讓你覺得這是用來解決兩難情境中唯一可行的方法？
- 是什麼樣的公司經營理念讓你覺得被貶抑和壓迫？什麼樣的政策理念鼓勵你的公司要採取這麼嚴厲的經營手段？為什麼「嚴格的管理」會變成值得稱讚的事？這些政策對你同事們的生活和組織內的關係產生哪些真正的影響？
- 你的婚姻是如何受到丈夫的男性主義影響，主張男人應該要如何對待女人的？
- 男同事們炫耀糟蹋女性的故事，這會讓你想要吹噓類似的「成就」嗎？

- 為什麼廣告商要行銷只有很瘦的女性才是有魅力的觀念？為什麼他們要說女人「值得」用好的洗髮精和洗面乳？

　　上述的例子都僅是摘要，並未涵蓋治療對話的全貌。大部分要外化內化的論述並非靠單一的問題，而是要去探索，邀請他們去思考觀念、追蹤澄清，採取暫時性開放的評論，甚者——假使個人和立場正確的話——就直接去挑戰。

關於外化的一些提醒

1. 外化除非是在後結構主義的假定之下使用，否則價值有限

　　外化對話的整體要點在協助當事人破除問題是他本身的一部分，或問題出在他身上這樣的迷思，問題不是他天生固定的特質，或是病態的表現。除非治療師能打破這些思考方式，否則外化就沒意義了，甚至可能會造成傷害。馬蒂坎（Stephen Madigan）曾描述一場「個案會議」，在此場會議裡，「同仁們聲稱『神經性厭食症控制了整個家庭，然而，神經性厭食症也讓這個家庭向前走——他們是運作良好又失功能的』」。有人表示同意。馬蒂坎挖苦地說：「他們的論點讓我想到把蘋果和橘子混在一起治療的危險性，在這個個案裡，是把敘事的實務跟時下心理學的傳統混在一起。」（Madigan, 1999: 1）

2. 外化並非總是恰當

　　懷特建議外化對話對當事人特別固著和習慣化的主流故事最有用，治療需要彈性：

　　　我並不主張要把外化無時無刻應用到所有的當事人與情

境上。例如，那些因各式各樣的危機而尋求治療，以及生活和關係並非固著於問題支配故事的當事人……治療師協助當事人找出危機經驗的不同層面，檢視曾做過的努力還比較適當。還有些尋求治療的當事人說他們的生活沒什麼大問題，但卻很無趣。在這種情況下，治療師鼓勵當事人找出生命中的「閃亮時刻」可能是較適當的……（White, 1989: 27-8）

3. 有時透過命名來外化不是太簡化就是太難，沒有發揮效果

要協助當事人為其問題命名時，粗劣與不自然的方式會對治療中不具威脅性的對話氣氛產生不利的影響。這樣的做法可能會有反效果，會令當事人困惑，有時甚至太有壓迫感。在這樣的情況下，最好放棄此種嘗試。以下是擷取自治療中的某個段落，我認為治療師太堅持要把外化命名強加給當事人，以至於在過程中使人反感：

羅伯特：……嗯……我仍然在想，一個人……嗯……當他對
　　　　自己感覺很好時，有時候就能克服他的問題。
治療師：用對自己感覺很好來避免停滯。停滯是很有力量的，
　　　　而且就如你所知道的，你並沒有讓停滯把你變成懼
　　　　曠症……你是怎麼做到的？
羅伯特：我不知道……我從沒害怕要走出去。
治療師：沒錯。但停滯會讓人這麼做。你剛剛已經說出來了，
　　　　你是對的。所以，你是怎麼沒讓停滯把你變成懼曠
　　　　症呢？我真的很好奇。
羅伯特：我不知道。我想我喜歡人群……我不知道……我不
　　　　曉得。我想當我還年輕的時候，我可能，我不知道，
　　　　我有一段時間沒去上學，也許，也許是害怕做不好
　　　　吧，可是我並不認為……

治療師：不，別這麼說。

羅伯特：我在學校做得很好。

治療師：那是不一樣的。所以我好奇的是……我認為你剛剛說的話是對的，嗯，你必須要有自信，不要讓停滯把你變成懼曠症。你會注意到你自己什麼地方？我這麼問好了……

羅伯特：好了，好了，我不知道要怎麼回答。

治療師：你認為那告訴了我關於你的什麼事？當我看到你並未讓停滯把你變成懼曠症時，你認為那告訴了我關於你的什麼事？

羅伯特：我不知道……

（Zimmerman & Dickerson, in Gilligan, S. & Price, R. eds, *Therapeutic Conversations,* 1993: 210, emphasis in original. Reprinted by permission of W.W. Norton & Co. Inc.）

4.外化不適合用在說明壓迫的情境

在上述的晤談裡，羅伯特的太太蘇珊舉些悲慘的例子，說明羅伯特如何藉此逃避家庭責任，接著又責怪她「付出太多」來引發她的罪惡感。治療師堅持要把羅伯特的行為定義為是受到「停滯」（immobilization）的影響，沒有對他實際的行為命名——的確，治療師嘉許羅伯特因對抗停滯而沒有變成懼曠症，讓蘇珊將他成功打敗懼曠症的行為歸因於「他想跟大家在一起」。她拯救了他，讚美他的「優點」（經由治療師的提示），卻沒有太多證據顯示出這個特質跟她和羅伯特之間的關係。治療師接著檢視蘇珊的「照顧習慣」，和羅伯特共謀，讓她難過得哭了。

懷特建議一旦帶入治療的情境牽涉到「當事人」的壓迫經驗時，外化最好是用在*跟維持該壓迫有關的態度、信念和策略上。*

很重要的是，治療師不可以將情境類化，而是要把每個情境的特殊之處記在心裡，並且進一步思考特定行動的可能後果……這樣的理念不鼓勵治療師外化暴力及性虐待的問題。當這些問題被指出來後，治療師傾向於鼓勵外化讓暴力發生的態度和信念，以及迫使當事人順從的策略……（White, 1989: 12）

我並不贊成把壓迫行動定義為互動過程驅使當事人這麼做，或認為它們是過去傷痛或精神病症狀的反映。我認為當事人所選擇的壓迫行動，有時候是根植在他當前本土及較大社會脈絡中——即其次文化的論述——未經檢驗的信念和態度。壓迫行動是徹頭徹尾的錯誤，一定要加以制止，並要承認與糾正錯誤。但要對施以壓迫行動的個人說教、面質或控訴都是徒勞無功的，它所表現出的「上—下」位階、權力本位的行為才是需要被批判的。此時，外化該怎麼做呢？

接下來的外化問句綜合自數個與異性戀伴侶的工作實例，其中的男性具有口語與肢體的暴力行為。　　　　　　*53*

以將問題界定為態度和信念的方式來外化問題

- 是什麼誘因讓你覺得可用輕蔑的方式跟妲特說話？
- 是什麼漫不經心的習慣讓你侮辱太太時，看不到你兒子的痛苦？
- 別人每天在說的淫穢字眼讓你覺得稱呼太太「妓女」是可以的嗎？
- 把毆打珍妮看作是打發無聊時間的方式，讓你沉浸在權力的滋味裡嗎？
- 難道你忘了愛通常是讓人們彼此溫柔對待的嗎？

- 對你而言，自我辯護比看清現實更有力嗎？
- 你可曾發現你是故意要生氣且樂在其中？

外化內化的論述

- 是什麼樣有關男人跟女人說話的觀念，讓你認為你可以稱呼你的太太是「該死的人渣」？
- 你的那些男性友人認為應該要怎麼對待女人？這些觀念是從哪來的？
- 你曾認為你好像是電影裡演的「帶種男人」嗎？
- 你是從哪裡得到「過去的怨恨是消失不掉的」這種想法？
- 誰告訴你原諒是男性懦弱的表現？

就如同在敘事治療的著作中所列舉的眾多問句範例，這些都只是摘要句。上述第一個「外化內化的論述」問句若要穿插在療程中，表達方式大致如下：

喬治：我剛告訴她我對她的看法。

馬丁（本書作者）：你認為她覺得別人這樣對待她是一種誠實的表示？

喬治：什麼意思？

馬丁：這麼說吧，你認為妲特會覺得你對她如此坦白和誠實，是出於對她的愛嗎？或者她可能會覺得——這實在很難形容——是一種侮辱？輕蔑？輕視？

喬治：不管怎麼說，她實在是很活該。

馬丁：所以如果你認為她活該，這就是一種懲罰？

喬治：我是這麼認為啦。

馬丁：當一個成人「處罰」另一個成人時，那是愛的表現或
　　　是輕視的表現？

喬治：這是她自找的。

馬丁：所以這是輕視的表現囉？

喬治：沒錯。

馬丁：對你所愛的人？你告訴我好多次你愛她，你也在這個
　　　房間裡這麼告訴過她。

喬治：我當然愛她。她也知道，但這是她逼我的，我也不想
　　　這樣。

馬丁：你愛她，但似乎某件事或某個人讓你認為，當你覺得
　　　她妨礙你時，你可以毫不留情地侮辱她。

喬治：啥？

馬丁：從你所說的來看，你是受到「可以愛一個人但又可以
　　　侮辱她」的想法所影響。你似乎對這個觀念深信不疑。
　　　怎麼會這樣呢？我看過很多的男性會對太太生氣，但
　　　他們不會這麼想或這麼說。我在想你的觀念是從哪裡
　　　得來的——誰告訴你用這種方式對待你所愛的人或罵
　　　她「該死的人渣」是可以的？

喬治：她姊姊也是個人渣……

　　在這個例子裡，我還不夠有技巧地鼓勵喬治看到他的觀念來
源，或了解到有這些來源。他把他的意見當作事實，把對姐特的
侮辱說成是她活該。我沒有辦法鼓勵他去檢視，以及把他跟這些
未受檢視的有關女人、男人和口頭暴力的觀念分開。但至少在提
出外化問題以命名他的行動，以及說明影響他行為的觀念時，都
直接質疑他說他愛姐特的說法。雖然失敗了，但一想到會失去姐
特就令他害怕了。

　　即便如此，單靠外化還不足以起作用。懷特主張，必須鼓勵

暴力或施虐的男性為此負起責任，認識到其後果，道歉並承諾改
變及質疑父權思想，由此他們才會放棄其整體思考方式和半生以
來所擁護的論述。治療師必須費盡心力、正中核心，一方面解構
舊的論述，一方面又鼓勵他們轉化新的論述：

> 　　重要的是建立一種脈絡，讓這些男性有可能跳脫灌輸暴
> 力行為與思考的主流論述，亦即那些灌輸、支持、合理化虐
> 待行為與思考的論述。但就算這樣還是不夠，我們要跟這些
> 男性一起探討替代的思考和行為，為其伴侶和親子關係提供
> 新的、合理的行動計畫……為了達成這個目標，替代的行為
> 和思考方式必須小心行事。其中的特質……必須要小心選取。
> （White, 1995a: 159-160，強調處為作者自加）

55　　　　外化內化的論述在治療暴力或施虐男性上扮演重要的角色，
但同樣地，誤用外化也會鼓勵或增強施虐者責怪外在環境或受害
者的傾向，而把這些因素視為不可抗力的原因，而非只是影響力
而已。

外化沒有問題的部分

　　外化也可以用來命名當事人正開展的敘事中沒有問題的部分。
在懷特和艾普斯頓最具影響的著作《故事、知識、權力：敘事治
療的力量》（1990）中，「外化問題」的章節裡沒有談到，或根
據這些章節所寫的研究報告中也未曾提到（White, 1989）。因此，
當我聽聞懷特也將外化的語言用在當事人故事中正面的部分時，
我覺得很困惑。我知道外化是用來協助當事人和問題切割——但
為什麼也要把他跟故事中更有希望的部分分開來呢？
　　卡瑞（Carey）和羅素（Russell）說他們的經驗是：

外化「好事情」意指它們可以被更豐富地描述……如果「優勢」被外化了（不是以天生或內在的特質看待，而是以被創造出的特質看待），那麼，我們就可以用問句清楚地言明組成這些「優勢」的特殊能力和知識，並探討在當事人的生命中，有哪些令人珍視的人事物讓它繼續存在。那也意指我們更可以詢問有關「優勢」在當事人生活中所象徵的意涵……也就是說，這個「優勢」的價值及其所帶來的責任，與這些價值和責任的發展史。（2002: 76-84）

或許對當事人的整個故事外化得最徹底的是博德（Johnella Bird），她並不完全認同敘事治療，但她的觀點也是根植在非結構主義和社會建構主義的立場上。她把在治療（以及日常的對話）中的語言用法定義為「關係的用語」（Relational Language-making），是自我和思想間的關係。傳統的語言用法有「固定的意義」，少有商量的空間（2004: 6）。她的用法是持續地外化，排除使用傳統的第一人稱「我」（I）：

在傳統的英語中，強調「我」的建構是早已決定好且固定不變的，舉例來說，「我是有堅強意志的、有幹勁的、好勝的、和善的、熱情的」，這些形容詞……透過其表達建構出存在於本體中的「我」……後果是這種絕對性或自我的特質對事件、情緒和關係戴上了「感覺」的鏡頭或過濾器……我主張要有自主的、自我參照的自我建構行動以維護個人的基本權力。（2004: 4-6）

56

博德認為關係的用語是對二元化思考的反動，也要摧殘傳統語言形式中所隱含的權力關係。她的論點很複雜，我無意在此多加闡述，但下面的摘述耐人尋味：

當某人說：「我沒辦法靠自己生存」，他們讓自己缺席。「我沒辦法生存」這種缺席的立場常常是當事人認為，他們無法採取「我可以靠自己生存」的肯定立場所產生的結果。

訪問者：你會怎麼描述你在這段關係中的生存方式？

用這個問句，我從「我沒辦法生存」的肯定句轉移至強調當下關係的建構：「你生存的方式」。

布蘭妮：我的確是他的奴隸。我做每一件家事，被他隨叩隨到，而這樣竟然還不夠，他還要打我。

訪問者：在這段關係中你以奴隸的姿態存在，而且還被暴力對待？

用這個問句，我把「我是他的奴隸」這種描述用關係建構出隱喻性的立場，將「我可以生存」或「我沒辦法生存」的二元化敘說轉換成「以奴隸的姿態存在」。（2004: 45-6，斜體處為原作者強調）

對話繼續進行，訪問者問出布蘭妮過去的觀念，即便在受虐的婚姻下，仍讓她覺得這是很正常的，而她對婚姻將會有何變化沒有概念。訪問者運用外化的抽象名詞——「婚姻」、「關係」以及「以奴隸的姿態存在」。朋友、工作還有某些尚存的自主性，都是讓她可以早一點離婚的要素。博德舉例說明她如何繼續運用關係的用語，她會說：「想要完成某件事、想要正常的渴望」而非「你渴望正常」；說「你要完成某件事的決心」，而非「你決心要……」；不說「你愛他，但他把你變成他的奴隸」，她的說法會是：「愛的經驗與在這個經驗裡失去信念」。

博德用很有創意的方式重新思考語言在治療中的關係，她強調簡約、二元化思考的危險性，而她用來對抗此種人際間互動所發展出來的語法雖很複雜，卻令人印象深刻，值得好好研究。博德的理念受到許多敘事治療師的高度重視，但我不得不承認，我

並不完全欣賞她所使用的關係用語，而她也說她的用詞通常未得到當事人的注意（2004: 43）。我認為，如果我模仿她那種間接迂迴的用詞，當事人可能會覺得很不自然，且不懂我在說什麼，我也懷疑我用這種語言形式對當事人是否能有多大意義，如果他們注意到了，也只會覺得那是些怪字怪詞。有時候，簡單的字要比複雜的字好多了。我認為用日常生活的語言形式來外化問題，跟博德堅持用非傳統的用語之間有很大的差異。我也受到懷特反覆的強調所影響，在他的敘事治療觀念裡，外化並非總是恰當的（White & Epston, 1990: 75-6; White, 1995b: 87; 2004a: 124）。

保持外化的簡潔性

　　我常思考，藉由外化當事人故事中沒有問題的部分來認可當事人的*成就*，會不會太小題大作。我自己的做法是，當我運用外化時，是將其局限在為問題命名及開啟外化對話。不像卡瑞和羅素，我相信描述優勢、資源和抗壓性在累積當事人的故事，使其成為自我感的特質要素上具有正面的效益。我不會只說：「你很聰明。」但在探索這部分時，我不需要用外化語言。我可以協助當事人將這些特質的發展跟對他深具意義的人連結，以及覺察是什麼促成這些成就。藉著提出一些問題，如：在你成長的過程中，誰曾認識及重視你過去的資源？當你處在逆境時，你的資源會以何種形式存在？你如何發展出這些技巧？你的資源對你面對未來的挑戰有何啟示？你的資源何時可能會枯竭？你會有何反應？你的資源對你生命中「什麼是重要的」信念有何影響？這些信念從哪裡來的？誰影響了它們？誰增強了它們？這些信念和價值觀未來會如何增加你的資源？這些挑戰可能是什麼？在那個時候，你的資源會以什麼形式存在？你是如何得知的？誰能幫助你保有這些資源等等。

　　然而，只指出某些已存在於個人自我中的成就感可能會有風險，我冒著風險認同西方社會對優勢、堅強、決斷力和成功的過高評價。並非每個人在面對困境時，都是有資源或堅強的：

> 　　有一種自然（人類天生）傾向，認同邊緣化的他人知識；「我們要設法用我們個人的優勢與資源來超越他人使其無法生存。」用這種方式來邊緣化其他人，這種自然主義的敘說會模糊當事人生活的脈絡，包括他們經驗的政治學。這也包括了不利的情境。（White, 2004a: 136）

　　懷特的有所保留為解答提供線索，我們可以藉著詢問有關當事人生活與其經驗的政治意涵來避免邊緣化其他人。他們的成就對其社會情境所形成的影響力是特殊的，且肯定會為個人帶來好的結果。藉著檢視無法讓這些特質好好發揮作用的情境，但也在個人的生命史脈絡中重視這些特質。我同時傳達出這些特質臨時性的本質，並將其視為*成就*。在口頭上肯定當事人擁有這些特質，並非暗指這些特質是天生的，就像他無法選擇眼睛的顏色一樣，相反地，是要增強及恭賀他在艱困的時刻、個人的行動力與有意識的選擇下發展出這些特質。這麼做可以協助他整合自己與前來治療的議題間有希望與正向的發現，而在此同時，也認識到自己擁有別人不一定有的某種好運。

外化合乎倫理嗎？

　　萬一治療師在運用外化的隱喻只是不斷地重複引導當事人，要他對問題採取不同的態度，但卻無法使他理解所為何來，這不是精心策劃用權力位階在洗腦嗎？要如何符合懷特對治療師應該要透明化的堅持——而不是祕密地使用該方法？

我所使用的外化語言是透明的──當事人很清楚我在說什麼，我也不是用強迫的方式。外化的語言形式是明顯的，只有對當事人有意義的事，外化才會被了解。我知道有些當事人會穿上外化語言的外衣，但骨子裡卻還是內化的語言；我知道即使我用外化的語言，有些當事人在整個治療過程中還是繼續內化的語言；我也知道有些當事人的確吸收了外化的語言，並在生活中實踐。外化跟著命名而來，而命名是可以協商的。我們會討論問題的命名選擇，從那時起外化就是在開放、雙方同意的情況下進行。我試著在專注於當事人的憂慮和解說我使用的技術與理念間取得平衡，因為太強調後者會把我放在治療中心。當事人是為了生活中的困擾前來治療並尋求協助，不是來討論治療理論的！

摘要

人們通常會口述其處境，這就是熟悉的「說故事」歷程。敘事治療師會鼓勵這種做法，先開放地邀請當事人談談他的擔心，接著詳細地詢問問題如何影響他們的生活。如此完整的描述為治療提供素材，幾乎揭露了問題沒有影響到或當事人能因應的某些層面。如果當事人被問題弄得不知所措，治療師可使用協商的外化定義，以便將問題與當事人的認同切割。這種方法在治療有暴力或虐待行為問題的當事人時並不恰當。隨著療程進展，越來越多的訊息會透過問話而浮上檯面，治療師可和當事人討論，建議一個不同且較清楚的命名。治療師掌握外化的對話，探討造成當事人將問題歸因於自身人格或心理的關係和社會脈絡論述。在此治療階段結束之際，治療師已尊重且注意傾聽當事人的問題，問題的界定也取得共識，並把問題視為影響當事人的因素，而非他本身就是問題。

59

CHAPTER

4 擴展對問題的視野

60

故事

在某些治療法中,治療師會對當事人說故事。身為催眠療法的
創始者之一,艾瑞克森(Milton Erikson)大部分的實務工作
就常用此技巧(Rosen, 1982)。故事的力量是有目共睹的,我們
渴望理解經驗——不管是從童年時期閱讀的書或是電視裡的肥皂
劇。在二手童書書店裡,我看到人們緊緊捧讀小時候曾看過的故
事書,既感動又興奮。懷特在小時候曾即席口述「老鼠故事集」
給姊姊聽,當他再說給女兒聽時,這些故事又有了新生命,他描
述這件事和他過去及現在實務工作之間的關聯(1997b: 4-10)。
敘事治療的中心要旨就是故事在人類生活中的重要性。

但由*治療師對當事人說*的「治療性故事」,跟治療師鼓勵*當
事人敘說*帶入治療的議題是不一樣的。我發現這點必須謹記在心,
否則容易為故事的隱喻所混淆。席漢(Jim Sheehan)認為,小說
中人為創作出來的人物特性並非個人真實的生活,敘事治療師很
可能會太拘泥於表面字義,而在無意中誤解了故事裡的解決之道
或結局(1999)。從整體治療的脈絡來看,我比較喜歡「敘說」

（narrative）而非「故事」（story）這個詞，但懷特、艾普斯頓和其他的敘事治療師常用「故事」、「說故事」和「重新敘說故事」這幾個詞語，因此不能棄而不用。

假設我想寫下某人或我自己的生命事件，這些事件都發生在過去。口述史、傳記或自傳都是片段的過去事件，因此，沒有任何一個故事可以包含所有已經發生的事情。即使我的主題很短，可以一次說完，例如：「我過去五分鐘的生活」，但要陳述這些被記得的事件、感覺、行動和情境，是不可能完整的。我沒辦法涵蓋所有的事情：我眨眼的正確時間、在椅子上的移動、我看窗外的精確時刻及持續了多久、心跳的微妙變化、花園中鳥兒鳴唱的場景和時間、電腦滑鼠的複雜動作等等——更別提我這五分鐘的思緒和感覺，它們如何跟我過去和未來的希望連結，以及在本世紀初的一個星期一下午，我正坐在英國的某個房間裡的情況相連結。

如果我決定寫出比過去五分鐘更有趣一點的東西，我可能會選擇一個普通的題目——這麼說吧，例如，我所擁有各式各樣的交通工具。我想像不出這樣的題目會引起任何人的興趣，但它可以用「故事」的形式加以描述為：

> 1963 到 2004 年間，我買賣了二十一輛交通工具，大部分是轎車，但有兩輛是廂型車，其中有五輛是二手車。我現在擁有的車子是我有史以來最好的。

回顧我的生活，選定一個主題，選出和主題有關的元素，然後把它們編輯成獨特的故事情節。在我寫下上述買賣交通工具的句子之前，它們只是我整個生命故事中孤立的元素，現在它們被提煉成故事的血肉。如果我決定寫下我之前的求學生涯，我懷疑交通工具還會不會再是故事的重點。從我的求學生涯中選出的事

件和情境並不會相同，而有關交通工具的故事將不會出現。另一個從我的生命中浮現的故事，可能是我的重要關係——其中可能會不經意的提到這些交通工具，是我過去生活的一部分，但可能*只是偶然*提到罷了，重點在別的地方，從敘說和細節中所選出的元素是不一樣的。敘述焦點的轉移會忽略某些元素，但它們可能又會在別的敘說中出現。在寫出任何一個故事時，我會仔細審視記憶中的經驗，並要從眾多已存在的選擇中確認及詳述某個特定的地方，然後加以組織連結。從這些連結中形成的故事就是個*建構*（construct），連結到某一段時期所選擇出來的部分——這當中沒有一個有*確定的順序*、一段被認知到的歷史，直到我創造出一段敘說。敘說有點像是方格紙的連接點，最後畫成一張體溫表、人口成長圖等等，我把之前沒看到的具像化了。就像尚未被米開朗基羅雕刻出的大理石雕像一樣，故事隱藏在其中，但只有經過我的選擇，我才能創造出作品，一個可被辨認出的實體，得到我自己和他人的細細審視。

　　當然，認為米開朗基羅的大理石雕像會自己活生生走出來是騙人的，大理石就是大理石，唯有靠著米開朗基羅腦海中的視像和天分，在他一步一步的刻鑿下，雕像才得以成形，它不是原先就擺好在那裡的。而我所想像的故事，從我之前的生活中各不相干的元素連結而成的故事，也是像這樣從原始素材中被創造出來的——不是以我多年來生命中每一刻原來就存在的無數事件為共同的元素。故事不是我生活的鏡映或象徵，或者僅是描繪我生命的組成部分而已。它跟我的生命有關，在敘說中它展現了自己。這些被選出來的故事即便有時間順序，我還是可以不按時間順序來敘說，用扭曲記憶的方式回憶主題，從我記得的經驗裡將各自獨立的部分連結在一起，這就成了我過往生命故事裡新的次要情節。

62

生命中的次要情節

有好多的故事，好多的次要情節，都準備好要從生命中各個不同的面向中被寫出。它們早已就定位，等著我將它們選取出來，並加以串連。就這層意義而言，「所有的生命都是『多重故事』」（White, 1995a: 32）。這些故事一旦經由敘說被創造出來，且帶入意識的覺察之中，就不再只是被動的資訊：它們會影響我，會成為我賦予生命意義和重要性的概念架構，包括我對自己和他人的印象，以及過去和現在何者對我是有意義的。「故事提供我們解釋經驗的參考架構，而這些解釋就是我們主動參與的證明」（White, 1995a: 15）。一旦被創造出來，故事就有了意義，它成了我心靈擺設的一部分，它從此會影響我如何建構生活的記憶，影響我未來的生活，甚至會成為我最重要或最主要的故事。

故事的元素

為了解釋如何從實務工作中悟出情節這個概念，懷特援引布魯納對故事元素的摘要說明（1995a: 30-2）。布魯納認為故事會同時建構出兩個「全景」：「一個是行動全景，由行動的情節所組成，如：對象、意圖或目標、情境、方法……。另一個是意識全景，牽涉到已知的行動、思考或感覺，或未知的思考或感覺。全景是必要且獨特的。」（1986: 14）布魯納的靈感來自「格雷瑪斯（A. Griemas）的觀點……故事中最主要或不可或缺的特點就是行動和主角的想法密不可分……『內在』視野與『外在』現實的結合，此外，再加上一場典型的人類浩劫」（Bruner, 1986: 20-1）。證諸其他文學家，布魯納也認為故事情節中「歷久不衰的主題」，包括「人物因錯誤的意圖而陷入困境……對困境有不同的想法……

人們要在故事結構中看到的是困境、人物和意識如何整合在一起」

（1986: 21）。「故事」是前來尋求治療的當事人所敘說的隱喻。

他們每天都在「活出」或「演出」自己的故事，但行動（事件）

與意識（感覺、思想、信念）的互動導致生活出錯的感覺——一

個困境（問題）。

　　在敘事治療中，一個較簡單，但也可能是必要的故事概念化

元素是隱喻或類比。敘事治療師常常忽略這一點，而把生活中的

對話和小說與傳記作者所編造的情節做了錯誤的類比。諷刺的是，

雖然強調敘事治療的後結構主義思想，懷特繼布魯納之後卻師法

*結構主義*文學家格雷瑪斯的理念。例如，格雷瑪斯主張所有的民

間故事無可避免的包含六個成對的結構單位：主體／客體、施者

／受者、朋友／敵人（Eagleton, 1996: 91）。結構主義本質論者認

為這是純文學的必要條件。我認為對一個堅持以後結構或非結構

主義來進行實務工作的治療師而言，是很諷刺的，懷特用結構主

義者的詞彙來闡述當事人如何用故事來象徵其生活：

　　　　我們假定故事的*結構*為人們日常生活提供主要的認知架

　　構。透過這個架構，人類得以協商出意義；透過這個架構，

　　人類得以理解生命中的事件。透過故事的*結構*，人類得以把

　　生活中依序發生的事件經驗連結在一起，並根據特定的主題

　　和時間顯露出來（White, 2000: 9-10，強調處為作者自加）。

　　　　故事的*結構*與人類充分投入生命的能力似乎有很緊密的

　　關聯……透過故事的*結構*大量閱讀並活出我們的生命，我們

　　得以投入生命中。透過故事的*結構*來閱讀我們的生命，讓我

　　們得以發現之前未曾找到的意義……（White, 2004a: 91，強

　　調處為作者自加）。

把焦點放在結構上是不恰當的，不像結構主義文學家，懷特
並非認為當事人故事的形式與各元素間的平衡比內容更重要。他
所謂的故事結構不是以文學的結構角度觀之，他是在提醒我們，
當當事人描述問題而帶出某些回憶時，那是有選擇性的，當他們
敘說時，他們是用選擇性的回憶把事件和經驗架構成似故事（story
like）的型態（就像所有的故事一樣，都不可能包含完整的敘
說）。敘說的歷程看似隨機和斷章取義，有時候被忽略的反而是
最重要的：伊瑟爾（Iser）的用語──「文本的缺口」，意指未被
明說，但卻可能是故事中最具意義的情節要素（Iser, 1974, 1978;
White, 2000: Chapter 3）。獨特的結果，用類比來說，就是故事中
的缺口──未被明說，但一旦被指認出來，卻是不容小覷。

64

　　　　當當事人前來尋求治療，且談及他們來找你的問題時，
　　他們通常會描述主流故事的行動全景。此時，當事人也會描
　　述主流故事的意識全景或意義全景……意識全景或意義全景
　　源於行動全景中對事件的回憶，並決定這些事件與渴望、偏
　　好、特性、特點、動機、目的、需求、目標、價值、信念、
　　對不同人的評價等等之間的關聯……在重新撰寫的過程中，
　　我們邀請當事人在這兩種全景上交互敘說……因此，替代性
　　的行動或意識全景就產生了。（White, 1995a: 31，強調處為
　　作者自加）

　　本質上，這些類比都是結構主義式的，他們把刻板印象歸因
於文學作品和口述故事。很多文學作品不僅僅是單純的描寫而已，
通常它們的重點在描寫事實。霍格里耶（Alain Robbe-Grillet）的
小說如《妒》（La Jalousie, 1957）幾乎不管主角的思想和感覺
──在這些作品裡沒有意識全景。艾彌斯（Martin Amis）的《時
間箭》（Time's Arrow, 1991）只描述神聖時代。艾許萊（Bernard

Ashley）的《歸零的十天》（*Ten Days to Zero, 2005*）大部分由一系列客觀的當代文件所組成：警方的速記、副本、警方的會議記錄、記者的收據，及其他出版品等等。口述故事比較可能符合布魯納的「全景」公式，但這卻證明了「敘事結構」類比的限制。當事人跟治療師談到他們的過往、感覺、思想和問題——當然他們要這麼做啦，不然他們還能做什麼？文字故事與口述生命史之間的類比如果就像懷特所建議說明的有用，它是一個大略性的共同元素，形成有助於記憶的架構以引導治療性談話。布魯納和懷特過分簡化故事元素的特徵（嚴格說來不是「結構」），的確為治療的架構指出一條路。懷特已經詳加闡述這個理念，運用不同的隱喻來勾勒出治療的「地圖」，我稍後會在本章中討論。

　　起初我認為，用視覺或繪畫式的「全景」隱喻來定義文學／生命的要素是很不恰當的，但就像大部分語言運用隱喻一樣，很快地在文本中它就變得再自然也不過。懷特現在用「認同的全景」（landscape of identity）取代「意識的全景」，顯示他的實務工作逐漸強調當事人的認同如何受到痛苦的經驗影響，而他認為治療的過程就是要指出這點（2004a: Chapter 5; 2004b: 46-75）。

　　現在我要重新回到第三章最後我們跳開的治療過程，我會說明當事人的生命與很多潛藏故事融合在一起的理念，雖然它們尚未被說出，但卻已準備好要被指認或被「寫出」，通常它們是透過口述而非文字撰寫的方式，這也是敘事治療的重點。

療程方向改變

　　當當事人述說他充滿問題的故事時，我會試著運用從懷特那裡觀察到的技巧，那是「既簡單又非常複雜……複雜和困難的地方在於做好那些技巧」（Tomm, 1989）。湯姆（Tomm）的意思是指外化，但他的說法也適用於那些鼓勵當事人「重新敘說」的方

65

法，這是敘事治療的起點和重點。我鼓勵當事人敘說和重新敘說生命中的次要情節，選取那些因為「文本的缺口」而未被指認、注意、回憶或認為重要的部分。不似我之前的個人中心取向，我不會在整個治療中緊追著問題，為了在治療中引導出更完整的敘說，我現在會邀請當事人把他們的敘說從「問題對當事人生命的影響」*轉移到*「他們自己對問題的影響」（White, 1989: 10）。

促進這個過程的方法、技巧、步調、按順序或不按順序、語言、療程中的氣氛、與不同治療法相似或相異的元素、療程的次數和頻率、療程的架構等等，都是本書接下來的主題。

從線索到獨特的結果

在治療早期的問題描述與闡明階段，我會對問題描述中與悲觀主題不一致之處保持警覺性：這表示可能有相異的觀點存在於矛盾中，與悲觀的論調相牴觸。與迪雪瑟（de Shazer, 1988）採用的語彙不同，我認為這些*線索*（clues）的例子意謂在說出來的故事裡，潛藏著另類的故事線或次要情節。只要其中一個能被說出來，就有可能對當事人的經驗探索產生重大的意義。我把這種可能的線索視為「在草稿上尚未被描繪出的點」或潛在故事，或是次要情節的入口及連接點。這個次要情節尚未被當事人闡述或敘說，但在他的實際生活中卻是隱藏在那裡，與問題故事相互交織。以音樂的比喻來說，就像是聽到多音小調或爵士樂中的輕音符，暗示著有一個未被聽到的旋律，當它唱出來時將可豐富音樂的內涵。我認為這些作為線索的元素*在被當事人指認之前*，都僅只是我自己的臆測，我可能會誤解當事人所說的，也可能會誤認當事人未經確認的意義；我可能過度被相似例子所影響，可能未察覺當事人的文化或性別本位的假設；我可能不知道接下來要如何進行治療，而只是隨便抓住某些議題。概念化當事人故事中的線索

有助於我克制對意義的過度渴求，提醒我在進一步探索它們之前，跟當事人核對它們的意義。

當當事人指認出線索的意義時，接著我就不會把這些意義當作線索，而是*獨特的結果*。這個術語是懷特從社會主義學家高夫曼（Erving Goffman）借用而來，用以定義有心理健康問題的住院病人其特定的思想和行為——這些思想和行為對他們個人而言是獨特的，因為他們每個人都有獨特的生命史和經驗。高夫曼認為這些部分通常不為機構人員所知，因為他們對精神疾病患者有刻板印象（White, 1989: 49，引自 Goffman, 1961）。

66

「獨特的結果」這個術語

有時候，我可以理解同事們為什麼會認為「獨特的結果」這個術語令人反感及困惑。撰寫敘事治療文章的作者有時試圖用較「行話」的方式，來描述從主流故事中擷取矛盾的過程。薇莉（Mary Sykes Wylie）用「淘金」（1994）來描述，以及派克（Ian Parker）把獨特結果的發現描述為「曖曖內含光」（sparkling in the undergrowth）（1999: 3）。懷特個人認為也可以用其他的字或詞來說明「獨特的結果」：

> 我不會把「獨特的結果」視為矛盾的專利名詞，因此我不打算捍衛這個詞……有很多其他不錯的形容詞，包括「特點」（distinction）也是很適當的——也許把它描述成實際的「場景」（sites），如「緊張」、「破壞」、「分裂」等等會更好。（Gilligan & Price, 1993: 131）

在 2004 年的工作坊中，懷特說他現在傾向於用「主動的行動」（initiatives）這個詞來取代獨特的結果。然而，「獨特的結果」事實上已被所有的敘事治療師視為準則，所以在本書裡我會

持續使用它。但就像其他特殊專有名詞一樣,它已經與原先熟悉的用法大不相同了。

生命史脈絡中之獨特的結果

懷特強調獨特的結果的重要性在於當事人*整體*的自我故事:

> 我對生命史很有興趣,我認為有機會去確認特定的存在方式對當事人的生命和關係所產生的影響是很重要的。為此,我們需要關鍵性的回憶,為了有關鍵性的回憶,我們需要生命史……透過生命史,*獨特的結果或例外*才能產生替代性的故事……藉由探究生命史的過程,才易於找到故事中獨特的結果。當事人會認為這些獨特的結果引領他們正向發展,在某種程度上,意謂著當事人擁有更好的生活。因此,一旦能被清楚地說出,就會對生命史中所包含的此種觀念產生強烈的興趣。透過這樣的探索,例外或獨特的結果即深植其中。
> (1995a: 26,強調處為作者自加)

67　　　在回答我有關獨特的結果的問題,當事人逐漸成形與敘說不熟悉的次要情節,重要的意義於焉產生,也藉著回答我的問題,會思考這個擴增的故事帶給他的意義。新的次要情節一旦被敘說與覺察,便會與整體的自我故事交織融合。有時候,這種漫長與難熬的替代性故事敘說過程有別於原初有問題的故事,使他獲得新的觀點。他的故事更能呼應記憶的多元與複雜特性──它更「接近經驗」(experience near)。整體的自我故事更「豐富」了,這並非說原初的敘說是錯誤的,應該要被揚棄或否定──它仍然在治療初始深刻表達出當事人如何看待自己──但它有擴增的空間。當這些額外的線索,這些故事線或次要情節經由敘說及重新敘說、檢視與重新檢視而越來越清晰可見,它們帶來更多的意義:它們

影響當事人對自己的觀點和情境、關係與社會脈絡；它們揭露了新思想、行動和感覺的可能性；它們可能會變成主要情節——不再是次要情節，而成為經過修訂的、豐富的故事的主要部分。

　　以下是摘要自我在實務工作中所聽到的主流故事，暗藏著次要情節的線索。從多數的線索看來這些情節都相當明顯，讀者可以想像這些例子是出自偵探小說中：何為線索？這個線索意謂著哪些未被認出和說出的次要情節？

- 當事人描述她乏味的童年，她很肯定她的父母親不愛她，儘管有一度她提到她很喜歡她的十歲生日派對。
- 一位女性用很多的例子說明在婚姻生活中她是多麼幸運，她有一個很會賺錢的丈夫，基本上也很體貼——事實上，他幾乎不曾打過她。
- 一位女性對兒子是同性戀表示了深切的羞恥與懊惱，並歸咎於自己是個失敗的母親。她痛恨且不信任那個他已同居多年的男性，並且輕蔑地反駁兒子對這段永恆愛情關係的保證。
- 一位男性描述他如何受到恐慌症之苦，使他幾乎沒辦法上班，特別是在週末的時候也會發作。
- 一位有嚴重焦慮症狀的女性已經失業一年了，在這段期間只有一次面試差點就通過了。
- 一位女性把她的生活描述成受到丈夫攻擊與不負責任的花錢行為所控制，簡短地提到她有時候藉由想像自己會有不一樣的生活來「成功脫逃」。
- 一位女性在童年時受到叔叔性侵害，對自己剛開始很喜歡他的注意而自責，也自責在她發現這個虐待行為很嚇人和「骯髒」時，並沒有告訴雙親發生了什麼事。
- 一位男性把他第三次不愉快的婚姻歸因於他堅信自己不可

能具備形成永久愛情關係的能力，因為他來自冷漠嚴苛的
家庭，除了偶爾去探望他的祖父母外，他從未感覺被愛。

- 一位被醫生診斷有長期的懼曠症、災難化想法，也極易受
  到恐慌症侵擾的三十多歲女性，描述她儘管從多年前的團
  體治療中得到某些支持，但還是沒辦法應付她的問題。她
  從未面對她的恐懼，反而要求朋友和親戚們在她工作和購
  物時要陪著她。

- 一位女性受到近來配偶過世的強烈影響，由於丈夫長期以
  來病痛纏身，曾對她表示不耐煩。她發現沒辦法「繼續過
  自己的生活」，儘管她的配偶在過世前一星期，就對她表
  示要她抱持希望活下去。

- 一位老師從未要求升遷，因為她很喜歡教書，不想因到行
  政部門而失去與班上學生的接觸，當她現在被指派去較高
  的職位時，卻有越來越多的失敗感。

- 一位會計師因公司要求他超時加班而疲累不已，因此他有
  時候會稱病在家，懷著罪惡感在家中的庭園工作。

- 一對伴侶在他們的關係崩壞，面臨無可挽回、互相指控的
  地步時，還會因想起某個有趣的回憶相視而笑。

有很多方法可以讓線索浮上檯面，也有很多的線索指向與主
流故事相抗衡的潛藏次要情節。一種很重要的線索形式（通常也
是最容易辨認出的），是當事人的故事被很快帶過去的部分，卻
可能指向他有優點、資源、韌性、勇氣，或其他因主流故事太顯著
而連他自己都沒注意到的特質。有時候這種忽略是因為謙虛，或想
要強調問題的嚴重性，有時候是因為對自己感覺很差，而沒有注意
或記起這些情境。當這些忽略被主流故事遮蔽時，對當事人是沒有
任何意義的。但*它們的確在那裡*，而且它們存在的事實就在故事被
忽略的情節裡。我將細述一個短篇故事來說明上述這個過程。

黛妮的故事

　　黛妮長久以來就受到恐懼的影響，她害怕大而開放的空間、害怕小而封閉的空間、害怕獨自開車和出門。她討厭到鎮上去或到超市購物。有時候她的恐慌症會發作，特別是在新的社交場合裡。她說，多年來她已經嘗試過多種令人洩氣和怯弱的方法來克服問題，例如逃避和躲躲閃閃。

　　四歲時，她曾經被關在電梯裡幾小時，對這個意外她有歷歷在目的恐怖記憶。她把她這一生的困厄都歸咎於這個創傷經驗——並且懷疑她是否有受到父母親的妥善保護，作為三個孩子當中的老么，也造成她沒有能力面對她的恐懼。她的醫生總是提及她的「恐懼」，而她也用「容易恐慌發作」、「懼曠症」和「幽閉恐懼症」這些熟悉又易懂的名詞來形容自己。多年前，她和面臨相似困擾的人一起參加團體治療，認為這些療程很有幫助——主要是鼓勵他們在團體的支持下採取一個個實際的小步驟來克服恐懼。然而，此時她結束了第一段婚姻關係，離婚後的情況讓她沒辦法繼續參加團體。很諷刺地，她發現丈夫輕蔑與無情的態度是一個「加重」她問題的刺激——她被迫去「繼續保有它」，而且還做得滿成功的，儘管壓力很大。當婚姻結束後，她開始發展她所謂的習慣性推託之詞或錯誤的解決之道。她聯合其他人，一開始是朋友，接著是她的第二任丈夫和女兒，在她出門時陪她，若沒人陪她搭乘大眾交通工具或坐她開的車時，她就搭計程車。最近即使有人在旁，她也不開車了。藉著「遠離問題」，她設法只在購物及社交場合才離開屋子，連鄰近她家的超市工作也辭掉了。現在她在離家稍遠之處的牙醫診所擔任接待

員及一般助理，這份工作更有趣，待遇也較好，但通勤方式更不便，有時候沒人陪她時，搭計程車實在是太貴了。令她洩氣的是，她在面試時，被告知這份工作包括走路到離診所更遠的鎮上、跑銀行及接觸各式各樣的顧客。她很後悔沒有拒絕這份工作，但又不敢抱太大的希望，不知道諮商可以提供什麼想法讓她繼續向前。即便單獨走進我們約診的地方都會令她害怕，抵達時還露出驚嚇莫名的樣子。

第一次的療程大致上都在談問題如何影響黛妮的生活，她對問題的精神病定義處之泰然，所以一開始我也採用這些詞彙，如運用外化的語句時說：「懼曠症企圖控制妳的生活」或「幽閉恐懼症入侵妳的空暇時間」。外化在治療中持續進行，包括跟她討論時運用一些外化式對話，鼓勵她去質疑為什麼西方社會重視「面對」困難而非「逃避」困難。

我繼續對可能替代或抗衡自我故事的線索保持警覺性，如果它們能引起她的共鳴，就可以攤在檯面上好好研究。當然，我比讀者們還占優勢的地方是我可以聽到黛妮完整的敘說，但讀者們在閱讀上述的摘要時會發現，找出線索是很有趣的事情，在我們回到上述的文本前也許可以做些筆記。我們的目的在辨認「線索」，吸引黛妮的注意——線索可能就同樣的事件指向一個不同的次要情節。

（如果你選擇做這個練習，在做完之前，先不要閱讀下面的段落。）

70　　以下是我記錄的獨特的結果線索，我可以以此和黛妮討論，看看是否能引起她的共鳴。這些線索讓我假設她的生命史中可能隱含某些重要的例子，在懼曠症和幽閉恐懼症企圖主宰她的生命時，得以戰勝這些症狀。

- 她有駕照和車,曾決定要去學開車,冒著失敗和受傷的危險,不但應考而且還通過了。
- 她並非足不出戶,而且直到最近她還會在他人陪伴下開車。
- 儘管超市令她害怕,她還是曾在超市工作。
- 在計程車上她不會恐慌發作,雖然車子是密閉的空間。
- 她過去曾經求助團體治療,那是即便沒有這些特殊問題的人也會感到緊張的方式。
- 團體治療曾有助益,黛妮也記得如何成功地運用所學。
- 當受到激勵時,即使壓力很大,她仍繼續對抗問題且獲得進步。
- 她能夠思考、組織和堅持對問題情境有創造力的解決方式,讓她可以開車、工作,大體上也活出完整的生命。
- 她應徵更有挑戰性的工作,在面試時表現得很好,還得到了這份工作。
- 當發現新工作有某些地方讓她覺得受到威脅時,她給自己時間思考並找出解決方法。
- 她沒有費力「擺脫」疾病,但她知道諮商可能會有幫助。
- 儘管害怕,她還是一個人走來接受治療。

　　我跟黛妮的這種對話從療程開始到結束持續進行,一直延續到接下去的治療,邀請她思考這些線索。我問她,這些線索在試圖對抗懼曠症、幽閉恐懼症和恐慌症毀掉她的生活的過程中暗示了什麼。這些線索的確指向獨特的結果,而黛妮終於認識到它們的重要性。在重新檢視她的生活及重新敘說後,黛妮開始把她脆弱與躲閃的故事改寫成對抗與發現創意解決之道的故事。有時候所敘說的事件跟原初所敘說的相同,但它們對她的意義也開始改變了。她也記起與恐懼相反的其他事件,並融入故事中。這並非由於我的「正向重新架構」或「正向聯想」,或告訴她,她是堅

強且有資源的，我確實避免去暗示她沒有什麼真正要去面對的問題。自我故事是黛妮發展的，是藉由一些問句的鼓舞，而不是我所提供的意見。新的故事把過去成功的經驗帶到現在與未來，用自己想到的策略擴展、增加與變化以擺脫懼曠症、幽閉恐懼症及恐慌症，讓黛妮對工作更堅持及更有信心。從過去有幫助的經驗（漸進的、一步一步的實驗，直到適應目前的階段再繼續向前）所得到的知識，結合治療中詳細檢視她過去、現在與其他成功經驗的談話，她得以獲得足夠的信心，可獨自一人走到鎮上，接受新的工作，而且做得很好。

在討論逐步策略以挑戰她的問題時，黛妮也提到她對自己的印象完全改觀，還有別人對她的看法也跟以前不同了。有時候我只是順其自然，但更多時候我會鼓勵她*詳述細節*，說說她所採取的行動及產生的效果。在這些討論裡，我鼓勵她將「行動全景」與「認同／意識全景」連結——她的感覺對行動的適切性說了什麼？她的行動又對她自己說了什麼？

當整整十次相當開放空間的治療結束後，黛妮答應到醫院接受一個小手術。她知道她會躺在推床上被推向手術室，並在無助且上麻醉藥的情況下進入*電梯裡*——而她已經有三十年不曾搭電梯了！我們討論她如何因應這個情境，而她已經發展出很多的策略。她決定不要逃避醫院電梯這個部分，因她判斷這樣會產生額外的壓力，招致反效果。在此種決心下，她選擇採取過去已經多次奏效的逐步漸進策略，她要在電梯內戴上象徵安全的結婚戒指（參見 Dolan, 1991: 92-4）。她會寫信告訴醫院，以澄清她的恐懼，如果需要的話，她會再口述一遍。醫院很認真地看待她的情況，保證在進入手術室前，只會注射相當安全劑量的鎮靜劑，並由她熟識的護士陪同，跟她說話，握著她的手。在電梯裡，她一點也不覺得恐慌。

以下是摘錄自我在治療後寫的一封信：

> 多年來，對密閉空間與冒險離家的恐懼已經入侵妳的生
> 活，並試圖限制妳。妳很會克服這些情境——但妳逐漸對恐
> 懼的影響力失去耐心，妳也受夠了逃避問題而非面對它們。
> 在治療期間，妳專心地辨認、學習、擴展與增加小的成功經
> 驗，在沒有「強迫自己」的內在壓力下，妳已經學到妳不是
> 恐懼的犧牲者，而能去面對及挑戰它們。妳（在其他的成功
> 經驗）建立自信，如載先生去上班、到超市與大賣場購物、
> 定期從工作的地方走路到鎮上、走過之前會害怕的鄉間小路、
> 空出一天的時間跟家人到完全陌生的城鎮、定期走路到治療
> 中心接受治療，而且還能（在沒有罪惡感的情況下）持續運
> 用策略逃避有壓力的情境，並在準備好採取下一小步驟打敗
> 恐懼間保持平衡。當治療結束後，妳已經可以應付醫院了（這
> 是妳之前會害怕的「密閉空間」），而且妳能夠認知到未來
> 的某時，妳將可以就獨自開車這一部分向前邁進一大步。

如果我在黛妮的敘說中辨認出的線索沒有辦法引起她的共鳴 72
呢？假設在回答我的問題後，黛妮還是無法肯定線索所隱含的重
要意義呢？治療師總會冒著落入自己的假設，還要試圖灌輸給當
事人的風險！我希望我能夠認可及尊重黛妮的缺乏反應，而且我
希望接下來我可以放棄這些線索，我希望我能夠持續鼓勵她敘說
她的故事，而我可以再去辨認其他的線索讓她思考，直到一個或
更多的線索顯示出意義，成為獨特的結果。

運用獨特的結果

　　當我一明白當事人通常不知道要把線索整合至與支配性的負面主流故事相反的情節時，我真的很得意，現在想起來覺得很尷尬。懷特很清楚地說明敘事治療並不是由「指出優點」組成（1989: 38）。儘管他和艾普斯頓在相關文章裡有說明，獨特的結果不是從故事中自然的浮現，就是從問題沒有出現的場合或得到某種程度的克服中被邀請指認出來。說當事人沒認識到所擁有的優點是過分簡化的觀念，結果卻變成了我自己執行治療的主流故事。有時候我忘了鼓勵或簡化更完整的問題敘說過程，當當事人一說完，我不是抓住任何所聽到的優點、勇氣、資源或成就，不然就是很快地要求他們舉例，並就他們所舉的例子恭喜他們，或者提出我的標準問題：「那告訴了你什麼？」接著，我常常會忘了要保持真誠的好奇心或開放性問句，反而傳達出我希望聽到某種答案，用我的聲調或後續的評論說明這個線索對我的意義：「那就是說，你並沒有完全受到憂鬱的控制！」我應該要更早警覺到此種高姿態與祝賀行為所帶來的反效果，接著讓我感到羞愧的是，會有一或兩個當事人在其後的療程中跟我抱歉，他們沒有什麼正面的事可說的。

　　更仔細地閱讀懷特、艾普斯頓與其他敘事治療師的著作後，我仍需要一些時間去領會，雖然線索是故事的支線，*可能意謂著*「被隱藏的優勢」、「被低估的能力」等等，但這不是重點。重點是線索應該和主流故事有所矛盾，或任何可以質疑主流故事之處，*對當事人而言可能是有幫助的*。此種助益可能是痛苦的，而非愉悅的或有激勵作用。詹金斯（Alan Jenkins）在和一位對配偶與孩子施暴的男性晤談時，問了一些不錯的問題，如：「你認為吉兒已經因為你的暴力行為而失去對你的信任與尊重了嗎？」以

及「你是否也不再尊重自己？」（Jenkins, 1990: 135）我可以想像
回答這個肯定的問題對這位男性而言是很痛苦的，但此種回答是
治療中的獨特的結果。它和原來自我辯解的主流故事相反：「我
的脾氣暴躁」、「我知道那是錯的，但我就是沒辦法」（Jenkins,
1990: 19）。如果這位男性可以明白他所造成的痛苦與懊悔，並希
望有所改善，就有可能在他的故事中發現其他的例子，產生相似
的理解，甚至對主流故事有所質疑。此種獨特的結果就可能創造
出體恤受害者的故事，避免落入自我辯解的圈套，進而尋求改變。
當然，替代性故事的出現不可以變成合理化或原諒施暴的主流故
事，但它可能鼓勵這位男性最終放棄施暴的習慣，並維持永久的
改變。

在我與一位年輕女性的對話中，獨特的結果並非直指字面上
的優點。她很努力地經營家庭，儘管這個家庭有很多社交、財務
與關係上的困境。她說：「我知道我很堅強——每個人都這麼告
訴我——但我只是想要做個改變，讓某人照顧我。」她所認知的
這個獨特的結果是她想要被呵護，這是她的丈夫所不知道的，因
此，我們重新敘說的對話是找到可以不必獨自擔負家庭責任的時
間，而找到屬於自己的時間。類似的對話在她決定應徵一個令她
滿意的工作上扮演重要的角色，而不再事事承擔。她面質丈夫的
不負責任，而他習慣性的退縮也在某種程度上有所改善。

有時候，當事人在稍後的治療階段中僅能指出一個對他具意
義的線索，當其他獨特的結果引發共鳴，我發現在一個特定的重
要線索上稍做堅持是必要的（在這個階段裡，僅是對我有意義），
給當事人時間去澄清，產生對他而言重要的意義。在放棄與堅持
某個線索，並且斷定我完全搞錯了是很困難的，我確信我常常會
誤判。

詳細探究

當當事人指認出獨特的結果，我會試著引導出更特定與更細節的敘說，因此，場景的影像就會在此時此刻栩栩如生地呈現，更新了記憶。通常這可藉由鼓勵當事人在敘說中加入感覺印象的描述而達成，因為我們是透過五官和其強大的聯想力來體驗世界。我要求當事人精確地描述他所看到和聽到的，如果可能的話，還有所聞到與碰觸到的（甚至是嚐到的！）。透過感覺印象記憶所喚起的過去，帶入現在的覺察，就好像某件事情被具體地重新體驗，而不只是尋常的抽象概念。有時候這並非適當，而且可能做得太過火，但感覺印象的描述可能產生不可思議的效果：

> 丹尼爾是一位水電工，因為管理單位的陷害與騷擾導致的急性壓力而丟了工作，失業四個月了。他的家庭生活也很不快樂。在第一次治療時，他說他已經失去生命的熱忱。

我把我們在接下來療程的部分對話重現如下：

馬　丁：上一次，你說你失去釣魚的興趣。

丹尼爾：從那時起，我又開始釣魚了，那真的太棒了！聽起來好像很蠢……不知道怎麼說……它讓我覺得很自在。

馬　丁：我的女婿會到河邊和海邊釣魚，他告訴我，為什麼他喜歡釣魚。為什麼釣魚對你很重要呢？你可以說說看它像什麼嗎？告訴我，一個漁夫在晚上會看到、聽到和感覺到什麼呢？

丹尼爾：我到湖邊釣魚，整個晚上伴著釣竿睡在營帳裡，整

個城市周遭讓我覺得很平靜祥和。當天空逐漸泛紅，晨霧飄散後，你會看到不遠處的燈火，但在這城市中，我遺世獨立，只有湖面的波浪拍打岸邊的聲音，以及樹間的微風聲，間或有些動物發出的聲響。我太太說：「為什麼你可以忍受這些呢——我好怕老鼠！」我的確有聽到老鼠在旁邊吱吱叫，但我覺得還好，我們一起共度夜晚。我還會聽到蝙蝠、貓頭鷹發出刺耳的叫聲，偶爾還會在黃昏時看到狐狸和蛇。上禮拜，我把釣竿架好，躺下來睡覺時，我覺得跟地球和大自然很接近。因為太累了，我在各種聲音下沉沉睡去。當我在鬧鐘的狂叫聲中醒過來時（我會設定鬧鐘），我心想：「哦，不！」大雨無情地重擊在帳篷上，情勢逆轉，睡回籠覺才是上策。但這次我起身，我知道我必定要做些什麼。我走到釣竿那邊——釣竿早就濕透了——可是卻釣到一條大鯛魚，在營燈下閃閃發光。魚是很美的生物，如果我釣到的是小魚，我會放回湖裡，並告訴牠們：「回到媽媽身邊去吧，幾年後再見。」但這條魚很大、很美，可以留下來。如果你太性急的話，你是什麼都釣不到的。那真是條好大、好漂亮、好有光澤的鯛魚。

對問題採取主動的立場

　　邀請當事人對他的生命敘說更豐富、更接近經驗的故事，會使他跟問題發展出不同的關係——和問題有不同的「位置」。他被鼓勵摒棄充滿問題、問題主宰生活的敘說，開始「規劃他自己對問題『生活』的影響力」（White, 1989: 8）。對他的故事審慎

75

地回應並問問題，邀請他一起為問題命名，探索他的想法和感覺，將問題客觀化，協助他對自己和問題採取不同的立場。他開始用不同的方式思考問題，最重要的是，他開始用不同的方式看自己，是他之前沒有認識到的事實。他會了解從過去到現在，問題並沒有完全主控他的生活，從現在開始也一樣不會支配他的生活。

懷特曾把治療的下一階段稱為「引發兩難情境」（raising the dilemma）。當事人被問到他現在想做什麼，他的新發現與新觀點是正面還是負面的？他對事情的安排滿意嗎，還是想要有所改變？如果他決定讓生命及關係有所不同，會帶來什麼樣的好處和壞處？通常當事人會決定改變，並做出肯定的承諾。懷特現在將此治療階段稱為邀請當事人「採取主動的立場」（take a position），而其他的敘事治療師也遵循他的做法（Winslade & Monk, 2001: 72-5, 121-2）。改變用語的理由是，它可以更有效地消除「對抗」及「擊敗」等跟問題有關的用語。懷特對迎戰或對抗的隱喻有兩層顧慮（White, 1999）。

首先，這種描述預設一個特別的解決手段立場，對抗並非唯一的解答。當事人可能會發現問題因豐富的敘說而「解開」了，或明白問題對他的影響力有限，且因為回應治療師的詢問而重新敘說的過程「促使其有力量做重大的改變」（White, 1989: 38; Anderson, 1997: 91-2）。在很多的情況下，這種用語會使當事人準備面對難以承受的困境時，阻礙他進一步向前，讓他無法抵抗實際嚴重受限的情境。一位有癌症病史的女性朋友佩特告訴我，那些好心的朋友和親戚的這種說法格外令她沮喪，她認為醫療專業人員才應該要去對抗。我從佩特那裡確認了此種珍貴的洞察，她是我幾年前的當事人，教我很多有關絕望、堅忍與接受的意義，本書即是要獻給她。

第二，也是更重要的，懷特認為「對抗」的用語是現代西方的論述之一，反映出過分重視個人主義式的「戰爭」文化，作為

對付問題的手段，未曾考慮此種論述可能加重問題，而且忽略了問題的政治、社會與文化內涵：它暗指問題出自個人，而對付它們的方法就是個人直接的面對及反擊，治療就是要增加他在此方面的能力。問題的社會、文化層面與關係的互動在這個論述裡是枝微末節，讓家庭、朋友和社會團體未有機會給予問題支持。此種個體主義式的論述和與敘事治療的後結構主義假設大相逕庭（見第九章）。

　　協助被他人，包括被那些自稱專家的人所定義的當事人，對問題採取主動的立場是一個非常有用的概念。敘事治療協助當事人走出此種桎梏，為自己選擇立場。 *76*

> 　　那些被推向所謂正常範圍，或落入精神疾病範疇的當事人被「定位」（positioned）了，被定好他們所處的位置、該表現的行為和特定的經驗……女性與心理疾病的文化象徵所牽涉的也許不是內化刻板印象的功能，而是長久以來被建構出各種不同的論述，在某些立場上要求個體適應與表現。
>
> （Parker et al., 1995: 39, 41，斜體處為原作者強調）

懷特的「定位地圖表述」

　　懷特很慷慨地分享他的觀念，也在網路上發表工作坊的紀錄（www.dulwichcentre.com.au.）。如同我所寫的，這些紀錄的「地圖」包括相當多的敘事治療實務。治療的早期階段有兩個定位地圖表述（Statement of Position maps）。它們之所以被稱為地圖，因為它們僅指出大概的方向。懷特強調他所有的治療地圖都是指引，只要學通了，就會依當事人的細微反應運用及修正（White, 1999; 2004a: 195）。每個定位地圖表述都包含四個「探問類別」，

治療師可依序進行,形成外化對話。

我把懷特的見解簡化如下:

地圖一:

1. 與當事人討論問題精確的、外化的定義,描述得更仔細和更正確。
2. 引導出問題對當事人生命和關係的影響的敘說,盡可能地擴大範圍。
3. 檢視當事人是否安於現狀,或者希望有不一樣的改變。
4. 詢問當事人對第三題答案的理由,特別是在他的生命史中,是什麼導致他做此種評價。

地圖二:

1. 與當事人討論獨特的結果之精確定義,描述得更仔細和更正確。
2. 引導出獨特的結果如何影響或可能影響他的生命和關係的敘說,盡可能地擴大範圍。
3. 檢視當事人如何看待獨特的結果之影響,是正向的、負向的,還是兩者皆有。
4. 詢問當事人對第三題答案的理由,特別是在他的生命史中,是什麼導致他做此種評價。

案例

　　以下的治療案例並未完全遵照地圖，但就如我之前說過的，它們是指引而非規定。當我治療菲利浦時，我把這份地圖記在心裡，因此讀者在閱讀這段描述時，可以再翻回前面參考。

> 　　工作壓力影響菲利浦的心情，還有他跟太太及兩個年幼女兒的關係。他說他自己跟她們「短路了」，偶爾還會在小事上爭吵，一發不可收拾。他收入不錯，是藥品集團銷售的區域代表負責人，在業務上表現出他的熱忱與投入。由於他的衝勁與精力，他很快地擴展銷售區域，負責訓練更多的業務員，因此多數時候他必須長途開車，跟過去比較起來，他覺得跟業務代表的直接接觸越來越少。他為自己設立了高標準，發現自己花越來越多的時間跟每位同事確保作業流程，有時候還會承攬他們的文書工作，教他們如何適當地完成，也跟自己再保證一切都在掌控中。上級指派給他的責任越來越重，他開始情緒不穩，在小錯誤和疏失上過分挑剔，以至於惹惱某些他試著要協助的人。

　　在回答我們稱之為問題的相關問句時，菲利浦說那是壓力。我懷疑這是否正確，它是過於一般化的定義——什麼樣的命名可以更適當地描述菲利浦他的問題呢？經過某些討論後，我們同意他受到完美主義的支配。他敘說完美主義不只影響他與工作和家庭的關係，還干擾他的睡眠、打斷他一向喜歡的休閒活動、減少他與朋友和親戚相聚的時間、開始擔心自己的健康狀況，因為他知道他的生活方式已經導致他高血壓了。

　　我問菲利浦完美主義所導致的結果中，哪一項最令他擔心？他毫不遲疑地回答說是與太太和家人間的惡劣關係。事實上，他

常常想著，如果事情再沒有任何改變的話，他的婚姻是否還能維繫下去。他的太太叫他減少工作量，或至少放慢腳步，但他都當作耳邊風。我們花了些時間直接與詳細地檢視細節，看看沒有婚姻的生活會變成如何，對他而言那就像地獄一樣。

對於為什麼這麼聰明和自我覺察的男性會沒看到如此明顯的結局，我覺得很困惑，我請他解釋一下。是什麼阻止他聽從太太的忠告呢？菲利浦認為他落入了陷阱中。他對自己的整體觀點奠基於生涯上的成功，跟維持高標準脫不了關係。如果他鬆懈了，他會害怕自己和同事的工作效率降低，因此他的工作壓力才會增加，變得更具毀滅性。如果他擔任較不具壓力的職位，有兩件事情會發生：其一，在較封閉和專門化的藥品業務生意商場中，這件事很快地會人盡皆知，而且大材小用也讓他不可能再得到其他工作的面試機會；其二，他現在的老闆會開始質疑他的幹勁與忠誠度。

菲利浦的說明也清楚呈現出，如果我試著跟他討論社會文化對拚命工作的過分推崇——如果我試著外化這個特定的內化論述——那就不符合他對問題的觀點，而且是無情地挑戰他所重視的成就和信念。我提醒自己，*高標準*是菲利浦最重要的認同——這樣有什麼不對呢？畢竟我也常對自己的工作設定高標準。

我提醒他，也許我們對問題的命名有點不正確，「完美主義」是一個非常負面的詞彙，也許「誤用高標準」會不會比較好一點？菲利浦很好奇，問我那是什麼意思。我想知道他是否為了要解決問題，也替這件事設定了高標準，而不是把它視為問題本身。我曾經讀到在 1930 年代，福特汽車公司發現當給予汽車廠的員工短暫的休息時間，其生產率比馬不停蹄的工作還要高。這件事有何重要意義？菲利浦說，如果不要太強迫員工，而讓他們有時間喘口氣的話，工作效率就提高了。我說：「答對了！」——所以，把放鬆融入高標準是不是能發揮最大效益呢？日以繼夜的工作，

把自己逼到極限，是不是誤用了達到高標準的意義？

菲利浦很快地抓到了重點，相當震撼地想起他以前可能是低成就者，缺乏自我價值。他了解到與某些業務代表間的惡劣關係就是此種心態最好的證明。但要在此刻騰出更多時間或少做些事情有違他的本能。這樣的改變，一如他曾提到的，會導致焦慮上升而產生不良的後果。我們決定在這件事上做個實驗，有點像福特汽車公司的做法，但結果未定案前他都可以改變心意，這樣的時間限制也許可以控制焦慮。我們設定四週的實驗時間，菲利浦要負責去思考他可以做哪些較不具威脅性的改變。

四週後第二次療程，菲利浦前來報告更多的事情。每天傍晚五點到次日早晨，他會設定好答錄機以過濾任何生意上往來的電話。他以較長的間隔時間重新安排探訪業務代表的時程，並且只在他們提出要求時才查看文件。開車的時候收聽廣播，不再像之前一樣，一邊開車一邊煩惱工作上的事。他必定在午休時間至少休息半小時，讀本小說而不是批閱公文。他現在很快樂，而且還有些驚訝地發現，工作一樣進行得很順利完美，他自己、業務代表和太太都注意到他的脾氣變好了。經過一些討論後，他決定再讓這場實驗繼續進行一個月。

第三次的療程有點像之前的一樣，只是菲利浦已經開始有更多的改變。他為太太準備驚喜的晚餐以取悅她，而且做得不錯；他也花更多的時間跟女兒相處。他覺得他重新找回工作占滿他的生命前那「舊的自我」。我們花了一些時間討論這對他的意義，把過去對他重要的活動和事件連結，於此刻產生全新的可能性。

79

他現在可以睡得比較好了，除此之外，對工作也更有活力和衝勁，可以用愉快的心情來完成任務。他不再想到因實驗而產生的改變──它們早就永遠存在那裡。菲利浦覺得不需要再治療了，因此我們就協議結案。

摘要

在敘事治療中，「故事」的隱喻意義介於：(1)故事的選擇性與天生的非客觀性，以及(2)當事人在治療中敘說個人生命故事的選擇性記憶。就像小說裡所描寫的，自我故事包括與問題情境有關的行動、思想和感覺，當事人敘說「主流故事」，代表其經驗的某些特定層面與主題。這些主流故事的內容與本質強烈地受到社會文化規範的影響，例如，關於人們應該是什麼及如何行動的刻板印象。主流故事成為增強與體現當事人對兩難情境和衝突的知覺，以及自我觀感的重要因素。治療師對當事人敘說中提及生活上不符合主流故事的線索保持警覺，這些線索經由問句與討論而成為治療焦點，以發現它們是否包含「獨特的結果」。獨特的結果是與當事人主流故事不一致之處，當它們被找出並加以探索，就會對當事人產生重要的意義。治療師鼓勵當事人將這些獨特的結果嵌入生命中類似的次要情節裡，這個過程最終會修正主流故事，成為更完整和有助益的敘說。因回應治療師的詢問所產生的敘說與重新敘說過程，解放了當事人，重新定位他們與問題間的關係，肯定並採取經過修正或不同以往的方式生活，更密切地符合他們對自己、還有重要他人的希望。

5 問問題

我攻讀諮商期間所買的書籍，內容中大致上都對問問題顯得不安——甚至懷有敵意。布萊姆（Brammer, 1973: 55）認為，在第一次的療程中問問題是個「策略上的錯誤」，而「受助者會覺得被審問、受到威脅」。他勉強同意開放性問題是有幫助的，還舉了些例子，不過仍強調：「一般的原則是，要有目的性地問問題，而且*不能太常問*，否則它們會取代敘述。」（1973: 75-6，強調處為作者自加）班傑明（Benjamin, 1974）用一章的篇幅說明問題，告誡可能的壞處而非討論它的優點：「我最反對問題……如果我們用問題和回答，甚至更多的問題和回答來開始晤談，我們就會建立一種模式……受訪者會把自己視為物品（object），一個被問時才會回答的物品，剩下的時間就閉緊嘴巴。」（1974: 72）尼爾森瓊斯（Nelson-Jones, 1983）堅信：「問題在諮商文獻中傾向於受到批評。」還用幾頁的篇幅強調誤用時的害處，即便他認為用問題來獲得某些特定的資訊、探索細節和專注在情緒上是合理的，而且可以「協助案主用另一種方式看自己、他人和情況」（74-80）。霍布森（Hobson）僅假定問題暗藏著審問：「我不問問題。在對話中我不是偵訊者，我只是敘述。」（1985: 166）

　　由於敘事治療大部分由治療師的問題所引發的對話組成，傳統的治療師可能會對此技巧抱持懷疑的態度。但在家族治療中，也就是敘事治療的源起，問題卻是重點，它們表示出對當事人的情況有強烈的興趣，想知道他面臨什麼問題，顯露「好奇」的態度是最佳的。循環性問題（circular questioning）由米蘭（Milan）學派在 1970 年代發展出來（Palazzoli et al., 1980），協助治療師和家庭去了解、探索，及擴展個別家庭成員看待家中情況的知覺：

　　家庭成員輪流被詢問，對於家中其他成員之間的關係、想法、行為發表意見。例如，治療師可能會問父親：「自從你的岳母搬過來和你們一起住，你的兒子和他媽媽之間的關係是變得更好還是更糟呢？」……這類的問題無窮無盡……這種問題的新奇性似乎會讓當事人停下來思考，而不是給陳腔濫調的答案。常會見到家庭成員熱烈地參與，等著聽其他人如何看待彼此之間的關係。（Burnham, 1986: 110）

　　循環性問題會促發同理心——不僅僅是治療師對當事人的同理心，而是家庭成員間的同理心：

　　羅哲斯（Rogers）以個別治療為主，在治療師對案主的同理性了解溝通及其對案主產生的影響上有很大的興趣。我認為，系統學派的治療師會發現系統中成員間的同理性了解也是很重要的，會運用循環性問題來引導他們……在這樣的過程中，他們會變得想要了解別人和自己。（Wilkinson, 1992: 203）

　　敘事治療師問當事人問題，接著再就其生活問更多的問題。有人質疑這是一種疏離和侵入性的治療法，但以懷特為例，就非

常關心當事人：

> 我會跟前來尋求治療的當事人一起哭泣，也會一起笑，同怒同喜。當我跟這些人相處一段時間後，我體會見證所有的情感。同時，在一些情況下，我發現我自己跟他們一起慶祝——當他們生命的替代性故事受到尊重時、當他們充分開展另一個認同的敘述時。因此，讓我放下有關「智性方法」以及「對情緒不安」的掛慮。我不管我的位階是學術或智性的，但這並不意指我服膺心理治療的文化中主流的「感覺論述」……（White, 1995a: 867）

由於我原本的個人中心學派訓練教導我要避免問問題，所以，有時我會覺得在應用上仍然有困難。但是，當我用真誠的方式提問，希望知道當事人的生活，以及當我能夠從這一點出發，更進一步引導當事人用更有助益的觀點檢視其生命時，有時候他們會問自己問題，不免令我相當驚訝。有時候在某些情況下，因我的問題而衍生的回答似乎會帶來改變，為當事人發展中的故事指出道路。有時候我在當事人回答之後，針對其回答所問的問題對當事人也別具意義。我希望我越來越像在療程中所觀察到更有經驗的敘事治療師，用婉轉、探索性、連結性、創造性的方式來問問題。

措辭

懷特的治療說明中包含很多問題的範例，而他較近期的作品（包括逐字稿系列），也有販售一些他與其他敘事治療師的治療錄影帶（Masterswork Productions, Los Angeles）。

第一次讀到懷特的問句時，我非常迷惑與失望，因為它們似

82

乎過於複雜。但是，某些很直接的問題看起來很簡單，對當事人的自我探索帶來不可思議的可能性：

- 如果你不贊成男性主導的觀點，這會讓你和其他男性格格不入。那麼你會如何因應呢？（1989: 104）
- 我現在對你有兩幅圖像，舊的你和新的你。我發現它們之間的差異相當醒目。如果你可以把這兩幅圖像放在心中相互比較，你想你會發現什麼？（1989: 54）
- 能不能回想起一種情況，當時你很想向問題臣服，可是到最後卻沒有？（1989: 41）
- 在採取這個步驟之前，有沒有差點放棄的時候？如果有，你是如何不讓自己這麼做的呢？（Epston & White, 1992: 128）
- 這些發現對於你想過的人生，是否透露了些什麼？（Epston & White, 1992: 131）
- 看到你的父母親想辦法在面對危機時團結一致，你有什麼想法？（Epston & White, 1992: 129）

　　我試著秉持問問題的精神，而非僅是模仿它們的用語，受到艾普斯頓和懷特的觀點所激勵，他們認為出現在治療當中，「『複合句式』的問題無疑可以根據當事人的背景與年紀做修正」（1992: 19）。懷特小心地指稱，他的問題都在「自然」的對話下提出：「當然，我不是連珠砲地問這些問題，相反地，它們是在對話的脈絡中進行，每個問題都和先前問題所得到的回應息息相關。」（Epston & White, 1992: 132）當我觀摩懷特的治療時，他的用語從不拐彎抹角或扭曲原意。他的問題通常不突兀，但總能讓當事人理解，雖然有時候因不熟悉思考方向而需要重複加以釐清。在很自然、不做作的情況下，這些問題能邀請當事人仔細思

考，而且他們的回答也引導他們重新敘說自我故事。

問題的類型

在懷特早期的文章〈問題的歷程──有文學價值的治療？〉
（The process of questioning—a therapy of literary merit?）中，他重
現療程錄音帶裡的問題，目的是要提供「可實驗的治療工具」
（1989: 39）。這篇文章很長，包含對問題詳細的理論解釋，大約
有八十個例句歸類在三個主要的標題和十二個次標題下。問題都
出自上下文，而且很多可以歸類於不只一個標題下。類別和原理
不容易記住，懷特自己也在文章中質疑：「從這些筆記中，我可
以想到某些新的方式來問問題，而且也許更有用。」（1989: 39）
他並未在其後的文章中提到類別。

83

解構

大部分的治療師都知道當事人的故事會比一開始所呈現的多，
敘事治療師也不例外。與傳統治療不同的是，敘事治療師並不認
為他有心理學的洞見。敘事的假設與那些認為自己具有專家知識
的治療師（如：人際動力、被壓抑在潛意識的素材、移情、團體
歷程、非理性邏輯、肢體語言、無法自我實現、溝通問題等等）
相當不同──這些「缺陷」（deficit）的描述都假定治療師的洞見
是必要的，要用以確認並矯治這些缺陷。敘事治療師的後結構主
義觀貫穿療程，也會讓當事人了解。這個「故事會比一開始所講
的多」的原理是透過問題來作為澄清各個面向的要素，故事被完
整地說出，並容許爭論與修正。

如同我在本書中提到的，敘事治療的假設包括：

- 有問題的故事很可能會受到較大社會中未被察覺的價值觀、信念和假定所影響，且很可能用較受限與無益的方式來定義及說明事件，並評估其意義。
- 人們習於相信他們的問題源於自身的缺點，因此，他們常常不會進一步去思考社會、文化、經濟和政治上的因素如何侵犯他們的生活與形成問題。

　　懷特用*解構*這個詞指稱治療師邀請當事人審視並探究上述觀點。

　　在很多的情況中，不只是心理治療，後現代主義者和後結構主義者都用「解構」來意指拆開或仔細審視，目的是要揭露在第一眼（或第一次聽到）時不顯著的內在意義，特別是那些被作者的社會文化脈絡視為理所當然的觀念。庫勒（Culler）引用薩依德（Edward Said）的說法：「珍‧奧斯汀（Jane Austen）的小說應該詮釋為不顧當時的社會背景；帝國剝削殖民地都是為了支撐英國本土的高貴生活。」（1997: 64）奧斯汀的小說《曼菲德莊園》（*Mansfield Park*，譯註：曾被改編為電影「窈窕野淑女」）從未明言教養與禮節的價值觀是上流社會生活行為的基礎，雖然大部分的居民都不遵從這個價值觀，但在整本小說中作者隱然贊同，甚至在最後一頁公開聲明，貝老爺在西印度從奴隸身上獲得的財富是為了在社會生存。解構的分析會將這種矛盾搬上檯面，這並非要去譴責小說，而是為了要讓讀者體會到更多層面的意義。

84　　被拆解或仔細審視的東西都稱為「文本」（text），以文學而言，印刷的文本就稱為小說，但「文本」也可用來指稱被仔細檢視但具重大意義的素材。不僅僅是高檔的藝術品，如：文學作品、繪畫及雕塑，尚有其他具文化意義的產品，如：廣告、車輛設計、時尚穿著，甚至食物等等。羅蘭‧巴特（Roland Barthes）曾寫過一本極具影響力的書《神話學》（*Mythologies*，譯註：本書中文

版由桂冠出版，許薔薔、許綺玲譯，1991），書中解構職業摔角、肥皂粉和洗衣粉、玩具、電影明星的照片，以及（法國）牛排和薯條等話題。這本書有趣卻不輕浮——巴特的分析鞭辟入裡，有時還會不客氣地揭示未被檢視的文化意義。特別令敘事治療師感興趣的地方是，他對著名的美國攝影展「人類的家庭」（The Family of Man）的解構，當時這些作品正在法國展覽，被形容為是「大」（Great）的「家庭」。巴特認為，這個添加的形容詞增強現代主義者和本質主義者對該展覽的假設，強化情感與平凡的中心思想，雖強調「外來的」（exotic）差異，但實際上卻不尊重多元性，簡化共同人類本質的假設：

> 堅持強調外國主義，種類的無盡變化，皮膚、頭蓋骨與風俗的分歧也十分明顯……接著從多元論裡，一致性奇蹟似地產生了。人類出生，到任何地方都同樣工作、微笑、死亡；而且如果這些行為仍然還存有一些種族上的特異性，這是暗示至少每個人的內在都有一個相同的「本性」，它們的分歧只是形式上的，並沒有掩飾共同形式的存在。當然，這表示假定一種人類的本質。（Barthes, 1957/1993: 100）

讓不明之處清晰可見，解構成為一盞明燈；它豐富並擴展理解。它可以了解複雜且讓複雜清楚明白，當然，解構分析本身也樂於受到審視與更進一步的精煉。

〈問題的歷程〉發表兩年後，懷特又寫了〈解構與治療〉（Deconstruction and therapy）一文。也許這篇文章象徵用「嶄新且更有用」的方式來呈現問題，這在他早期的文章中有提到，於1991 年的國際會議發表後被分成三篇獨立的文章（1991; 1995a; Epston & White, 1992），而且被懷特拿來作為訓練課程用的教材。這篇文章略述懷特應用解構於治療的觀念：協助當事人審視受到

文化影響的想法和假定的真實，以便看到他們先前未經思考的暗示，如果願意的話，將自己和它們加以區隔。

　　根據我比較鬆散的定義，解構與推翻理所當然的真理與常規的過程有關。這些所謂的「真理」由情境和脈絡中分割出來，這些隱藏偏見與歧視、脫離現實的說法，以及這些熟悉的自我與關係的規範，是在壓抑個人的生命……（藉由這個過程）我們可以更覺察特定的「生命與思想模式」如何塑造我們的存在，更覺察我們如何選擇以他人的「生命與思想模式」過活……我們也解構其他的觀念：解構人們依存的*自我敘說與主流的文化知識*；解構被文化支配的自我和關係規則；解構我們文化中的*論述實踐*（discursive practice）。（1995a: 122，強調處為作者自加）

　　這篇文章最長的部分，懷特提及的就是本書讀者現在很熟悉的：解構當事人敘說的問題。他用分類和問話例句來催化這個歷程，很明顯的，這篇文章發表兩年後，他又重新思索治療問句的標題，加以充分說明。

解構敘說的問題

　　有三種類別的問題：

1. *行動全景問題*（Landscape of action questions）：

- 你要怎麼讓自己準備好以採取這個步驟？
- 你可以跟我說明你兒子的發展狀況嗎？有任何人對此有貢獻嗎？如果有，是用什麼方法？
- 到目前為止，你在你的生活中看到什麼，至少給你某些線索，讓你知道這對你而言是個機會？

2. 意識全景問題（Landscape of consciousness questions）：

- 這些發現透露你想要的生活是什麼？
- 這些發展顯示你適合成為什麼樣的人？
- 這段奮鬥史對珍有何啟示？使她相信她的生命中什麼是重要的，以及她擁護的是什麼。

3. 體會經驗問題（Experience of experience questions）：

- 如果我是位觀眾，可以觀察到你年輕時的生活，你想我會看到什麼，可以幫助我了解你是如何達成你最近做到的事情？
- 在你所有認識的人當中，誰看到你能夠採取行動挑戰問題對你生活的影響時，最不感到驚訝？
- 我想了解這項成就背後的努力。在你所有認識的人當中，誰最有資格對這些努力提出詳細說明？

　　懷特也說明第四種類型的問題：*解構權力運作的問題*。這些問題和敘事治療的「政治」面有關，是治療師用來外化內化的論述的手段。懷特摘述傅柯的論文，指出人們被自我審查制箝制在次要位置上，而這種自我審查制的基礎在於它們和未被檢視的社會規範、假設、信念和行動有關：

　　　　對傅柯而言，當代的權力系統被分散且「吸收」，而非由上而下的集權執行……權力的運作被偽裝及隱藏，因為它跟特定被視為「真實」的規範有關……而且被用來引發特定且「正確的」結果，例如，生命該被「實現」、「解放」、「理性的」、「有變化」、「個體化」、「自我掌握」、「自我控制」等等……就如傅柯所詳述，權力的實行特別隱微但卻極有效果……人們並未覺察到獲知這些真實是受到權

86

力的影響，而非實現或解放的影響……權力的分析對很多人來說並不容易，因為它暗指我們以為很多個別的行為模式層面是自由意志的展現……其實早非如此。（Epston & White, 1992: 138-9）

後結構主義的思想是這段摘錄的基石，質疑傳統治療法中廣受重視的個別化假設。本書第九章中將加以討論。

在這個類別下，懷特並未舉出問題例句，但他用幾個篇首治療故事證實其重要性。下面是從我的治療工作中擷取的例子：

- 你說要成為一個好父親就必須對孩子嚴厲，這個想法從何而來？
- 當你「忠於」妻子和家人時，誰是你的榜樣？
- 妳尊重妳的男朋友，因為他堅持己見，但某些意見似乎造成妳的痛苦。身為一個男性，我知道男人很難區分堅持己見和思想封閉之間的不同。
- 如果你不再為家人採購、清掃、洗衣、燙衣服和煮飯，而堅持他們要共同分擔家務，你想他們會用什麼藉口來跟你爭論？他們的想法從何而來？
- 你因為公司失去訂單而被裁員。社會和媒體的哪些影響讓你覺得沒有工作就該有罪惡感？
- 你的朋友們說，因為你的丈夫早已過世兩年了，現在你該開始「過日子」了，他們從哪裡得來這個想法？
- 你說自從你的兒子告訴你他是同志，你就一直很傷心。如果我們來談談在這種情況下「傷心」這個詞的用法，應該會很有趣。
- 妳的姊妹淘們說妳應該每週來見我，而不是我們之前談好的間隔三個星期，以此來探索真正的妳。我們不是談過她

們為什麼會這麼想，以及這些想法從何而來嗎？

解構論述（知識）實踐的問題

在文章最後，懷特將政治權力的觀念帶進特別與治療師有關的領域：由專業學術界的權威人士所設定的「真實知識」，以及這些學術界的語言如何表現並鞏固專家的地位。他認為，治療可以經由當事人自己的第一手知識來協助他們對抗專家的地位：

（專家的）手段鼓勵人們相信，這些學術界的人對於人類的真實與人性的描述是客觀且公正的……這世界的開放、模糊、暫時性且變動的本質，被封閉、固定和永恆的事實論述所犧牲……治療師可經由將自己視為替代及較喜歡的知識和實務的「共同作者」來解構專家知識，並且透過協調努力建立一種氣圍，即尋求治療的當事人有權力擔任這些知識和實務的主要作者。（1995a: 142-4）

懷特認為，治療師有責任鼓勵並協助當事人對權威人士「假定的專家知識」（assumed expert knowledges）採取批判的立場。治療師也應該鼓勵當事人去質疑並嚴格地檢視治療過程（1995a: 143-5），詢問其經驗：

治療師可以破除他們有特權獲得真理的觀念，持續不斷地鼓勵、協助當事人追求理解。告訴當事人，治療師參與治療的程度來自當事人對其治療經驗的回饋……治療師能解構並具體呈現他們的反應……在當事人個人的經驗、想像與意圖脈絡之下。（1995a: 144）

懷特這部分的文章也沒有範例，因此，我提供一些我治療工作中的「解構專家知識」問題與聲明。

- 我建議你想想看雜誌文章中提到受虐者總會變成施虐者的說法，作者有舉出明確的證據支持這種說法嗎？你想不想看看和那個持相反意見的研究所得到的結論，以及訪談受虐者的書？
- 醫院來的轉介信有很多的縮寫和起首字母是你看不懂的，其實我也看不懂！這封信是否透露出寫這封信的人的態度，以及是誰授權的？它的寫法跟你覺得不受重視、對治療者懷有敵意有關嗎？
- 這一次的療程對你而言還可以嗎？有沒有談到你想討論的議題？
- 在這次療程稍早時，我讓你思考了某些觀念，我會不會有點急？看起來是不是很像某人試著要你按照他所想的？
- 我了解你說的話嗎？有時候我也會犯錯。
- 我真的很謝謝你告訴我，我們上次所談的想法行不通。我喜歡這種真誠的回饋。
- 身為男性，我從不奢望了解女性的經驗，但我真的很願意試著了解妳告訴我的話。我們繼續這個對話，妳感覺還好嗎？
- 哦，不！──我真的很想聽聽看你這麼做的理由。我很抱歉──那是以前的壞習慣。

透過問話重寫故事的隱喻

穿梭於當事人的成長史

治療開始階段所敘說的故事通常不是直線式的，而是由因素矩陣所組成。在很多電影和現代小說中，常見到過去發生的事件與其後發生的事件不停交錯，人們從現在回到過去、古代甚至遠古，然後再回到現代，或者跑到幻想中的未來，然後這些未來會喚起過去的記憶等等。有時當事人不必為看似雜亂無章的敘說道歉，因為清晰完整的故事會逐漸成形。問話的過程逐步地鼓勵當事人敘說次要情節，就像遞歸系列（recursive sequence）一樣。

> 我一直強調「逡巡」（zigzagging）的過程。我們可能位在（當事人的）成長史某處，談論某些特別的事件並反思：*嗯，回顧當時發生的這些事件，什麼才是你生命中最重要的事*？就這樣，從一個全景想到另一個全景，我們從行動全景跳到意識全景，我們能再到另一個場景：*你能想到在你的生命中有任何情況，可以反映出什麼對你才是重要的這個特殊信念*？因此，我們現在又回到了行動的全景。（White, 1995a: 32，斜體處為原作者強調）

懷特對這個提問過程畫出數個清楚的圖解。圖 5.1 是我簡化懷特在工作坊和文章中所提出的「之字形」圖，從說故事開始：敘說次要情節，當事人開始質疑並修正對自我及問題的看法（2004b: 62-3）。這些部分同時發生的之字線條代表一系列與獨特的結果有關的問句，隨當事人敘說事件的時間順序從一個全景來回移動到另一個全景。問句的順序重現並加強當時的情景，此時，當事人

經由審視並將這些回憶連結成有意義的結構以理解它們：

> 一個適切的結構發生在情節組織和事件相較下不斷地來回或增補，然後根據「最適配」原理修改情節組織……這種雙向對話的歷程發生在事件本身與主旨之間，揭露其意義並使其能夠結合成故事的一部分。（Polkinghorne, 1988: 19-20）

（u/o = 獨特的結果）

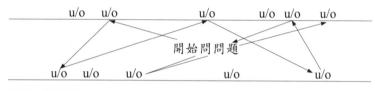

圖 5.1　「之字形」的提問歷程

人生的里程碑

有時候，懷特及其他的敘事治療師會將治療歷程描述為人生的里程碑（rite of passage）或發現之旅（Epston & White, 1992: 12-24; Parry & Doan, 1994: 42; McPhee & Chaffey, 1999; White, 2004a: Chapter 2）。在「人生的里程碑」比喻中，第一個階段是「分離」階段，當事人鬆動對先前歷史、情境與認同的主要看法。第二階段是「臨界」或轉換階段，肇始於第一階段時覺察到改變的新可能性，以及伴隨的困惑感。第三階段是「重新整合」，當事人的重新發現因能與他人溝通，並聽到他們的反應而獲得肯定與增強。

89

羅傑因沮喪和絕望前來尋求治療，他再也沒辦法忍受他的伴侶提姆不斷地外遇。羅傑對這個情況感到自責，因為他無法在這段關係中滿足提姆所需。

（與先前的必然分離的階段）

回答治療師的問題，讓羅傑有暫時停止自責與批評提姆的時刻，他開始修正他看待這件事情的自責態度，了解到提姆只是在剝削他的感情，以及利用他的弱點與耐性。

（從熟悉的角色／身分分離的階段）

正視提姆的態度讓羅傑更痛苦，但卻讓他接受提姆的行為涵義，決定終止這段關係。即便很緊張，他明白他能告訴提姆這個決定及理由。

（兩個世界的臨界階段）

當羅傑將計畫付諸行動，他從很多朋友身上得到精神與實質上的支持，他們都知道發生什麼事，強調提姆須為這段關係的結束負起責任。他們的支持有助於羅傑展開新生活而不會覺得孤單，或因為傷心而「改變主意」。

（重新整合／見證階段）

人生里程碑的隱喻是另一個重述故事隱喻，而非不同的過程。它們都說明如何協助當事人遠離他們「稀薄的」故事，邁向有希望、有益的位置，接著變成行動的跳板。

90

豎立鷹架

是用來比喻開始晤談，然後逐漸增加有關於獨特的結果的問題，煞費苦心地詳述「故事／樓層」（stories）這個雙關語。在工作坊中，懷特告訴我們生命是「多樓層的」（multi-storied），然

後畫了一棟建築物草圖，接著把提問的過程比喻成在工程中的建築物外圍豎立鷹架，讓當事人可以從一個樓層移動到另一樓層又再回來（一經說明之後，樓層和故事這兩個詞就沒有區別）。懷特略述環繞在建築物外圍的鷹架，並標示不同的樓層。

當事人在治療師的提問協助下，從「已知與熟悉的」（稀薄的問題故事或帶進治療的主流故事）一樓向上爬至「有可能知曉的」頂樓。透過治療過程開啟新的選擇、行動和觀點的可能性。這個比喻考慮到遞歸或上下的起伏變化，讓治療師和當事人於再次上樓前可以下降到較低的樓層。當他們開始上樓時，一樓就被留在後面——它仍然在那裡，只是漸行漸遠〔用來引導上樓的問題就稱為「拉開距離」（distancing）問題〕。

攀登階段／樓層是對「拉開距離問題」（distancing questions）的回應（從一樓往上開始）：

樓層

8	涵蓋其他人見證及肯定過程。
7	邀請當事人思考具體的行動、決定和問題解決方法；
6	經由先前階段中導出的想法和發現提供的行動基礎，包括評量這些發現的正負面；
5	邀請當事人重新思考根據先前的對話所形成的自我觀點，以及他的價值觀、信念和成就；
4	將獨特的結果編入當事人成長史的故事線中；
3	邀請當事人辨認並思考獨特的結果的意義；
2	界定並為問題命名；
1	邀請他談談充滿問題的主流故事；

鷹架的比喻反映出懷特不斷求新求變地精煉他的理念，並透過極富想像力的方式描述這些理念。鷹架的比喻顯示懷特主張敘事治療應該包含一些*定義清楚的階段*——一旦學會並記在心裡，這些階段就能自由地運用而不是死板板地遵守（White, 2004b）。

91

「垂直攀登」（vertical climb）的隱喻將先前敘事治療歷程的隱喻翻轉了九十度：從到處探索各種小徑的旅程變成從基點到高點，有時候回到較低的樓層，然後又可以再往上爬。*但它比較像真實的歷程*。我對這個新的比喻興趣缺缺，反而對懷特在研討會說明這個隱喻時所提出的問題更感興趣，但當本書即將付梓時，這些說明尚未公開出版。這些問題從某些不熟悉的角度發揚已確定的敘事治療歷程，再次澄清細節（用我自己的隱喻）。懷特運用這個隱喻的好處是整合他近期的思想，精確地定義並說明實施方式。但同時我必須承認，壞處是我覺得我可能永遠跟不上他對敘事治療不間斷的細微修正！

整體來看，我認為豎立鷹架的隱喻讓人更混淆，越說越不清楚。對我而言，要用鷹架的隱喻引導治療歷程尚欠缺助益，比不上懷特其他用來比喻已知的日常事件，還能獲得適切的共鳴：它們被用來反覆檢視當事人的生命、展開未知的旅程、了解生命中的不確定性或中間時刻（intermediate point of life）、參與象徵改變的儀式。我發覺，用鷹架來比喻治療師和當事人在蓋了一半的建築物內錯綜複雜的管線中上下攀爬，或以不規則的速度從低樓層前進到高樓層，是相當奇怪的。如果懷特不要用這個隱喻來說明新觀念的話，或許還比較能令我信服。（建築物）的樓層可以用來象徵治療階段，或是（雙關語「故事／樓層」可暗喻）次要情節嗎？鷹架的隱喻的確會在進行治療對話時成為記憶中鮮明的影像，但若是被寫下來而不是說出來時，它包含更多不一致的畫面，以及相互牴觸的隱喻與明喻：

敘事治療的對話被我們問的問題所引導⋯⋯我們像建築
工人一樣在建築物外圍豎立起鷹架。透過治療性問題與結構
所形成的鷹架，讓當事人得以有機會登上生命中其他的樓層
或領域。一旦辨認出這些生命中的樓層或領域後，它們就變
得很小，事實上，是變得很渺小。它們就像暴風雨時海中的
珊瑚環礁。然而，當這些替代性的故事，或這些先前生命中
被忽略的領域，在我們治療的對話中得到進一步的探索，它
們就變成安全且可維生的島嶼，接著成為群島，最後形成安
全的大陸，開啟生命中其他的世界。（White, 2004b: 60）

92

　　我喜歡懷特更一致也較不複雜的比喻，但他所有的隱喻、比
喻和明喻都具有特定的立場。它們兼具想像力和創造力的目的，
運用避免虛假的客觀性及學術性的權威語氣或治療的專業著作的
語言，並且在對話時，對人類真實日常生活的事件、感覺與關係
保持敏銳的意識。即使鷹架的隱喻並不成功，它還是比枯燥疏離
的風格好。以上的摘述混合所有的隱喻，但仍然令人震撼，從受
限與受到束縛的眼界邁向越來越開闊的心靈視野。在其他的脈絡
裡，懷特的思想和語言與隱喻相得益彰，精確、甚至可以說很美：

　　他們正在為彼此挖一個大洞，而在這麼做的過程中，亂
挖亂扒還怕會掉進去。（2000: 4）

　　某些禮物是不幸的禮物，但它們仍是禮物。（2000: 52）

　　治療的文化就是傲慢⋯⋯（2000: 82）

　　在實務工作中，我們偶爾會碰到一些人⋯⋯他們遭受到
不適應的沮喪、缺陷的痛苦，以及與可怕的失敗有關的絕望
和孤寂。（2004a: 220）

文學的隱喻：共同創作故事

　　問題故事的修訂版來自治療師所引導的對話。治療師與當事人一起合作，和只由當事人告訴比較不主動的治療師，哪一個較能發展故事？懷特對敘事治療的文學隱喻在於——文學作品和當事人對經驗的陳述這兩個活動間有共同點——都包含語言的敘說。在這個隱喻中，當事人對其生活和問題的敘述就是被敘說的「文本」，會在治療師和當事人間解構的對話中受到檢視（White, 1989: 37-46; Epston & White, 1992: Chapter 7）。

　　文學理論家留意到讀者因著對作品的反應，而在「腦海裡」創作一個獨特的故事上所扮演的角色。作者對作品不可能只有單一、整體的「真正意義」。就算作者認為自己在作品中傳達的意思非常清楚明確，他也無法控制讀者對其作品的反應。作品所引發的相關反應與意見不只受到作者意圖影響，還有讀者本身的前見、興趣、理解能力、價值觀、信念與經驗等。如文學評論家李維斯（F. R. Leavis）所主張，同樣的作品被不同的人閱讀，以及同一個人再次閱讀該作品，都會創造出不同於作者的意圖和意義，以及讀者自己創造的意義之綜合體：「你沒辦法闡明這首詩；只有當個體的心靈對該頁重點有重新創作的反應時它才會『存在』。但肯定的是——*那是一種心靈交會。*」（1972: 62，強調處為作者自加）

　　當我們跟另一位讀者討論一本小說、一齣戲劇或一首詩時，我們可能會發現他們的文本、對這件作品的觀感往往和自己不同。我目前跟某位同事有個歧見，他對文學的敏銳度是無庸置疑的，他認為珍·奧斯汀《曼菲德莊園》裡的女主角芬妮是個無趣的人，相反地，寇瑪麗卻真誠活潑又有魅力。但就像李維斯所說的，反應不同並非否定文本的意義與品質，或者摒棄「所有意見均令人信服」的相對位置。進一步的共同創作是有可能的，可以加深及

93

修改作者和讀者間第一次的共同創作。這些進一步共同創作得出的意義是跟其他讀者比較討論的結果——一個相互切磋和學習的過程。這就是李維斯說的「心靈交會」——他將這種交流簡述為「正是如此，不是嗎？」……「是的，不過……」（1972: 62）。我們可以藉由仔細地審視，分享彼此對「該頁重點」的反應，努力達成共識。在這一點上，治療和文學實際評論類似，而比較不像共同撰寫。

用李維斯文學分析／實際評論的合作、共同創作歷程的文學概念取代*治療*概念具有啟發性（我的替換詞以括弧斜體顯示）。敘事治療的文學隱喻立刻清晰明白。

> 我們現在要做的，就是依次聚焦在我們所有反應的細節、連結或關係上……我們現在要做的，就是仔細思索整首詩（*當事人對問題的陳述*）裡的重心或重點是什麼，到目前為止我們懂了哪些。（文學）分析（*治療*）並不是詳細察究已經被動存在的東西。我們所謂的分析（*治療*）當然是一個建構或創作的過程。這是一個回應詩人（*當事人*）的話語之更詳盡理解的創作歷程……因仔細思索而形成的重新創作，我們會確信會有超乎尋常的準確與完整。（Leavis, 1943: 70）

李維斯並未將文學評論和討論的過程稱為「對該文本的共同創作敘說」，但對我而言那正是如此。經由與另一讀者對話，我們共同創作可對文本修正的反應，藉由這個方式，下次我們讀這本書時，每個人會分別共同創作一個相當不同的文本。這是三方的共同創作：作者、讀者，以及與第一位讀者討論文本的第二位讀者。我們每個人的文本都會和別人的文本有所差異，而且也會和之後個人的閱讀不同。儘管有最後的共識和修正彼此的知覺，仍沒有單一正確和最後的版本。同樣地，我在治療時和當事人的

對話，是擴展其生命文本所共同創作出來的故事，超越其他人——朋友、親戚、情人等等，他們也有共同創作的對話，但全都是在受文化影響的假設下發聲。

當事人的生活故事極少——曾經被「徹底地」建構——這跟他們所謂「出乎意料之外」的性情無關。我們文化中關於個人與關係可獲取及適當的故事早已被歷史建構與被人類社群協商，以及被含括在社會結構與機構的脈絡之內……當事人的生活故事充滿斷裂、不一致與矛盾之處，導致生命的不確定性。這些斷裂、不一致與矛盾促使當事人主動尋找獨特的意義……因此，一想到能透過正在敘說與重新敘說經驗來形成論述，我們就得去思考「決定論內的不確定……」的歷程。（Epston & White, 1992: 125）

在敘事治療中，透過回答問題，當事人才得以從原先生命故事的「決定論」（determinacy）中掙脫：「改變的能力在於人們能夠與他人對話，透過對話的歷程，創作並發展對他們富含意義的真實，持續不斷地了解彼此的生命，並發展可以提供『嶄新且賦權，而非有缺陷的自我敘說』。」（Anderson, 1997: 118, 引自 Shotter, 1991）

詳細地延伸獨特的結果是為了帶出並肯定它們的意義，不只是要回想起而已，而是還要讓它們「迴盪得比舊想法還久」（White, 1989: 97）。它們被發掘出直到永久可見，而且一旦被放大，就被仔細審視它們對當事人的意義。接著透過問問題，它們和其他已解構的獨特的結果連結，次要情節就逐漸成形。這就是共同創作的敘說，我相信這就是我對當事人治療時所做的事，即便有時候當事人已忘了療程的細節，而只是謝謝我肯聆聽他們。

就我而言，我在接受文學評論及英文教師的訓練頗能領會此

點，在那個時候，我會協助學生在讀詩和小說時仔細審視文本中重要的細節〔李維斯具前瞻性的文學刊物就叫作《審視》（*Scrutiny*）〕。每行詩句或甚至單一意象均須徹底地檢視其意義，以及它跟其他詩句的關係。這麼做之後再閱讀此詩，感覺會變得不一樣，變得更完整，也許會更滿足。實際的文本改變了，探索細節讓我們對整首詩有更豐富的反應。當我投入去探索當事人自我故事中的獨特的結果，我對他們經驗的理解變得不同、更徹底、更豐富。我對他們的故事的反應也使其更豐富。對當事人來說，他生命中「實際的文本」──記憶的網絡以及自己是誰──都改變了。

當我和當事人共同創作豐富的故事時，我試著讓這個過程不平等，把最主要的角色交給當事人，但治療中所敘說的故事卻無法由當事人獨自創作。治療師的每一個眼神、字句和行動，都會影響敘說的共同創作。一個無聲的點頭意謂著「是的──那很重要」，共同創作強調那一點的意義。即便沒有反應也是一種隱微的訊息：「你還沒說出值得反應的事情」。如果我認為我在當事人訴說儘管丈夫不斷外遇，仍確信她知道她的丈夫愛她時，看到她有一絲遲疑，我的*任何*反應都是有影響力的：如果我的反應平平，我是在請她忽略剛剛所說的話；如果我的訊息是：「我相信你」，我隱然漠視它本質上的矛盾；如果我看起來有點困惑，我的訊息就是：「你真的這麼認為嗎？」而我沒有說出來的意思是：「你要不要再考慮看看那種說法？」

一個相信夢具意義的治療師會詢問有關夢的問題，當事人的夢變得就很重要──夢境會被記住及反思，成為敘說的一部分。如果治療師相信問題出自非理性信念，那麼治療方向就會引導當事人敏察其認知歷程。鼓勵當事人更留意感覺的治療師會聽到更多與情緒有關而非思考歷程的故事：「令我們感興趣的是，某些時候心理問題似乎會隨治療師的詞彙和敘述變化而出現或改變。」

（Anderson & Goolishian, 1988: 375）這些日子以來我告訴自己，很多前來求助的當事人是「活在稀薄的自我故事中」或「被主流的文化假設所禁錮」，然而，數年前我視當事人為「與真實的自我失去接觸」或「否認他們的情緒」。現在當事人和我共同創作的故事非常接近社會建構及後現代的觀點。我的治療假設不可能不對當事人的故事產生影響：我的責任是去覺察，讓當事人清楚我的立場，如果當事人覺得我的假設對他沒有幫助，則確定他有權利繼續持有不同的觀念。

　　我會把我自己的想法、信念、價值觀和立場帶入治療室中。對我而言覺察更重要，那會比相信我是「中立的」及強調我的治療假說是普世真實還要能幫助當事人，也更能為其所接受。我的假說和自己的生命有關，受到閱讀、思想、朋友、訓練及多種因素影響，使我成為在此刻、這一天、此時的助人者。以我為例，我是中產階級的白人男性，我對人類和世界的觀點受到這些我通常看不見的因素所影響。我的政治立場是自由左派，因此，我不會邀請當事人思考自由左派的觀點對其問題所造成的害處；同樣的，我相信思考種族主義、性別刻板印象和地下政治權力的本質與來源是有益的。我一定用淺而易懂的方式問問題，而不是賣弄聰明或灌輸假定的專家知識；我一定會對當事人解釋問題的目的；我一定會跟當事人核對他是否能接受這些問題，而且我一定會讓當事人知道他有權選擇要不要回答。我一定會用試驗性、尊重、對話的方式詢問，並對當事人的經驗知覺和對經驗所賦予的意義保有真誠的興趣。我一定會用問題分享敏銳與真誠的對話，以及對生命的熱忱。矛盾的是，我一定會運用我必然的權力位置來問問題，以去除我對當事人的權力。

96

「重寫」主流故事

　　以下的案例出自我的治療工作，獨特的結果在「閃過螢幕時被保留下來」（White, 1997a），並透過問問題引起當事人的注意，接著再以更多的問題邀請他思考其重要性，再編進他過去、現在與未來的故事。以下的對話出自療程中的筆記，我試著重現對話的內容和語調，省略慣用語、重複的話以及跟主題暫時無關的部分。當事人化名為「喬爾」。

> 　　喬爾是個二十八歲的技師，花了好幾年的時間在東亞工作，薪水優渥，並把大部分的錢都匯給在英國的妻子和兩個小孩。不像其他外派人員，他堅持抗拒性的誘惑。他回國後，妻子無預警地提出離婚要求，因為她遇到另一個真正想嫁的男性。於是瀕臨自殺的憂鬱隨之而來，但喬爾漸有起色，接受了治療並且跟莎拉展開一段新關係。在遇見喬爾的一年前，莎拉離開會對她施暴的男人。喬爾發現他難以正常工作，一方面是因為週期性的憂鬱會影響他的信心和體力，他只好打電話請假。一開始的兩次療程他談到與關係無關的壓力，但在第三次的療程時，他開啟這個話題。這對伴侶的財務大部分由莎拉支援，也住在她的房子裡。雖然莎拉並不在意，但喬爾害怕她會討厭他，而且很快就會結束這段關係。這個想法嚇壞了他，但是當她試著對他打包票絕不會這樣做，喬爾就越覺得她在隱藏真正的態度。
>
> 1　喬爾：她很快就會對我厭煩了。我只是在利用她的好心。我真沒用。
>
> 2　馬丁：對於這一切她怎麼說？
>
> 3　喬爾：我試著工作，但是她批評我──說我只負擔百分之

十的家用，而她負擔了百分之九十，所以她對我很生氣。百分之十對百分之九十，我只不過是個「小白臉」。

4 馬丁：當她提到你負擔百分之十而她負擔百分之九十，那到底是什麼意思？

5 喬爾：我猜……好吧……那是指沒關係。她說我已在試著找工作，而我現在有的就只有失業救濟金而已，但是她有工作，所以可以多負擔些家用。

6 馬丁：回想一下她所說的，她是在挑剔你嗎？或者是想讓你安心？

7 喬爾：安心……她想讓我安心……但也許她有點失望。她生氣卻假裝一切沒事，我實在不像個男人，是吧？我的生活一團糟，我不知道要做什麼……（提到其他的問題）……而我給莎拉的是一堆麻煩。我很迷惑，我什麼事都沒做卻一直覺得累，除了昨晚和今早的聊天。如果她說我們之間完了，我就一無所有了。我常常想，莎拉如果沒有我會好一點——每個人沒有我都會過得好一點（低聲啜泣）。

8 馬丁：（等喬爾恢復平靜）昨晚和今早的聊天，是什麼意思？

9 喬爾：是的，莎拉和我常常會在早晨時躺在床上聊天。

10 馬丁：聊天……

11 喬爾：聽起來很荒謬，我們聊生命的意義、珍愛的事物、生命是什麼等等。她讓我想了很多。

12 馬丁：我真的很有興趣想知道你們聊了什麼，如果你可以告訴我的話……會不會太私密……

13 喬爾：不會，還好。我們常常這麼做。我們會很晚睡覺，然後開始聊天，天南地北無所不聊。她很虔誠——

不是上教堂那種——但是相當認真看待生命的意
義。我們躺在床上聊著，在白天我們也會聊，不過
都是比較實際的事情以及我該做什麼……（各式各
樣的問題）。我們在床上的聊天是不一樣的。

14 馬丁：你們兩人之中有任何人跟之前的伴侶做過類似的事
嗎？

15 喬爾：（苦笑）沒有！她之前的男人沒做過這類事——他
打她，直到她甩掉這段關係，而我的前妻根本不管
那些事。

16 馬丁：如果莎拉現在在這裡，而我問她你是怎樣的一個
人，能夠和她在深夜聊生命的意義，你想她會說什
麼？

17 喬爾：什麼意思？

18 馬丁：如果我問莎拉，你為什麼能和她討論生命的意義，
她會告訴我什麼？她會怎麼說你？她會怎麼描述
你？

19 喬爾：我想她會說我對事情充滿興趣。

20 馬丁：事情……？

21 喬爾：生命是什麼這類事情。

22 馬丁：她會如何描述你——跟她的前男友比較起來，她在
你身上看到什麼，竟能夠產生這些對話？

23 喬爾：（想了一會兒）她會說我很會思考……敏銳甚至
……

24 馬丁：她還會告訴我，她在你身上看到什麼特質——關於
平日和這些夜晚的聊天？她喜歡你什麼？你帶給她
什麼？你讓她的生命有何不同？

25 喬爾：這真是一針見血的問題。

26 馬丁：我知道。這就是我為什麼要問這些問題！

27 喬爾：（微笑，然後陷入沉思）我很體貼，我真的很關心
她，她也看得出我多愛我們的孩子。我很誠實——
她知道她可以信任我，而且我說到做到，無論如何
我不會欺騙她。她知道我真的在乎她，我永遠不會
傷害她。她從未有過這樣的經驗，事實上她會說這
很重要。

28 馬丁：她是個誠實的人嗎？

29 喬爾：（很驚訝）她當然很誠實。

30 馬丁：所以你可以相信她。如果我說的沒錯，你帶給莎拉
情緒上的安全感？

31 喬爾：沒錯……

32 馬丁：……而且她發現你的一些內在特質，慈悲、敏感、
樂於談論生命和人類的存有？

33 喬爾：是的。

34 馬丁：……而且她喜歡你有這些特質？

35 喬爾：對。

36 馬丁：這些特質在一般男性身上看得見嗎？

37 喬爾：不常見。

38 馬丁：還有哪些事情證明她在你身上看見這些特質？

39 喬爾：她知道我很關心孩子。

40 馬丁：她怎麼知道？

41 喬爾：（詳細說明他和孩子的關係）

42 馬丁：當你在國外時怎麼辦？

43 喬爾：我那時候還不認識她。

44 馬丁：我的意思是說，當其他男性都外遇時，你會怎麼跟
她說你是怎樣的人？

45 喬爾：我沒有外遇……我忠於妻子……大部分的男人都盡
量獵豔，他們常常說我太懦弱。

46 馬丁：莎拉知道你的信念嗎？在那個時候不跟其他男性同流合污，因為你有不同的價值觀和信念？

47 喬爾：知道，我跟她說過。

48 馬丁：莎拉曾在她的前男友身上發現這些特質嗎？

49 喬爾：沒有，最後那個人更是個混蛋。他到處留情，還照樣打她。

50 馬丁：身為一位和女人生活在一起的男性，這告訴你什麼？

51 喬爾：我跟其他男人不一樣……我已經有所不同……她愛我這些不同的地方。

52 馬丁：我可以想像你們兩人躺在床上依偎著，窗外的光線逐漸褪去，黑夜來臨。你們低聲聊天，談著生命中重要的議題和人類的生存之道。外面人聲漸歇，星星一個接著一個出現。我想這個畫面會伴隨我很久很久。

53 喬爾：（點點頭，低頭想了一會兒，然後平靜地看著我）沒錯。

99

以上這段摘錄重視療程中實際發生的情況，一開始我試著邀請喬爾思考，從財務到家務，莎拉對他的態度有何證據（1-6）。他對她的態度充滿偏見，以至於他認為莎拉希望他放心的說法只是不提她討厭他，而且假裝要使他安心的證據而已。這個主流故事太強大而無法以這項元素來重寫。無論如何，他可能是對的——就我所知，當莎拉出於好心要使他安心，但可能真的不滿意他無所事事。在對話 5 中他引用莎拉的話，說他的收入就負擔比例而言是可接受的，但卻無法形成獨特的結果，對喬爾不具意義，所以我不在這點上窮追不捨。相反地，我選取他在第 7 段中的話作為線索。他第一次在療程中提到他和莎拉於深夜和清晨的閒聊。

這段話激起我的好奇心，但也有可能被誤導——也許他們討論的是金錢的問題，或者因為他沒工作而起的爭執？藉由試探的問題（8和10），我請他多做說明，從第11段開始，到第13段時便是。很明顯，這不是無聊瑣碎的討論，而是心靈契合地討論重要的人生議題。這些閒聊跟莎拉的靈性興趣有關，她可以跟他分享，而他也能加以尊重。這些線索指向獨特的結果——而我接下來的問題就是要把喬爾的焦點從自責的惡性循環中移開，導向一個完全蘊涵不同意義的故事線。這個「深夜與清晨的聊天」變成我邀請他從非財務的觀點和脈絡去看莎拉眼中的自己的起點。

　　在第14段裡，我問了一個跟過去有關的行動全景問題。問題的格式隱然邀請喬爾將他們的過去和現在連結，而不是單獨看待。相對於喬爾之前敘述他們在經濟上的差異的觀感，強調這對伴侶的*共同經驗*。喬爾的回答（15）延續現在這對伴侶和過去的伴侶之間在經驗上的差異的行動全景主題。在第16段時，我進一步推向認同／意識全景，持續探討他對莎拉的想法的覺察。我在第16段的問題問得不好，它想要邀請喬爾敘說一個跟他根深柢固自責的主流故事完全不同的故事——我事實上是要藉著莎拉對他的看法，來挑戰他是否可看重自己。可見的是，他沒法理解這個問題，所以我又用更直接的話重複一次（18）。他一開始不知道怎麼回答，也回答得太廣義，所以我再更明確地重述我的問題（19-22）。從那時起，他逐漸可以透過莎拉的眼睛看見他自己，了解到被主流故事掩蓋的認同（23-35）。我在37到51段之間擴展意識／認同問題。我詢問「外化內化的論述」或「解構當代權力」的問題，邀請他思考當看到其他男性的行為和態度時，他是怎麼定義他自己（36、46、50）。這些並不是抽象的問題，它們都根植在他跟莎拉在一起的實際經驗裡，以及他對莎拉作為其伴侶的覺察。所有這些問題都圍繞著一個獨特的結果，整合認同和行動全景，連結過去和現在，為了要*深化*他選擇跟其他很多男性

100

採取不一樣的想法和行動的覺察，事實上，他對所愛的女人的生活和樂趣有獨特的貢獻，而莎拉也愛他。我不需要再強調或問一些明顯的問題，如：「什麼最重要——是這個還是平均分擔財務？」鼓勵他敘說新的故事——結合過去和現在的行動、意識與認同就足夠了。在我第 52 段的心像裡，我摘述象徵，就如同懷特討論靈性時所謂的「日常生活的主顯節」（epiphanies of everyday life）（White，1997a），引用自詩人兼小說家馬洛夫（David Malouf）的〈日常的神聖〉（little sacraments of daily existence）（White, 1996: 47-8）。喬爾對莎拉，還有他倆躺在床上聊生命意義直到深夜的心像，就是我們討論獨特的結果的起點。此種「主顯節」向我們展示具有重大意義的時刻，雖然沒那麼戲劇化或再尋常不過，但卻是個奇蹟——也許就如華滋華斯（Wordsworth）所寫的（1798, II. 33-5）：

> 一個好人生命中最好的部分，
> 在於他小小的、匿名的、不為人知的
> 仁慈和愛心
> 所展現的行動。

藉由回到過去和現在，我清楚地看到喬爾和莎拉聊生命的意義的情景，我提供喬爾一個視覺和情緒上的影像，讓他可以編入他的自我故事中，不要忘記他在莎拉眼裡的模樣。這些親密時刻的重要性不會變成華滋華斯的「不為人知的行動」，反而在強化他更看重自己的生命故事次要情節上扮演關鍵的角色。

摘要

在敘事治療裡，治療師尊重地提出問題，成為對話的一部分，表現出對當事人所陳述的經驗的真誠興趣。這些問題邀請當事人思考他們的過去、現在和可能的未來，藉著問問題指認出獨特的結果，並將之連結成有意義的主題，敘說生命中新的「次要情節」。有系統以及敏銳的問題得以讓獨特的結果的意義被詳加探索，並鑲嵌至當事人的覺察裡。經由問問題亦詳加檢視文化影響的假設如何加重當事人的問題，懷特已對此過程發展出不同的隱喻和類比，有助於實務上的了解與指引。

CHAPTER 6 治療性文件

傳統的治療通常包含約一小時的口語對話，療程與療程之間並無溝通性的接觸或關聯。在治療室裡引發的探索與覺察，可能會在療程間以及治療結束時，被治療師和當事人所遺忘或扭曲。由於療程是最主要的改變之處，我們可能過分重視治療師所扮演的角色，而非認識到當事人的主動性與成就。

有些方法可以超越這些限制。解決取向的諮商與家族治療有時會在療程間給予治療任務，小至相當簡單的建議，如注意微小但顯著的改變；到相當複雜的實驗，如用不同的方式建立關係和思考等。但當我採用解決取向的方法試圖安排療程間的活動時，卻經常效果不彰。當事人會忘記做，或忘記我們之間的協議，或是把我的初步建議當作命令。偶爾我仍會規劃療程間的治療活動，特別是和伴侶諮商時，但我認為撰寫*治療性文件*（therapeutic documents）往往是更有效及更易被接受的方法，得以將治療從治療室中延伸至當事人的真實生活裡，當治療結束時，也可以繼續保有治療效果。從檢視經驗而獲得的豐富故事可能會因思考習慣而鬆脫，自我故事的敘說也可能重複之前的主流故事，但可以長久保存的摘要、備忘錄、證書和紀錄可以協助當事人記住新近敘說的次要情節。治療性文件的種類繁多，包括信件、宣言、證書、文

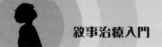

 敘事治療入門

學創作、電子郵件、錄影帶和錄音帶、繪畫、相片等。治療性文
件是敘事治療的中心要旨，也持續受到重視（White & Epston,
1990: Chapter 3 & 4; White, 1995a: Chapter 8; Simblett, 1997; Madi-
gan, 1998; White, 2000: 6; Fox, 2003; Behan, 2003; Speedy, 2004a,
2004b; Smith, 2005）。

102

<h1 style="text-align:center">案例</h1>

增強信

　　比爾，二十八歲，視自己為失敗者，對未來憂心忡忡。他在
大一上學期因為受不了壓力和孤獨，於是辦理休學，搬回去和父
母親一起住。接著，他順利完成社區學院的管理課程，找到一個
待遇不錯的管理員職務，很快就獲得升遷，但三年後急性壓力反
應復發，他辭職了。現在他又跟父母親住在一起，他們建議他接
受諮商。這封信是在第一次療程結束後寄給他的，因為他並沒有
同意繼續接受治療。

> 親愛的比爾：
>
> 　　對我們今天的談話，我有一些想法。
>
> 　　自從你打電話來預約晤談後，我對你心情的急劇變化印
> 象深刻，還有你決定辭職以換取心情的平靜與愉快。或許你
> 就是那種知道什麼是最佳狀態的人，而且能運用這項知識，
> 即便那意謂著某種程度的自我懷疑，或暫時的失敗感。由於
> 我的工作性質，我見過很多人受到社會上廣為流傳的「不屈
> 不撓」或「持續不懈」或「扛起責任」觀念所影響。雖然在
> 很多情況下受到推崇，但並不是在所有的狀況下都能發揮作
> 用，有時候休息是為了走更長的路。畢竟，你早先自大學休

學就是覺得不快樂和壓力太大，幾年後你覺得比較好了，也去修了一些學分課程，你的生命是以你真正重要的事為中心──音樂創作、友情及愛情生活！如果你繼續待在大學裡，你可能會因壓力而病得越來越重。我從你口中得知，你很擔心這種「休息」會不會變成一種模式，加上憂鬱和焦慮弄得你暈頭轉向。如果你決定進行更多次的治療晤談，我們可以加以檢視，也許找出一些策略反制這兩個試圖破壞你生活的隱形殺手。

我很高興你願意試著思考我所提出的觀念──然後很肯定的說：「不，那是不對的。」（例如，你指出工作本身並未超乎你的能力範圍，但不能讓你愉快工作的環境卻會造成壓力。）當人們堅持自己的理念而不同意治療師的想法時，治療會特別有效！

如果你願意的話，歡迎你隨時打電話來預約晤談時間。但如果我不能再看到你──也祝你幸運。

誠摯的　馬丁

結束諮商證明

103

我寄給十三歲的唐娜一張證書，她結束治療後已從創傷後壓力反應中復原。唐娜詳細的治療經過會在本章稍後說明。如證書上所載明，文件呼應懷特關於外化的主張，即敘事治療可以「解放當事人，使其用更輕鬆、更有效、較不具壓力的方式來面對嚴重的問題」（1989: 6）。然而，在很多的情況下，可以使用更直接、嚴肅、明確的版本和語調。

歐裔澳籍人士　打擊創傷學會

* * *

茲證明

唐娜・理查德森

已發展出有效的策略來打敗
反覆侵入性回憶　這個損友

並學會從

快樂回憶、摯友和相關的正向資源
這些真正的朋友中
得到幫助

經由此

她能夠遠離過度焦慮
並重新學習如何過更完整和愉快的生活

日期：1994 年 11 月 11 日

簽名：　馬丁・佩尼

（歐裔澳籍人士　打擊創傷學會英國代表）

重新敘說時的治療性文件

　　文件的時機很重要，文件不易消失的特性傳達出這是最後、最確定的宣言，這會關閉進一步的想法與探索。我通常會在療程的對話有助於當事人覺察，並以更豐富及有益的方式描述他生活時才引進治療性文件。當此時，較具體的形式而不是會消失不見的口語，才能對下一步對抗主流故事的對話埋下伏筆。我也會在當事人已經能暫時從主流故事中撤退——並又能再遠離時引進治療性文件，此時，文件就成為幫助他保有新故事的標記。

　　我反對過早使用治療性文件作為「樂觀宣言」。如果當事人認為他的問題尚未有進展，以及他的替代性故事還沒那麼真實具體時，太快和太矯情的解釋，以及記錄進步和成就，會讓人覺得很假。敘事治療的技巧（包括治療性文件），都不是用來做恭維性的鼓勵或無謂的再保證。懷特和艾普斯頓提醒我們，治療師應該好好地跟隨當事人，甚至要退後一步：

> 　　對曾經歷過特殊挫折的當事人而言，只是指出光明面，要他們對生命中的事情保持熱情，會造成「奪權」（disempowering）。在這樣的情況下，當事人會認為實際生活中的自己和他認為別人眼中的自己有很大的落差。他會「發現」別人眼中的他遠超過他所認知的實際情況，而覺得自己是個失敗者，更加重其挫折感。在背後支持當事人並沒有錯⋯⋯治療師⋯⋯必須保持謹慎的態度，避免走得太快。（1990: 148-9）

　　在唐娜很清楚地說她已經克服這個意外後，我寫了封祝賀信給她，她的結束諮商證書如前頁。我把她的因應解釋為獨特的結

果，把我的信當作增強她的敘說中被貶低的部分。很幸運地，在接到我的信後，她有足夠的勇氣承認她沒有說出真相——事實上她覺得很糟糕、很挫折。她粉飾太平是為了安慰父母親。我懷疑我的信太強調現實與她好心告訴我的版本之間的差異，卻加深了她的絕望。從這個錯誤，我學到治療性文件須由治療師和當事人*共同撰寫*，它們必須整合獨特的結果，而不是捕風捉影而已。我的信是我錯估她處境的一個自以為是的說法。如果我的信沒辦法讓她修正之前的敘述，治療可能會造成更多的錯誤，讓她的處境更艱困。

解構權力關係時的治療性文件

治療性文件常具有政治上的意圖，它們挑戰他人和社會，不管是個體、家庭、同儕、專業人士或假定的真實中未被覺察的假設和觀念。藉由大眾的聲音，它們可以形成一種具制衡力量的特殊文件——抵制那些由權威人士撰寫，隱然消弱並物化個體的文件。這種形式的「正式檔案」文件，包括未被認可、無形的文書工作或電腦文字輸入，如：個案或醫療紀錄等（White & Epston, 1990: 125-7）。此種文件並非總是可得，甚至不知道它們的存在。如果它們屬於官方文件，也可能不易取得，而當事人也未能得到授權閱讀。

諮商專業也是具有「祕密檔案」的職業。《諮商》（*Counselling*）這本期刊曾探討保留紀錄時間的倫理與法律爭議，卻沒有提出是誰該保有這些紀錄（案主、治療師或兩者兼有？），而且也沒提到是否有讓個案看到或給他們這些紀錄（Easton & Plant，1998）。「諮商」中有篇關於轉介信的文章提到：「轉介信須獲得『案主』的同意」，但接著又有所遲疑，提心弔膽地加入一些修飾語：「好的治療，*如果恰當的話*，表示你會和你的案主一起

討論轉介信的形式和內容，而且你也*可以*給案主一個副本。」
（Warren-Holland, 1998, 強調處為作者自加）。懷特說他對倫理最
優先考慮的事是，把所有的紀錄和文件副本交給他所協助的人
（1995a: 47, 167-8）：

> 這個實務和非傳統（alternative）的文件有關，不同於所
> 謂的正式文件。正式文件的讀者群只限於專家，但由獎賞所
> 傳達的訊息卻能為人所得知。正式文件是「排外儀式」的一
> 部分，獎賞（award）比較像是布萊恩（Bryan）（Turner &
> Hepworth, 1982）所說的「納入儀式」。不同形式的獎賞，例
> 如：獎品、證書等，可視為非傳統文件的例子。（White &
> Epston, 1990: 190-1, 強調處為作者自加）

　　懷特和艾普斯頓也區分祕密正式文件和可公開的、慶賀的正
式文件，例如：證書、獎狀等之間的差別。敘事治療在社會傳統
中運用治療性文件，希望藉由家庭、同儕和社區的見證達到嘉許
和肯定成就的目標，就我之前擔任教師的經驗，我看過年輕人因
為得不到學業上的成就感，失去信心而離開學校，然而一旦獲得
工作或學業上的肯定，他們又重燃信心。證書代表他們之前珍貴
的成就──他們會很驕傲地跟朋友、親人炫耀，非常開心。

106

應用於兒童的治療性文件

　　懷特和艾普斯頓的著作中最動人的部分就是他們與兒童和家
庭工作的故事。會運用治療性文件是很重要的──事實上，這個
想法就是從治療兒童中得來（White, 2000: 6）。文件的內容必須
考慮兒童的認知程度，若在治療中跟他們或成人一同撰寫，可增
加自我賦權的效果。最後頒發的獎狀是一種文字型的紀念品。在

〈恐懼與怪物馴服〉（Fear busting and monster taming）這篇文章裡，懷特鼓勵父母親舉行「儀式」，幫助孩子克服夜晚恐懼。圖畫、相片、筆記和證書扮演很重要的角色：

> 父母親會得到一本相簿，可將之名為「馴服怪物與蟲蟲相簿」或「馴服恐懼相簿」，並幫小朋友拍照……為馴服怪物做好預備措施……當小朋友的生活中有任何不害怕的事情發生時，就拍照紀念……我通常會秀給小朋友看「馴服怪物與蟲蟲證書」和「馴服恐懼獎狀」……這種榮譽如此特別，因此他們會努力去嘗試，因為不管是朋友、親戚或同班同學，都沒有這樣的「馴服怪物與蟲蟲證書」或「馴服恐懼獎狀」。（1989: 110-11）

馬克，六歲，經過一次療程後就克服了他的恐懼：

> 兩個星期後的下一次療程，馬克看起來笑容滿面，連他媽媽馬蘿莉也是一副輕鬆自在的模樣。馬克帶著他的「怪物箱」還有「馴服恐懼畫冊」，詳細說明他如何捉住並馴服他的恐懼……我們一起欣賞「馴服恐懼畫冊」，頒給馬克獎狀。接下來的療程，馬克再也不害怕了，看起來一點也不憂慮。馬蘿莉說他不再發作，更有自信，而且他們兩人都更快樂了。（White, 1989: 112）

1987 年，艾普斯頓和四位同事發表他們治療海頓的動人故事，海頓是一個患有末期癌症的毛利族男孩（Epston, 1989: 29-44）。海頓十歲時開始接受治療，持續了四年，直到海頓去世。治療性文件在這段治療中扮演重要的角色。艾普斯頓寫信給海頓，摘要治療的對話，海頓也會回信，艾普斯頓再寫給他，並

在他的同意下寫信給他的父母親，摘述在某次家族治療中海頓的偷竊行為。海頓的父母親準備了一個「誠實表」，掛在他的床邊，根據他是否通過某些祕密的「誠實測驗」做記號。海頓寫信告訴艾普斯頓，他通過了這些測驗。在海頓死後，艾普斯頓還寫了兩封信才結束，一封給社工，一封給海頓的媽媽。以這種方式，他將治療延伸到和海頓關係親密的人身上，分享對海頓生命和死亡的想法。

敘事治療應用於母女的治療性文件

身為一位諮商師而非家族治療師，我能夠治療兒童的機會不多，但是當我有機會時，治療性文件是不可或缺的。

凱莉，九歲，在醫師的建議下和媽媽辛西亞一同前來。辛西亞擔心凱莉的行為變得太激動、粗魯及攻擊性。凱莉對辛西亞大吼，還忤逆她，有時甚至是在公共場合裡，而且連簡單的家事如鋪床都不願意做；她無緣無故就出拳揍她的弟弟索羅；晚上不睡覺，起床在房子裡大聲地走來走去吵醒家人。有些時候，辛西亞認為是家中的情況讓她這麼頑皮，因此允許她這樣，還對凱莉付出更多耐心，認為這些古怪的行為都是可以接受的；但不知為什麼，並未收到效果。

凱莉安靜地聽著媽媽的描述，我問她是否同意媽媽所說的話，她點點頭。當時我感冒了，聽力比平常差（我還戴了助聽器），我向凱莉解釋我的處境，請她說話清楚一點。我也吞了顆喉糖潤潤喉，當然也請凱莉和辛西亞各吃一顆，兩人都說聲：「謝謝。」我對凱莉的禮貌感到驚喜。從她母親的敘述中看來，我以為我會得到不同的反應。她們兩人聽了都笑了。然後我告訴凱莉，我從來沒遇過調皮的小孩。她會很驚訝嗎？她以清晰的口吻說：「當然會。」我立刻謝謝她對我的聽力問題所表現的體貼，不是所有

的小朋友都會記得我請他們得說清楚點的提醒。凱莉證實了我從沒遇過淘氣的小朋友的說法是對的。我的確碰過偶爾會「愛搗蛋」的小孩，但這並非意謂他們就是「壞小孩」。這聽起來合理嗎？她會同意她有時候表現不佳，但大部分時間其實不會嗎？所以她並不是個壞孩子，只是一個被壞脾氣控制而做出某些不被接受的行為的孩子嗎？她點點頭。

　　說完充滿問題的故事，療程中所發生的兩個獨特的結果也引起凱莉和辛西亞的注意，問題得到命名和外化。創造出友善、不批判的氣氛。有了這些好的開始後，凱莉希望家中也有類似的氣氛，五個療程後，改變順利地在凱莉和媽媽之間產生，辛西亞也樂於給予回饋。

　　很幸運地，凱莉和辛西亞有兩位幫手。一位是凱莉的外婆，她總是願意花時間陪凱莉，當辛西亞必須工作而無法前來治療時，她會陪凱莉來，對凱莉的影響很大。另一位助手是亞瑟，他跟這家人住在一起，是位很特別的朋友。

　　我會在適當的時刻撰寫治療性文件，範本如下。由於亞瑟扮演的角色太重要，因而也獲得一張證書。最末一份文件由凱莉的醫生簽名、見證，並在一場小小的典禮上頒發。這四份文件敘說幾個星期來凱莉如何改善她那令人難以接受的行為，使她的故事更具說服力了。

協議書

凱莉・威廉

和

辛西亞・威廉

我們協議：

1. 我們想要過快樂和充滿愛的生活，而不是過著暴躁和不快樂的日子。

2. 我們知道這會有點困難，但我們要一步一步慢慢來。

3. 我們將從以下幾點開始：

　(1)凱莉要把她的睡衣收好，不可以丟在地上。

　(2)辛西亞不可以打擾凱莉的看電視時間，除非凱莉忘了收好睡衣，或還要別人提醒。

　(3)假如凱莉真的需要提醒，辛西亞要用溫和、有禮貌的口吻，而非生氣或討人厭的方式告訴她。

　(4)因此凱莉要在看電視的時間抽空趕快將它們收好，不可以生氣或發脾氣。

4. 如果我們兩人之中有誰忘了做到以上的事，另一個人就要用有禮貌且和善的方式提醒她，不可以用發脾氣或生氣的方式。

5. 被提醒的一方要欣然道歉，不可以發脾氣或生氣。

簽名： 凱莉・威廉 ＿＿＿＿＿＿＿＿＿＿＿＿

　　　　辛西亞・威廉 ＿＿＿＿＿＿＿＿＿＿＿

日期： ＿＿＿＿＿＿＿＿＿＿＿＿＿＿＿＿

控制脾氣協會諾爾維屈分會
（泰迪熊分會）

茲證明

亞瑟 熊

經協會指定為

治療師的助理

他被授權幫助他的主人和朋友

凱莉·威廉

克服壞脾氣習慣

- 陪同前來接受治療，並說明凱莉在克服壞脾氣習慣上的進步。
- 總是願意被擁抱及輕撫，因此凱莉將知道她不是一個壞女孩，只是一個偶爾會受到壞脾氣習慣影響的女孩。
- 當凱莉希望用「猛捶」的方式來擺脫壞脾氣習慣的控制時，必須要愉快地接受挨打。
- 成為凱莉永遠鍾愛的伙伴，從不會批評或責怪她。

簽名：　執行祕書 馬丁·佩尼

日期：

控制脾氣協會諾爾維屈分會

茲證明

凱莉・威廉

榮獲本會

壞脾氣習慣控制獎（初級）

透過她的努力及家人和泰迪熊的幫助，她已經能夠做到：

- 會常常整理床舖，而不是叫她這麼做時，她就被壞脾氣習慣控制。
- 當壞脾氣習慣企圖要她對弟弟索羅在店內無理取鬧而生氣時，她成功地反抗它。
- 對弟弟索羅「文明」一些了。
- 不允許壞脾氣習慣讓她像從前一樣對母親大聲咆哮。

做得好！凱莉

簽名：控制脾氣協會諾爾維屈分會執行秘書 馬丁・佩尼

見證人：＿＿＿＿＿＿＿＿＿＿＿＿

日期：＿＿＿＿＿＿＿＿＿＿＿＿

111

控制脾氣協會諾爾維屈分會

茲證明

凱莉·威廉

榮獲本會

壞脾氣習慣控制獎（二級）

經過持續不斷的努力，她又學會以下這些：

- 更快樂
- 與別人好好相處
- 知道自己犯錯
- 犯錯時會跟別人道歉
- 能夠很真誠的道歉

大致上凱莉已經學會更能好好控制脾氣，讓自己和家人更快樂。

做得太好了！凱莉

簽名：控制脾氣協會諾爾維屈分會執行祕書　馬丁·佩尼

見證人：理查·韋勒博士

日期：

給青少年的治療性文件

接下來的治療故事說明治療性文件如何運用，但讀者也可運用其他敘事治療的技巧於這個案例上。

> 唐娜，十三歲，醫生診斷她患有「創傷後壓力違常」。十八個月前她搭乘父親的車子，結果因另一位駕駛的失誤，他們的車子失控打滑而撞毀。唐娜受了重傷，脖子上留下一些不明顯的疤痕。父親的傷勢有生命危險，在醫院治療了很長一段時間，還需要幾個月的追蹤觀察治療。十八個月來，唐娜沒有告訴任何人她所經歷的創傷心理反應。最後，有位朋友才告訴唐娜的父母親她在唐娜身上所看到的改變，事情才逐漸明朗化。

我想一封治療前的信可能會很有用。唐娜蒙受極大的創傷，經歷到恐懼反應，卻沒有跟任何人傾訴。現在祕密已經被揭開，她被轉介給「治療師」接受「治療」──她當然會緊張，擔心會不會因為說出口而再次體驗意外的過程。即便治療尚未開始，我的信仍是具治療性的文件。那是一封可反覆閱讀的聲明，試圖和唐娜建立關係，肯定她能夠接受治療，營造友善與輕鬆的氣氛，不著痕跡地運用敘事治療的特色來概念化她的問題。

> 親愛的唐娜：
> 　　我已經跟妳的父母親安排好下個星期三的傍晚到我這裡來。我想妳可能會想要知道我們在一起要做什麼。
> 　　基本上，妳會需要談談車禍意外事件如何困擾妳，而我的角色是試著協助妳克服這些干擾妳生活、讓妳沒有安全感

的可怕記憶。其他還包括我可能會建議妳在家畫畫及寫作——但只有在妳覺得想這麼做的時候（即便我當了多年的英文老師，我不會對妳的文章打分數或糾正妳的拼字錯誤）。討厭的事情常常會在一段時間後繼續影響人，非常令人害怕，但這是再正常不過的事，接受治療可以幫助妳打敗這些不愉快的想法和回憶。

　　期待可以很快見到妳。

誠摯的　馬丁·佩尼

　　在第一次的療程中，唐娜告訴我她車禍意外的記憶揮之不去，而且有生理及情緒上的後遺症，包括：瞬間經驗重現、睡眠不佳、對意外相關東西（如警車的閃光燈）有恐懼反應；當父親只不過是待在隔壁房間時，仍會過分擔心他的安危；易怒、分心、對之前喜愛的休閒活動失去興趣、害怕出門、持續不斷地想起車禍的事，令人苦惱。唐娜害怕若告訴父母親她有這些反應，會引發他們不必要的擔心，而且她的父親也正慢慢地從重傷中恢復。她隱瞞病情越久，症狀就越糟糕——以至於紙包不住火。她的學業退步、情緒暴躁、對朋友發脾氣、疲憊昏睡。我先恭喜唐娜有能力建立一道防火牆來圍堵那些不好的想法，體貼地希望不要因此打亂父母親和她的生活。但那道牆是不是已經把她團團圍住了呢？唐娜點點頭。

　　哪些症狀最痛苦呢？她說那些侵入性的回憶、想法和瞬間經驗重現最痛苦。我問她是否有跟任何人談過她這些症狀，唐娜回答沒有。接著我邀請她想想，是不是當人們對某樣東西越熟悉時，就越不會害怕？她同意這種說法。那麼她也會同意若擔心某件事，在腦海中想像而熟悉狀況，是不是也有助於她去應付呢？是的，聽起來很合理。我接著說，這些症狀有可能是好意的——想藉由熟悉回憶來幫助她說出這個遭遇，才不會那麼痛苦。麻煩的是這

個意外實在太可怕了，導致判斷錯誤，不但沒有「熟悉生侮慢」
（familiarity breeding contempt），縈繞不去的記憶和影像反倒讓
意外的畫面過於真實，造成反效果。這是不是有可能呢？唐娜說
的確是。

多倫（Yvonne Dolan）曾從不同脈絡探討創傷後壓力反應，提
出這樣的觀點：「瞬間經驗重現可視為潛意識欲透過重複出現而
減敏感化的一種嘗試；然而，此種表面的減敏感化嘗試……很少
成功。相反地，倖存者需要外在額外的協助與支持，而不僅只是
依靠內在的資源。」（1991: 14）

我問唐娜是否有任何截然不同的、快樂的想法或影像偶爾會
占據她的腦海，使她忘記那些討厭的意象？她想不起來，因此，
我又再問她是不是有任何的想法或影像，跟那些危險、令人恐懼
的想法和影像相反，可以使她回想起較快樂的事，給她安全感？
唐娜開始變得精神振作，提到最近學校舉辦的義大利之旅，她和
朋友們都玩得很開心，以及某天傍晚家人間的歡樂聚會。我邀請
她多談談這些快樂時光，她對這些經驗的具體細節表現出極大的
興趣。唐娜現在想起義大利之旅特別好玩，有很長一段時間她都
沒有想到那些可怕的回憶。

我暗示說，這也許表示壞記憶敵不過友情和親情，唐娜最終
可以將之拋諸腦後。藉著有意地增加好記憶，壞記憶就會越來越
沒有生存空間。我或許沒說對，但是不是值得做個實驗試試看呢？
我問她是否有義大利之旅的相片，唐娜回答是。沒錯——我還要
請她父親將其中最快樂的三張照片放大。唐娜可以空出房間一部
分的牆壁，掛上一面很大的布告欄。她可以把旅行的照片貼在牆
上，每天晚上要睡覺前好好欣賞一番，用活靈活現的好記憶擊退
壞記憶。而且，她也可以在每晚簡短記錄家人的歡樂時光，越寫
實生動越好，就像可以拿出來展示一般。如果有任何時候她發覺
壞記憶不見了，即便只有短短的時間，也可以把它記在布告欄上。

114

唐娜似乎很喜歡這些建議，她的父親也協助她付諸行動。我也提議她可以選擇一個小物件當作「護身符」，隨時隨地陪伴她。當不愉快的記憶和想法開始干擾她時，她可以緊握這個物品，發揮力量解決這些入侵者（Dolan, 1991: 92-4）。

兩個星期後的第二次療程，唐娜說她已經做好布告欄，且很喜歡看著它。她選了一個奶奶送她的小型可愛玩具狗作為護身符，走到哪裡都帶著它。有一次，她發覺那些不愉快的想法比平時還要快消失了。她也找到圍堵那些干擾她學業的不愉快想法和影像的妙招，這回她沒有浪費精力去對抗它們，反而是休息一下再回到功課上。然而，她還是很容易暴躁，即便朋友們因為了解而容忍她。我告訴她，也許那些侵入性的想法和回憶就好像*損友*——它們宣稱要藉由熟悉和適應來幫助妳，結果卻是在折磨妳。對那些損友她會採取什麼行動呢？她是否曾面臨這種情況？是的，她說：「有。」她並不會去修復這段友情，而是再交新的朋友。如果那些損友能「了解」她為什麼不再理他們，他們最後就會罷休了。接下來的治療時間，唐娜都把她的沮喪反應外化為「損友」，忽視損友、專注在真實的感情和友情，成為她對抗侵入性回憶的隱喻。

三個禮拜後，唐娜描述了一些令人振奮的改變。她的注意力獲得改善，而且她也很喜歡英文寫作課。她不再整天跟在父親背後，擔心他的身體狀況。她敢獨自一人在房間閱讀恐怖小說，儘管她的父母親擔心這樣會導致有關意外的恐懼反應復發，還好唐娜並沒有這些反應，依舊能享受閱讀之樂。她發脾氣的次數也逐漸減少。由於這些進步，我建議唐娜在下一次療程前填一份簡單的問卷，因為該問卷有計分系統，可以記錄她在治療不同時間的進步。她可以保留副本貼在布告欄上，我自己也留一份。這份問卷是何洛維茲（Horowitz）的《事件衝擊量表》（*Impact of Event Scale*）的修正簡略版（Horowitz et al., 1979, in Scott & Stradling

1992: 177）。唐娜要在 0 到 3 分的量尺上評量自己在一週中的分數，是否沒有十五項車禍的可能後遺症，例如：遠離會讓她想起車禍的事、閃過心中的畫面、自責、夢魘和感覺它最近才剛發生。三星期後，唐娜帶來第三次療程的分數。她得了六十二分，我說這表示她「高分通過」了測驗。

在第四次的療程時，我邀請她的父親前來晤談。我借用懷特在訓練課程時所做的練習，調查官*偵訊*問題，而觀察者在旁聆聽（White, 1995b）。我扮演損友之一「壞心腸的恐懼小姐」，唐娜當觀察者。唐娜的父親就我列出的問題質問壞心腸的恐懼小姐，他很認真地扮演調查官的角色，包括：

- 你從唐娜身上得到什麼好處？
- 唐娜有哪些知識和技巧是你想去摧毀的？
- 唐娜生活中的哪些方面是可以成功地擺脫你的影響的？
- 你在唐娜身上發現哪些特別的技巧、知識和特質，會限制或打敗你要讓她的生活變悲慘的野心？
- 當唐娜持續發現如何讓你滾出她的生活時，你知道你的下場會如何？

唐娜聆聽著被重新敘說的經驗、問題。後來，她和她的母親都說這項訪問有助於展現唐娜的勇氣、堅忍和進步。現在回顧這次的療程，我發現若錄下這次的療程，將可增加調查偵訊的真實性，而且也可再次給唐娜機會聆聽重新敘說的故事。

下一次的療程時，唐娜的父母親描述令人沮喪的退步。法官安排他們見一位心理學家，他問唐娜很多尖銳的問題，讓唐娜又再度體驗到意外的恐怖。唐娜的媽媽第一次聽到意外的完整經過，她看到女兒垂頭喪氣的樣子十分不滿，一氣之下就離開了。現在她也爆發創傷後壓力的症狀，可能也需要治療了。的確，幾星期

敘事治療入門

後她開始接受我同事的治療。

　　這個面談和唐娜的申請賠償金有關，家人們不知道她必須被問到這麼尖銳和詳細的問題，事先沒有任何心理準備。唐娜說雖然當時很不舒服，但是當面談結束後，她再也不受影響。就像上面所描述的，我錯估形勢，還寫了一封祝賀信——在第六次的療程時才發現，唐娜是反過來要保護她的父母親。事實上，她又重新經驗到那些我們在治療中協助她擺脫的症狀，包括情緒不穩等，她變得容易暴躁、因朋友的小小誤解而變得愛哭。我很難過地發現我的治療信可能在無意中用樂觀的語調增加她的壓力。這個療程大部分的時間都花在討論祕密（Secrecy）如何和損友（False Friends）結盟，因為關心唐娜的人需要知道唐娜真正的感覺和想法。

　　唐娜用下一次的療程談到她和某位朋友之間相處的困難，她的父親注意到這和先前治療的話題不同。唐娜不再提及車禍或意外的結果——她有更迫切但較正常的憂慮。這和她母親觀察到的相同。唐娜在克服意外以及和心理學家面談的後遺症上有很大的進步。她的父親認為我們在那次心理學家面談之前所做的治療，對唐娜復發後再度恢復打下很堅實的基礎。在下一次療程前，唐娜的母親打電話來說，她在各方面都表現得很好，因此他們認為不需要再治療了。我寫封信給唐娜，表達我對她進步的喜悅。這封信的結尾是：

> 　　附上一張證書。它看起來毫不起眼——卻意義重大。它是用來提醒妳和損友們，妳已經找到方法來克服妳的問題。證書的用意是由一位澳洲的治療師麥克·懷特所發展出來的。
> 　　妳可能偶爾會復發，那些不愉快的回憶又跑回來困擾妳，但我確信妳可以應付得很好。如果真的不行——我也歡迎妳回來接受追蹤治療，但希望用不到。

· 164 ·

> 很高興能和妳及妳的父母親見面，我希望你們有個美好
> 的未來。　　　　　　　　　　　　　　誠摯的　馬丁

唐娜的證書請見本書第 148 頁。

給成人的治療性文件

　　在工作坊時，有時我會發現聽眾對應用於兒童的治療性文件
頗能接受與認同，但當我描述將其運用於成人時，他們卻顯得相
當懷疑。有一個假設說，那些吸引兒童的技巧對成人而言似乎顯
得幼稚。也許我在為凱莉、凱莉的泰迪熊製作證書，而沒有頒發
證書給凱莉的母親時，就落入了這個迷思中——遺漏了這一點讓
我至今仍覺得懊惱。治療性文件背後有一個很重要的*目標*，而且
在形式和語調上會根據脈絡而有所不同，隨著當事人的年齡大小，
它們可以介於輕鬆到莊重之間。下面會舉些例子說明。

　　當有衝突的伴侶決定誰要來改善情況時，我會邀請他們在家
裡花些時間，將他們的目標列成類似法律的暫時議定書。這個文
件可以用來檢視，是否這些改變是他們想要及可行的基礎與實驗。
把這個活動稱為實驗，是若雙方無法達成既定目標時，可以免於
失敗感，寫成文字的議定書亦可減少衝突。當這對伴侶回來後，
這份文件可以確認或修正為實驗性的同意方案，其後還可再修正。
我會把最後的文件美化成較好看的形式，舉行儀式讓雙方簽名，
由我當見證人。我們假裝這是一份類似官方的法律聲明或許有點
好笑，但儀式的目的在改善威脅先前關係的惡劣情況。文件變成
是公開、可修正、符合現實可能性的聲明，而不是過分樂觀的目
標。伴侶們總是願意花全部心力來製作這份文件，以具體地提醒
他們所做的決定、承諾與目標。

議定書

伊莉莎白
與
麥可・柏利

1. 麥可每週至少有兩天必須在下班後晚上七點前回家，以便有時間在孩子睡覺前跟他們相處。
2. 伊莉莎白要了解，如果麥可為了工作的需要，他可以偶爾在週末時把公事帶回家。
3. 麥可要盡量控制這些時間。
4. 我們至少每個月要一起出去吃飯或看電影，兩人輪流安排保母。
5. 每星期五晚上九點召開家庭會議，檢討並討論本週彼此間碰到的困難。
6. 如果遇到困難，除非很緊急否則得等到家庭會議再討論。這種情形發生時，我們將可在不被打斷的情況下輪流發表意見。

簽名： 伊莉莎白・柏利

　　　　麥可・柏利

見證人： 馬丁・佩尼

日期： 2002 年 12 月 1 日

偶發的治療性文件

　　瑪麗，三十一歲，被診斷患有心臟病，由醫生轉介而來。她一向是個樂在工作、快樂、主動性高的人，直到最近嚴重的心臟病發作讓生活全變了調。這場疾病最壞的效應已獲得醫療控制，由於她必須採取嚴密安全的預防措施，再加上藥物的副作用，瞬間降低她的生活品質。她幾乎無法入眠，一睡著又作噩夢，劇烈的疼痛不時復發，不但走不了幾步路，還常常恐慌發作，令人憂心的健忘症更是雪上加霜。瑪麗的先生大衛已經放棄工作，擔任她的照顧者，陪著瑪麗前來接受治療。我們一起探討他們要如何做到實際且必要的健康預防措施，並且可以慢慢地發現生活的樂趣及令人滿意之處。他們的經濟壓力十分急迫，因為瑪麗必須申請社會救助，但他們卻無所適從，在她的疾病如何影響她的生活這部分遺漏很重要的資訊。我提議寫封信給瑪麗的醫生，簡單說明這對夫妻因瑪麗的疾病而導致的限制與危機。經過討論擬定草稿後，信件終於寄出。當治療結束後，這對夫妻已經找到某些方法來擴展生活樂趣，而非完全受到疾病的限制。大衛說，看到我寫給醫生的信，對瑪麗產生驚奇的效果。雖然我只不過是摘述他們告訴我的話，但是當瑪麗看到這份「白紙黑字」、有正式名稱的文件被確實送達，她覺得被傾聽、了解、尊重，並獲得協助，使她重拾自尊。她的現實情況很忠實地反映在這封信上，意外地激發她的士氣。大衛說，即使這封信對她申請金錢補助沒有幫助，這仍然是她病發以來最有益的一件事。

由當事人撰寫的文件

　　凱特，十七歲，有自殺意念。因為受到父母親（特別是父親）的虐待，從十三歲起她就和外祖父母住在一起。社會服務處曾介

入要重新安置，幸好她的外祖父母尚能提供她一個安全的家。凱特說，外祖父母控制慾強，限制又多。當其他的親戚造訪時，她必須讓出自己的房間，外祖父母會定期檢查她的物品，以防她偷藏毒品或保險套，因此她很少有隱私。如果凱特比平常預定的時間晚回家，他們之間就會爆發激烈的爭吵，所以她幾乎沒有社交生活。自從畢業後，她試著找過兩份工作，但都沒有成功。憂鬱變成家常便飯，抗憂鬱藥令她不舒服，使她無力對抗病魔。她的外祖父母買了一堆大眾心理學書籍，不斷地告訴她，就是因為她的過去所以導致她「心理有問題」。

幾次的療程對話似乎幫凱特建構某些願景，但在我們第三次晤談前幾天，她和外祖父母嚴重的爭執後，又有強烈的自殺意圖，因此晤談延期了。在兩個星期後的療程裡，我說雖然就個人而言，我很害怕聽到她的死訊，但我的角色或意圖卻不能說服她不要自殺——她的生命是她自己的責任。然而，讓我不解的是，自從她有自殺意念後，她並未復發，這讓我思考她在偶爾受到死亡是可行的觀念影響下，或許也曾想過為什麼生命終究是值得活下去的。也許我們可以討論活下去的優點和缺點，幫助她決定她真正想要的是什麼。我們從不同的角度檢視她現在的生活，以及未來的可能性，我還做了詳細的筆記。療程結束時，我說我可以將我的筆記打字好，並送給她一份（*我對治療性文件的想法*），但凱特問，她是否能採用我的筆記，用她自己的方式寫下來（*凱特對治療性文件有更好的點子*）。

在下一次的療程時，凱特撰寫了一份很棒——該怎麼說呢？——融合了海報、藝術品、文學作品和個人的宣言。她把我的筆記發展成她非常個人化的作品，那是一張很大的 60×40 公分的紙，角落中貼滿紙條，上面有些字句，中間是彩色的圖畫和裝飾。共分成兩部分——「現在和未來」，副標題是「好和壞」，附上文字描述繼續活著的好處及死亡的壞處，例如，「好」的部分是：

「到酒吧去見我的好朋友」、「溫暖晴朗的好天氣」、「寵物狗萊西」、「我希望將來能當護士」，以及「我希望將來變老，可以看到自己的小孩和孫子成長茁壯」。至於在「壞」的部分，她寫到如果她自殺的話，她會錯過現在和未來，包括「我再也沒辦法吃到酒吧的美味比薩，再也沒辦法好好享受它了」，以及「如果我不能幫助人，我就沒辦法像你一樣，從幫助真正有需要的人當中得到快樂」。

凱特說她要把作品留給我，我拒收了——接著她說，那只是四個同樣版本中的一份，分別要送給醫生、社工師、我，還有她自己！由於著作權保護法，無法刊登在本書中，真是可惜！

凱特後來沒有自殺，我們又晤談了幾次。幾年後我在鎮上遇到她，她告訴我她交了一個男朋友，正在接受護理訓練，兩人住在一起，非常快樂。

由他人撰寫的文件

由他人撰寫的治療性文件可能會比治療師和當事人所寫的有用，如此一來，有助於將治療的改變延伸到治療室以外的世界，降低治療師的影響力，強調當事人的重要關係才具治療性（見本書第九章）。馬蒂坎（Stephen Madigan）曾描述他如何為「小至六歲，老至七十六歲，受苦於焦慮、虐待、飲食失調、憂鬱、完美主義、羞愧和恐懼的人」成立寫信團體。在跟當事人討論過後，馬蒂坎會聯絡他的重要他人，邀請其加入支持團隊，並請他寫封信，表達他相信此人一定有能力克服這個困難。這個團體及信件「包括相片、拼貼畫、錄音帶、錄影帶和詩歌……支持的信件來自某些非常陌生的人，例如：家中的寵物、泰迪熊、逝去的祖父母、未出世的手足、運動明星，以及故事書中的人物」（Madigan, 1998: 221）。

121

我並沒有野心去蒐集這麼大規模的文件，但有很多的例子顯示，重要他人所寫的文件對當事人極具意義。

> 　　雪倫由於憂鬱、無法享受新生活而前來尋求治療。她的前夫已經在肢體和口語上虐待她十幾年了。在見我前兩年，她提出離婚申請並要求他遷出房子。法院的判決讓雪倫得以繼續留住，直到鎮議會能夠提供她住處。但是等待名單很長，她不知道她什麼時候能搬走。房子裡的每樣東西都使她想起過去的悲慘歲月，因而陷入憂鬱中，影響她對自己的看法，且對未來十分悲觀。

　　她交了一位名叫尚恩的好朋友，他是一個和氣又斯文的年輕人，但是有點自卑，很難放鬆，特別是在她的屋子裡。他的工作型態常使他無法抽身，但他曾前來療程一次，我們三人一起討論他們要如何對房子做些改裝，以消除對它的痛苦回憶。他們決定把一些家具搬走，在椅子和沙發上鋪上柔軟的坐墊，並重新裝潢。在下一次的療程時，雪倫說這些改裝帶來一些變化，但她還是覺得尚恩只是對她很好而已，這段關係可能不會持續很久。由於尚恩接下來並不會在療程中出現，我徵得雪倫的同意，將此段對話錄音，讓她帶回家播放給尚恩聽，藉此邀請他繼續參加她的治療。當錄音機錄下我們的對話時，我問雪倫，如果尚恩今天有來的話，他聽到這些話可能會有何反應？而且我會問他：「當你初遇雪倫時，你在她身上看到什麼，讓你想進一步認識她？是什麼讓你證實了這一點？你看重她什麼？你為什麼愛她？是什麼讓你決定要跟她在一起？她讓你的生命有何不同？如果你失去了她，你的生命會變成怎樣？」雪倫流下了眼淚，但她沒法回答這些問題，我並不逼她──這些問題似乎夠她思考了。

下一次的療程時，雪倫帶來尚恩對錄音帶裡的問題的詳盡回答。那是最美麗的愛的承諾，我有幸能聽到這麼個人化的表白。尚恩念這封信給雪倫聽時，她深受感動。我讓雪倫保留這封信，提醒她尚恩對她的重要性，當她內心有所懷疑時，可以隨時拿信出來讀。

> 湯姆是個準備上大學的年輕人，卻深受悲傷和罪惡感侵襲，使他懷疑自己是否有能力求學。四年前，他九歲的妹妹斐兒死於罕見絕症，影響其行動能力卻沒有明顯的症狀。他們的雙親試圖掩飾事實，盡量讓斐兒生命的最後一個月正常如昔，使得湯姆或斐兒都沒有意識到情況的嚴重性。斐兒死後全家人幾乎不曾提起她，所有的遺物也都被打包收起來。

湯姆深信他對斐兒很壞──最後幾個月他常常笑她缺少平衡感，或者不理她，總是花大部分的時間和朋友廝混。他對此非常悔恨痛苦，希望時光倒流，他可以重新來過。他確信斐兒一定非常討厭他，現在他再也不能彌補或道歉了。我讓湯姆再次栩栩如生地回想起他在斐兒生命最後幾個月和她相處的時光，他也稍微讓自己好過一點，了解到如果他知道情況會變成那樣，他會有不一樣的作為。而且，要讓年僅十四歲的他明白斐兒來日不長，為此背負罪惡感也不合理。他給了斐兒一段正常、有趣、若即若離的兄妹關係，也許這是他的父母親所希望的，也許，與其不自然地表現出同情，這樣對斐兒還比較好。儘管如此，湯姆的罪惡感仍揮之不去，他仍認為斐兒討厭他。

就在此時，幸運從天而降。湯姆提及斐兒喜歡寫作，像是日記或隨筆等等，跟斐兒的其他遺物一起堆在閣樓裡。我猜想，斐兒可能會希望他讀她的書。在下一次的療程中，湯姆把書帶過來給我，默默地指出斐兒生命最後一個月的紀錄。那是她編的一個

故事,講述一對兄妹一起探險——顯然,這些人物就是湯姆和斐兒的化身。哥哥被描述成是勇敢和護妹心切的,有時雖然會取笑她,卻很疼愛她,妹妹也會捉弄他,還以顏色。在這個故事裡,他們克服了巨大的危險,雖然「疲憊但卻很高興」地回家喝茶慶祝。這好像是斐兒從某個未知神祕的世界告訴湯姆她愛他,帶給他極大的改變。下一次的療程也是我們最後一次的療程,湯姆送給我一件禮物,也是我最鍾愛的——斐兒的文選。

寫給擔憂的經驗

在我成為治療師之前,我是一位英語教師,我發現敘說或寫下生命中痛苦或擔憂的經驗是很有幫助的。當學生們選擇痛苦的經驗作為題目時,有時候他們不只發現他們能將經驗化為文字,打草稿並能掌握這項題材讓他們感覺更好。我清楚地記得,曾經有一位夜間班學生,寫了篇文章名為「改變我生命的一天」,描述她如何遭受性侵害。在文章最後,她寫道:她從未告訴任何人這件事,能夠寫出來讓她鬆了一口氣。

敘說是短暫的,但當經驗被當事人重寫並加以修飾表達時,他們發現這很有意義。他們閱讀、重新閱讀所寫的內容,把它拿給別人看,即使這個讀者是位老師。身為教師的我總是給他們選擇——我從未直接要求人們寫下生命中痛苦或創傷的經驗。我質疑透過寫作達到情緒宣洩的觀念,雖然情緒宣洩通常會伴隨著將痛苦的記憶訴諸文字的掙扎。我傾向於認為寫作改變當事人記憶的意義,使他們能以「更貼近經驗」的方式來回想細節。當人們寫作時,事件被想起、細究、訂定優先順序,組織成段落,包裝成文字。被寫下的情節有自己的現實,向當事人呈現出事件與情境,取代寫作前缺乏結構的回憶。過去的事件在安全寫作的現在所產生的新連結,可以解放當事人的自我故事中因過去而影響現

在的錯誤。在治療性的文件裡，因過去事件的影響所產生的距離，在個人敘說獨特的結果和解構的想法中得到增強，因此，他們所寫的故事會比未說故事前的回憶豐富。現在的我常常鼓勵當事人在敘說的同時也寫下他們的生活，很多人告訴我，結果相當令人滿意。

當事人有時會出乎意料地寫出這些文件。

珍妮覺得她的丈夫看不起她，她認為他對某位女性朋友太關注了。她不認為這是先生外遇，但覺得很受傷、被遺棄，因為他跟她相處時越來越冷淡，除了和這位女性朋友交談外，他的話也越來越少。前來治療時，珍妮認為是她自己嫉妒心作祟，她試著去克服，一方面和這位女性朋友接觸，試圖幫助她解決問題。但她不甘心受到丈夫的冷落與輕視，說那只是一段純潔與支持性的友情關係。她覺得生氣、困惑、自責。她的丈夫拒絕前來接受聯合治療，很肯定地說那是她的問題，她自己去解決。他生氣地把她的反應稱作「荒謬的嫉妒」，而且說她的反應和她不愉快的童年有關，辯稱是她的過去讓她太敏感、太多疑了。

在治療時，解構的問題讓珍妮了解她不快樂和沒有安全感的童年，讓她的丈夫對她的脆弱找到藉口。相反地，他採用心理學專家的權力姿態控訴她，解釋並駁斥她的感覺，否認自己的作為。作為治療性的文件，我給珍妮一篇葛斯（Gass）與尼可斯（Nichols）的文章〈婚姻症候群〉（Gaslighting: a marital syndrome）（1998, discussed in White, 1995a: 51-2），描述這類支配性強的男性行為。珍妮開始指認出丈夫其他傷人的行為，因為太習以為常了，她都沒有察覺到，跟丈夫所謂愛和體貼的行為完全相反。她談到她的脆弱，以及她的丈夫堅持都是她的錯，讓她深受其害。

124

我建議她想想看有沒有人——不管現在是否還在世，會認同她的沮喪與憤怒——類似「支持團體」或「滋養團體」（White, 1995a: 104-7）。這正合她的心意，我們同意在下次的療程中詳加討論。

下一次療程開始時，珍妮帶來三封長信，她決定寫信給三個人，詢問他們是否願意加入她的支持團體。她向他們敘說她的處境、她得到的結論，以及她對於該採取何種行動的難題。她並不想把這些信寄出，也不覺得有必要來個支持團體的會面。在她想來，這三個人的出現已經足以肯定她的觀點，並增強她改變的信心。

幾星期後她離開她先生，帶著小孩住進一間出租公寓。此時，我給珍妮一篇懷特所寫的認同宣言（White, 1995a: 102），用圖解的方式說明一般女性離開虐待她們的男性時，會從一開始的興奮陷入懷疑的谷底，當此時，她們會想要再回到男性身邊，接著才慢慢了解她們必須離開。我從其他的女性身上看到這種發展，我想給珍妮一個機會和這些女性團結在一起——假使心意動搖時，她可以從這些面臨類似衝突的姊妹們身上得到精神上的支持。幾星期後，她真的有想回去的感覺，包括強烈地懷疑她對丈夫的觀點是否正確。這個圖表讓她看清自己的懷疑，免於做出匆促回到丈夫身邊的決定。在我未建議她之前，她也撰寫另一份文件，象徵她掙脫了「不認同自己」，從她丈夫的影響下邁向知識與信心的新氣象。珍妮接下來也找到證據，確定她的丈夫和那名女性朋友的關係早已超越友誼。最後一次的療程時，她坦承發現丈夫不忠時的痛苦和悲傷，更確定了她的覺察、感覺和想法沒有錯。

指導原則

~　　~　　~

　　我不會在意當事人的識字程度及寫作技巧，任何對當事人提出寫作的建議都是一種嘗試，拼字、文法、標點符號並不重要。當事人有時會因自己的文學素養不高而有所遲疑，在這種情況下，我會建議由我來做筆記，和當事人確認過後再交還給他。即便他不識字，這還是一種具體的物件，可用以表示他的發展與進步。

　　當事人常常創作出不同形式、篇幅和目標的文件，有別於我們在療程中所討論過的。對我而言，這顯示我們所討論過的寫作方式並沒有符合他們的需求──但我會很高興他們展現了這種行動力。

　　有時候當事人的處境堪憐，會質疑他們是否可從寫作中獲益。在某些情況下這是有助益的，特別是對沒有注意到細節，或雖想這麼做卻羞於啟口的人更是如此。假使當事人受到大眾心理學宣洩觀念的影響，我會提醒他們寫作或敘說和從身體裡吐出毒藥並不相同，然後我會邀請他們思考其他的隱喻，例如需要放著痊癒的傷口，因為「為了再體驗而回到虐待的場景是非常具爭議性的想法，而且也很危險」（White, 1995a: 85）。如果當事人仍堅持這麼做，我會建議他們在另一個療程中進行，帶著象徵安全的物品，而非在難以控制情況的家中進行。在療程裡，我保證他們可以隨時停止書寫，並藉由看著房間內的中性物品回到現實狀態（Dolan, 1991: 27-8）。

　　假如當事人告訴我，他所寫的文件是曾經告訴我的內容，表示這些對話對他而言很重要。我會邀請他說明、豐富或重新敘說一部分的內容。如果這份文件太具隱私性，我當然也不會過度詢問細節，但會邀請當事人談談撰寫文件時不同的想法和感覺，以及寫作的好處。

摘要

治療性文件可由治療師、當事人或他人撰寫，對其進展、發現和新的觀點提供永久的紀錄與回憶。它們可以用來慶賀並確認改變和成果，也協助當事人擺脫他人強行灌輸的專家知識。可以使用信件、宣言、證書，以及許多其他非文字形式的文件，根據當事人的年紀與情況選用。

CHAPTER 7
敘說與重新敘說

當事人把自己的故事告訴治療師後，聆聽扮演「圈外見證人」（outsider witnesses）角色的人的反應回饋，可以激發新的敘說，並強化、擴展次要情節，使其具體化且發揮影響力。圈外見證人和當事人自己的生命敘說息息相關，包括提供意見給當事人故事中先前未被察覺或被低估的部分，進一步增加故事的豐富性。本章將描述激發此種過程的幾個方法及原理。

不同的傳統

這個觀念可能會嚇壞治療師，因為長久以來他們都認為治療應是私密的，為了保密不應有其他人在場。治療師的確不該透露當事人的生活。在工作坊裡，我曾播放懷特運用圈外見證人的錄影帶，有位學員非常生氣地把懷特的治療類比為電視上的脫口秀節目。我必須好好解釋其中的差別。

此種不快源自於文化所導致的位階——以這個例子來說，西方文化的個人主義反映在傳統的治療文化裡，相反地，在華人文化裡，家庭就是治療單位（Buzugbe, 2005）。西方的家族治療師發展出和個別治療師有所不同的治療形式，保密仍是必要的，但

治療師通常會採用團隊而非個別的方式進行（Andersen, 1987）。或許和醫療團隊有異曲同工之處——主要的照護團隊可以取得病人的資料，但也須保密，醫生、諮商師、物理治療師、護士、櫃台人員、打字員都是團隊的一員。敘事治療的圈外見證人團隊採用家族治療的方式，更進一步發揚光大。

圈外見證人團隊不是臨時拼湊自由參加，團隊的成員和當事人的生命故事息息相關，不只在當事人的敘說中占有重要的地位，甚至跟當事人的敘說內容相牴觸——還要反抗治療師是客觀專家的觀點，或讓當事人不再成為不能分享生命痛苦與困惑的人。當事人的故事和圈外見證人團隊的生命之間有了共鳴和理解，可以協助當事人體認到，從現在起，他的故事在圈外見證人團隊中占有一席之地，引起治療師的覺察與注意，將當事人的故事往較好的方向修正。

我敢保證對此技巧仍有疑慮的治療師會有不同的想法，他們大都會發現這個技巧不僅對當事人自己有幫助，且如羅素（Russell）和卡瑞（Carey）所言，他們也會很高興「我不再一無是處，我的故事可以幫助別人」（2003）。這樣的想法也是慨允提供本書故事的當事人的典型反應。

治療性敘說與重新敘說實例

以下的敘說與重新敘說療程案例是在資源可得的情況下進行。在案例後，我會討論這些實務的原理，接著再回到案例，描述這些原理如何在不同的療程情況下進行。我會考量治療師在實施這項技巧時會面臨到的阻礙，並針對這些困難提出建議與解決之道。

潔瑪與莎莉

現在是第二次療程，我正和潔瑪進行一對一的晤談。潔瑪兩

次都帶好朋友莎莉一起過來。潔瑪沒有解釋她的朋友為什麼會出現，但我歡迎莎莉，並讓她坐在潔瑪視線之外的椅子上，整個過程裡她都安靜地聆聽。在這次的療程裡，潔瑪提到在兩次的療程期間，兩位好朋友談了很多她在治療室中談的問題，但她還是不知道該怎麼辦。我們進一步地探討，莎莉仍在旁邊聽著。這一次我請莎莉把椅子拉向前，邀請她加入談話。我問她就她所知潔瑪處理問題的方式，她可以想起哪些潔瑪有能力因應問題的例子；就算問題存在，她還是可以過得很好，或可以處理類似的問題？這兩位女性一直以來就是好朋友，莎莉舉出好多例子。我問她，潔瑪會如何看待她這個好姊妹？就莎莉的觀點而言，莎莉有什麼特點是潔瑪看重且能夠學習的？這是不是說明潔瑪有能力尋求適當的協助？這是不是也說明潔瑪有能力信任、開放、對自己與他人誠實？莎莉也許沒有很了解這一連串複雜的問句，但也用*她*理解的方式回答，說潔瑪很可能知道她自己的生命也有類似的問題，而她找到方法克服了，所以也許這會帶給潔瑪希望。

128

　我邀請兩位好朋友多告訴我一些她們在兩次療程間的對話。莎莉說，她認為潔瑪希望用某種特別的方式解決問題，雖然她們曾討論過，但她並未在治療室裡聽潔瑪說起。潔瑪同意這個方法是她真的想討論的──她沒提起是因為我可能會認為這個想法很蠢。我們三個人詳細地探討這個想法，試著找出可能的風險與益處。我們協議四週後再次見面，她們兩人可以再好好討論。這次的療程花了五十分鐘，療程結束後，潔瑪說她決定冒險付諸行動。她和莎莉討論如何進行，而她真的做了，結果非常成功，她覺得比以前快樂多了。

蘿絲與理查

　我正和蘿絲與理查這對夫妻晤談，書桌、檔案櫃、電腦和印表機占據了房間。我的同事瑪麗正坐在這對夫妻後面，一邊聽著

談話，一邊做筆記。錄音機正在運轉，時間已經過了三十五分鐘了。我請這對夫妻挪動椅子，因此他們現在可以看見瑪麗了。我遞給夫妻兩人一本筆記本和一枝筆，接下來十分鐘，我開始和瑪麗討論方才的治療對話，請蘿絲與理查在一旁聆聽。瑪麗沒有詮釋她所聽到的內容，也沒有對他們的生活、關係與衝突提出解釋。她談到他們的故事中令人特別印象深刻的事。我回應她的觀點，也加入我的看法。我跟蘿絲與理查再度面對面，並請他們就我跟瑪麗的對話發表意見，我們又聚在一起討論。十分鐘後，我請他們再度把椅子轉過來，接著請理查、蘿絲和瑪麗跟我一起討論這次的療程。我知道這對夫妻對錄音已經很習慣了，因此，我將重點放在瑪麗在現場這件事上：他們可以接受她在場的提議嗎？有第三人在場會讓他們膽怯或不自在嗎？他們兩人都說情況還不錯，瑪麗和我的意見及對話很有趣也很發人深省。我讓這對夫妻帶走錄音帶，這次的療程持續一個小時。

馬克與克莉絲

在一間大治療室裡，一位男性治療師正和馬克與克莉絲夫婦談話。晤談約始於一小時前，對面牆上有兩架攝影機，每兩分鐘會錄下影像。其中一面牆上鑲嵌著單面鏡。馬克和克莉絲知道有人在單面鏡後看著他們，他們對這種情況已經很熟悉了。單面鏡的另一邊是觀察室，有幾位治療師團隊正透過擴音系統傾聽這段晤談。他們看見治療師神情愉悅地站起來，對著單面鏡說：「我們現在可以換邊了嗎？」有幾分鐘的時間現場陷入一片混亂，團隊從觀察室移到治療室，圍成圓圈圈坐著。治療師和這對夫婦現在則移到觀察室。

團隊開始討論他們剛剛聽到的對話，馬克、克莉絲和治療師則在單面鏡後聆聽觀察。治療師團隊並不詮釋他們聽到的對話或對這對夫婦的生活、關係與衝突提出解釋，他們也不鼓勵或讚美。

相反地，他們說到當事人的故事中特別令他們印象深刻之處，有時候，也會把所聽到的內容跟自己的生命聯想在一起——其中一位說這對夫婦決心要找到解決歧異的方法，令她想起自己的父母親也曾跌跌撞撞地走過婚姻之路，後來終能繼續快樂地共同生活。另一位觀察者簡短地揭露他終於了解他對另一半表達愛意的行動，事實上是想要控制她，這幫助他去看到馬克和治療師的對話中，也顯示他正面臨類似的痛苦，他很訝異馬克竟然也能體會到了。有三位成員提到他們會想問這對夫婦一些問題，以便釐清對他們別具意義的經驗。其他人則探究何以他們想問這些問題，並設想為什麼回答這些問題對這對夫婦有所幫助？

　　三十分鐘後治療師走進去，說換邊的時間又到了，很快地團隊又回到單面鏡後，治療師、馬克和克莉絲則回到治療室。團隊聽到治療師邀請馬克和克莉絲就剛才所聽到的內容發表意見，如果他們願意的話，也可以回答團隊成員所提出的問題。他們欣然接受此項邀請，也回應他們的故事和觀察者的生命相呼應。二十分鐘後治療師看著單面鏡說：「好了，你們現在可以進來了。」團隊成員陸續圍成圓圈就坐。治療師請大家討論這個過程中所引發的想法和反應，面對攝影機和單面鏡的感覺還好嗎，還是會覺得不舒服？馬克和克莉絲說整個過程很有趣也很有幫助，也認為攝影機和單面鏡不構成干擾。他們真的很感謝團隊的參與、所提供的意見與問題，聽到幾個人談到他們對問題的反應，以及對這些反應的回饋，讓他們覺得很安心。儘管有單面鏡的存在——或者該這麼說，*因為*有單面鏡的存在，他們覺得跟團隊的成員緊密相繫：如果團隊成員出現在治療室裡，可能會讓他們分心或害羞。二十分鐘後治療師結束討論，他把錄影帶拿給這對夫婦留存。從開始到結束，整個過程約花了兩個小時。

對圈外見證人團隊敘說次要情節

在敘事治療的早期階段，通常是以雙向對話的方式對治療師敘說次要情節，在這個階段，當事人新發展出的故事是很脆弱的。有反應的*聽眾*會對重新敘說的過程帶來更多附加效果。借用網路語言就是：治療室外才是「真實生活」所在。對治療師之外的人敘說與重新敘說，把「真實生活」帶進治療室裡，也讓發生於治療室中的可以延伸至真實生活。

在敘事治療中，邀請當事人選出想要哪些人聆聽其故事是很重要的（White, 2000: 66）。在早期，懷特會請當事人想想看，在他們的生活中，可能會想把他們的故事告訴誰，有時他甚至可安排社區中適當的人選前來當聽眾。穿著小小消防員制服前來治療的小朋友，看到真正的消防員，可以學習到勇氣；有藥癮的年輕人看到崇拜的運動員，可以學習到他如何克服類似的問題（White, 1997a）。隨著這個理念的發展，懷特現在會安排數個圈外見證人的療程，在當事人的同意下，受邀聆聽他與當事人的對話並給予回饋。敘說與重新敘說、聆聽與再聆聽的過程就這樣建立起來了，焦點從單一的治療師聽眾轉移至更大的團體，有時候是治療師群，更多時候是當事人真實生活中的重要他人，是治療結束後仍會出現在其生命中的人（White, 1995a: Chapter 7; 1997b: Chapter 4）。很多的敘事治療師，包括懷特本人，現在都傾向把圈外見證人的療程視為敘事治療最重要的技巧。

> 圈外見證人團隊受邀來回應重新敘說的故事，以及其中所表現出的知識與能力。同時（在第二階段）這些人也是參與這些重新敘說故事的重要聽眾……若非這些重新敘說的故事，很多生命中的重要時刻可能就像螢幕上的光點閃過當事

人的意識，消失得無影無蹤，無法再被拉回生命的故事線裡。
但不只如此，圈外見證人團隊的重新敘說會覆蓋、超越最初
的故事。在這樣的情況下，這些重新敘說豐富了故事的內容
層次，還有其中所展現的知識與能力。（White, 1997b: 94-5）

　　如果治療有錄音或錄影，並讓當事人帶走，就可以擴展治療。
在家裡，他們可以再次看或聽自己說故事，還有可能領悟到某些
尚未被說出的部分──並將之整合至故事裡。他們也許對團隊的
回饋會有更多的想法，會想跟伴侶、好朋友或親人分享。如果個
人在療程中太專注於自己的想法與感覺，他們會有機會重新聽到
伴侶的說法，重新思考治療師的問話及團隊的回饋。

131

重新敘說的自我故事「轉化為」生命

　　懷特堅信所有的治療師都應該鼓勵當事人探索他從敘說和重
新敘說的過程中所發現的意義：

　　*人們會向外人徵詢這些生命中的次要情節……他們認為
那是正向的還是負向的發展，或既是正向也是負向的，或既
非正向亦非負向的？……在實務工作中，生命的次要情節事
實上都跟來找我們的當事人有關。在治療的過程中，當事人
活出這些次要情節。或者，如果你喜歡這麼說的話，當事人
的生活都受到這些次要情節的影響。這些次要情節跟生命故
事無關；它們沒有出現在生命的地圖上；它們跟原先的生命
不同。這些次要情節是生命的結構，而且事實上就是生命的
基礎。*（White, in Hoyt, 1996: 43-4，強調處為作者自加）

藉著圈外見證人的治療方式，當事人敘說他們的故事，聆聽他人的回饋，對這些回饋發表意見，再加上最後的討論，當事人的自我故事變成多元的故事——或更進一步地，變成多元*情節*的故事，更為豐富且能在治療室外於當事人的生活脈絡中發展，無論是治療時或治療結束後。治療脈絡下的敘說與重新敘說就是未來肯定與探索敘說的發射台，這些未來的敘說與重新敘說將滋長現有的情節，進而創造新的自我故事次要情節。治療室內外的敘說、重新敘說是敘事技巧中最基本的假設：「我們相信當事人通常會從將經驗編入故事中而賦予生命意義，這些故事會塑造生命與關係。」（White & Epston, 1990: 79）

案例回顧

我現在要回到本章先前所舉的案例，我會用相反的次序，從最複雜到最簡單的來呈現。以這樣的次序，我希望可以說明在理想的家族治療狀態下所發展出來的複雜技術，也許可以實際應用到較簡單的情境。

馬克與克莉絲

這段敘述發生於懷特在達爾維屈中心舉辦敘事治療密集訓練課程。馬克與克莉絲及其反應是我虛構的，懷特和其圈外見證人團隊也是虛構的，但下面的敘述近似於我實際進行的療程。

懷特曾在文章中說明這項技巧的發展：「作為界定儀式的迴響團隊」（1995a: 172-9）、「重新入會與界定儀式」（1997b: 3-116）、「作為界定儀式的迴響團隊——修正版」（2000: Chapter 4）、「探究個人的失敗」（2004a: Chapter 5），以及 2004b 的案例等等。觀察過很多「心理治療文化……充斥著精神病學論述」的團體技巧，都是設計用以證明治療師自我專業知能的信念，他

開始試驗用另類的團體形式以避免「無意中又加重問題的影響力」
（1995a: 173-4）。在發展這個技巧的過程中，他深深地受到人類
學家梅爾霍芙（Barbara Myerhoff）的影響，她曾描述一個方案，
由居住在洛杉磯的歐洲猶太老人移民社區所發起（Myerhoff, 1986:
Chpater 11）。這群人藉著「創造文化」，用各種生動和顯著的方
式「敘說」，讓自己和外在世界都看見他們的歷史與當前處境，
以對抗孤寂感與社會的漠視。敘說包括人與人之間的對話、創造
宗教與世俗元素兼容的儀式，公開遊行抗議有位社區成員走在人
行道上卻遭腳踏車撞死，以引起大眾媒體的注意，並舉辦年輕人
和老年人一起參加的團體聚會。這群猶太長者在社區中心禮堂四
周的牆壁彩繪故事畫，敘說他們的歷史，並參與大學的藝術與文
化活動，將他們的貢獻製成影片播放。梅爾霍芙認為，這些「界
定儀式」（definitional ceremony）增加他們的認同感，並以自己的
社區為傲（1986: 269），同時亦是更重要的，可藉由向廣大社會
「見證自己的歷史」，因為被廣大社會認同而引發重大的改變：
「經由公開宣示他們的夢想，他們改變了所生活的世界」（1986:
284）。

> 梅爾霍芙注意到「圈外見證人」在界定儀式上扮演重要
> 的角色。這些圈外見證人在人們確認並主張自己的歷史和認
> 同的過程中，是不可或缺的。圈外見證人參與界定儀式，為
> 這些主張帶來更多「公開露面」的機會，擴大並肯定這些主
> 張。（White, 1995a: 178）

　　在說明馬克與克莉絲的治療過程時，懷特發明了類似梅爾霍
芙所描述的不同脈絡下的「界定儀式」，脈絡跟自我定義、肯定
與確認當事人的生命知識有關。透過對圈外見證人敘說與重新敘
說他們的故事，當事人傾聽他們的回饋，接著告訴圈外見證人他

133

們對這些回饋的反應，當事人正在體驗的「界定」經驗也同時被見證與確認。梅爾霍芙解釋，猶太長者因這些公開可見的儀式而受益，也被用以說明敘事治療中敘說與重新敘說的效果：

> 因此……事情從外在改變了；經由他們的自我表現、實況報導，讓圈外人相信他們自己的真相……他們設法告訴圈外人他們的主張，接著因見證而擴大並肯定他們的主張……這是自我應驗的預言：經由富有想像力的敘說創造出來的現實，不再囿於自己的心裡與信念中，反而變成人人共有的真實。因此，透過富有想像力的敘說，真實的世界與想像力合而為一。（Myerhoff, 1986: 284）

圈外見證人團隊的角色

簡介敘事治療時，懷特強調它的角色不是灌輸專家知識，它的成員應避免假設或解釋當事人的行為；給建議；分析或恭維。相反地，它的目的應是體認到當事人的問題及其努力，並「激發當事人憧憬其生命中某些受到忽略的部分」（White, 1995a: 180）──換句話說，就是探索可能的獨特的結果。團隊成員可以分享當事人的故事和自己的生命引起共鳴的部分，分享這些共鳴，不是自我揭露、話舊、說教或舉例，反而是*要協助當事人*。

> 圈外見證人團隊鼓勵去中心化（decentred）的分享，彼此探索因治療對話所引發的經驗……尊重喚起生命經驗的內容──也就是前來尋求治療的當事人的故事。（White, 1997b: 103）

目標是要透過普羅大眾共有的問題或希望，創造與當事人「連

結」或「參與」的一體感;協助當事人進一步豐富其自我故事,在這個階段融入新的次要情節,藉由分享治療師生命故事的回憶,或治療師所知其他人的故事,與當事人的故事相呼應。其中一個效果就是治療師的「去中心化」(de-centre)(本書第九章)。在這樣的脈絡下,治療師對個人經驗的回憶會修正他們跟當事人的努力和問題生活無關,或他們具備特殊、高深的知識可以克服問題的假設。團隊成員須提高警覺,因為個人記憶被引發的力量,會讓有些成員跨越界限,將與當事人有關的分享回憶,轉變成自我揭露、給建議或把自己的生活當作說教的教材。假設這種情況真的發生,或快要發生了,其他的團隊成員有責任重新聚焦討論的方向,也許可以問同仁一些問題,如:「當事人的什麼經驗引發你強烈的回憶?」或「當事人敘說他和雙親關係的故事,如何引發你自己對雙親的回憶?」

134

界定儀式

　　敘事治療師依隨懷特,把療程內的敘說與重新敘說過程稱為「界定儀式」——以感謝梅爾霍芙所奠下的基礎。透過敘事治療的技巧,協助當事人「重新定義」自己,而不只是重新發現他們有技巧與能力可以克服問題而已(雖然的確也是)。這個名詞反映出在敘事治療裡,*認同*(identity)這個概念的重要性,說明當當事人被痛苦或困惑的事件壓得喘不過氣來時,他們會失去自我感、不知道自己是誰,形成責備與病理化的自我認同,而落入煩惱與行動停滯的惡性循環。讓當事人重獲認同感,或者如社會建構主義者所定義的,透過敘事來建構自我(Gergen, 1999),是對問題採取不同立場、發展較好的能力,活出較好的生命的重要因素。儘管哲學觀完全相反,這仍然與羅哲斯協助「當事人」重獲其「核心自我」的治療概念相呼應——治療不只是解決立即性的問題和困擾,而是和自我認同緊密連結。

場合與條件

邀請當事人參與界定儀式時，必須慎重地考慮文化期待議題。在和南澳洲的原住民社區採用此種治療計畫時，要說明這是敘事治療的方法，由服務於原住民社區的治療師組成團隊，並向原住民組織和社區諮詢敘事治療的要素，包括界定儀式，要如何符合文化的適切性（McLean, 1995）。

葳爾金森說，與懷特一起工作的澳洲*白人*，其社會脈絡是他們大多很樂於跟陌生人談話，願意在治療中與他人分享生活事件，關心接受治療的人，聽其他人討論如何表達關心會引發他們對生命的共鳴（Wilkinson, 1999）。相反地，在我執業的英國，沉默是美德，當事人常主動提及他們很重視治療室內一對一談話的隱私權，當聽聞邀請別人進入治療時，他們都覺得很驚訝，甚至驚慌，即便那是他們親近或信任的人，遑論是之前沒見過的人。好好地解釋這項提議的原理及目的會讓他們同意，絕不可以強迫他們。提供選擇權是很重要的，確保當事人發自內心做出選擇，並尊重他的決定。

界定儀式指引

過去幾年，懷特已經精要並擴展圈外見證人可運用的場合與問話的次序。療程的結構也稍做修改，除非團隊成員對程序都很熟悉，完全精熟它的原理與目標，否則他建議治療師應該事先訪談團隊成員並做簡介。或許他發現事前的簡介效果不如預期，因為在療程中欠缺經驗的團隊成員會忘了他說過的話，問了不當的問題及回饋。藉著在整個治療過程中扮演主動的角色，治療師要確定重點在當事人*特定的語言*上，團隊成員藉此來發現故事中的特別之處。

在治療師和當事人間的初始晤談後：

1. 治療師邀請團隊成員談談當事人描述其生活時所使用的字眼、詞彙和其他「表達」方式，特別是能說明他最相信或最重視的部分。
2. 治療師邀請團隊成員描述這些字眼或詞彙在他們心中所引發的心像（images）——也許是當事人對自己或關係的隱喻或心像。團隊也可發表暫時的想法，說明這些影像如何反映出當事人的目標、價值觀、希望與承諾。
3. 團隊的焦點仍在當事人特定的字眼和詞彙上，邀請成員思索自己的個人生命中有什麼地方跟當事人所描述的內容相呼應。
4. 團隊成員被問到當談及與當事人的故事和自己的經驗有共鳴時，他們有哪些影像、想法、回憶和感覺。他們也可以談談從這個療程中所得到的收穫，以及如何將之運用至生活中。

　　治療師接著以相同的順序問當事人同樣類型的問題，以及他對團隊成員回饋的反應。

案例

　　羅素與卡瑞提到他們治療艾德的過程。艾德很擔心他跟兒子的關係，他濫用藥物的情況越來越嚴重。艾德談到與兒子間失去連結，他一向重視的父職角色受到否定，而他決心不讓兒子跟藥物扯上關係，卻反而使他們父子之間漸行漸遠。在這個案例裡，迴響團隊是一群有經驗的治療師。團隊成員之一提到他特別震懾於艾德描述這個情況的影像——藥物就像可怕的生物，企圖離間他和兒子。回應其他成員所提出的問題，這個團隊成員說他自己

136

有兩個兒子，艾德的故事給他一種想像，萬一將來他和兒子們的關係出問題時，他會用它來維持對兒子的愛，不會放棄他們。聽到這位成員的回饋，艾德說他現在對自己所做的決定更有信心、更有希望，也很高興自己的故事在未來某天能對團隊成員有所幫助。同樣地，艾德也會永遠記得這個團隊成員的回饋幫助他保有希望（Russell & Carey, 2003: 8-9）。

實用性

讓其他人進入療程，加入現場敘說與重新敘說的過程，聽起來真的很嚇人、很花時間且困難重重。馬克和克莉絲的案例描述了這個過程的理想狀態：治療中心享譽國際，有足夠的受訓人員和經驗豐富的治療師，興高采烈地參與圈外見證人團隊，還可以學習敘事治療。當然，這樣的情況對多數治療師而言可遇不可求，他們常受限於五十分鐘的療程，而且常獨立執業，不太可能有其他同事。懷特自己也說，擁有圈外見證人團隊是一件「奢侈的事」（2000: 124），也就是心有餘而力不足。即便治療師有同事願意加入，也必須考慮人力成本，舉例來說，我和同事就得平分療程費用，所以如果我們繼續合作的話，我們的收入必定會減少一半。在有數位治療師的機構裡，組成團隊也許較可行，但機構也得願意負擔圈外見證人團隊的成本效益，減少每位治療師的治療次數。然而，如果可以謹記圈外見證人的原理，治療師有時候也可以用很有效益的方式實踐敘說與重新敘說。

在治療的早期階段，我總會非常注意當事人提到朋友、伴侶、親人等人是他們的知己。我會問當事人是否想要跟他們說說治療中的事——有時候他們會說他們早就這麼做了。假使沒有，我會保留到稍後的療程，一旦當事人覺得可以的時候，就邀請一個甚至多個人到療程來。我會在適當的時機下不斷地提議，而且通常

會被採納，接著我讓這位來賓擔任圈外見證人的角色，就像潔瑪和莎莉的例子一樣。

治療師有時會錄下他們的督導過程，然後播放給當事人看，並請他發表意見。

在伴侶治療裡，其中一位可以扮演與另一半關係良好的人，徵得另一半的同意，在其後的界定儀式擔任此角色（White, 2004a: 15-40）。

如果我只能在一對一的情況下進行，我自己還是可以擔任圈外見證人的角色，在當事人的同意下給予回饋，接著再請他回應（Freedman & Combs, 1996: 182）。

蘿絲與理查

受限於治療室的物理情境，房間僅能容納這對夫妻和兩位治療師。我們當然沒有單面鏡，因此瑪麗只好安靜地坐在當事人的視線之外。仔細算好時間後，我把一小時的療程分成四個階段。在我與這對夫妻第一階段的晤談後，瑪麗擔任圈外見證人的角色，而我的角色轉換為第二位圈外見證人，一起討論這對夫妻的故事。在療程這個階段，我們都知道團隊的功能是什麼，而我們的對話很像馬克與克莉絲案例裡的團隊對話，只是規模較小而已。我們的對話內容包括個人的回憶、假設性的問題，以及與個人有關的故事等。療程的第三階段，我邀請這對夫妻就這些對話發表意見，在療程最後，我們四人都談到這次療程對我們的幫助。療程的錄音帶則讓這對夫妻帶回家。

潔瑪與莎莉

當潔瑪預約前兩次的療程時，我很訝異竟有兩位女士前來。通常當事人會帶朋友或親人來壯膽，但會讓他們待在等候室裡等待。有他人在治療室裡會讓當事人很有壓力，講話字斟句酌，或

者有所隱瞞，這得花很多時間去處理。如果當事人希望朋友在場，在確認過後，我會歡迎這位來賓，讓他坐在當事人視線之外，多多少少假裝他並不在這裡。現在我覺得這反映了治療師中心的假設：當事人是在這裡跟「我」說話，而陪同前來的人應該只要安靜地聽就好！莎莉和潔瑪教會我一項功課：陪當事人前來治療的人對她來說是很重要的人，得到完全的信任。她的重要性和對當事人生命的了解，對當事人和治療師來說都是很有用的資源，在療程中得到她的幫助，可以免除治療師的自我中心。我同意安德森（Harlene Anderson）的說法，在本療程結束後約一年，其書中提到：

138

> 朋友常常跟我們想要解決的問題息息相關……也許專業對保密和界限等有所考量，但我們常忘記或忽略當事人的朋友。然而，對我來說，把對當事人的生命有重要性的人含括在治療的對話裡，是一件很自然的事，他們之間的對話對雙方和我都是一種資源。（1997: 86）

我很自然地邀請莎莉加入對話，她專注且安靜地聆聽──沒有挪動椅子、咳嗽或任何干擾的動作。我突然意識到，這種敏銳性可以扮演很主動的角色。我懷疑，我如果沒有讀過懷特有關界定儀式的理論，我可能不敢冒險嘗試。接著我突然想到，莎莉可以擔任圈外見證人，和我組成一個團隊。她不是治療師，而我只有跟治療師們一起擔任圈外見證人的經驗，但又有什麼關係呢？在懷特的訓練課程裡，第一次做圈外見證人時，我有時候會說錯話，但都能得到其他團隊成員的修正。透過主導談話並問莎莉一些特定的問題，我鼓勵她適當地給予回饋。我對治療負有責任，在治療中要採用特定的技巧時，我須謹記其原理。非結構式的自由討論對潔瑪可能較有幫助，但會變得很像朋友間私下的聊天。

莎莉是潔瑪的朋友這點很快地發生效果，她回應我的邀請，回饋潔瑪在治療中所談到的故事，還進一步地談到潔瑪在治療室外的生活，顯示她對潔瑪非常了解。莎莉指出潔瑪思考上的盲點，是她未曾在治療中提出的，也成為解決問題的關鍵。

錄音或錄影療程

　　錄下療程對敘說與重新敘說的過程非常有用，但並非必要，須小心使用。第一次治療時，當事人都很小心翼翼，擔心惱人的問題、走進陌生的房間，要跟一個看起來有點權威的人談話，在現實生活中不能反抗有權力的人。如果我提議要錄音錄影，也解釋它的原理，當事人很快地會陷入兩難情境。如果他們不喜歡，他們也不敢拒絕；如果他們心不甘情不願地接受了，他們也會很難信任我，而無法放鬆心情接受治療。我必須從治療中去判斷錄音錄影對當事人而言是否適當。當事人的問題可能牽涉到控制慾強或粗線條的伴侶，不知道她正前來接受治療，在這樣的情況下，療程的錄音或錄影帶可能在家中被伴侶找到並播放出來，那就有危險了。談論青少年子女問題的父母可能會擔心錄音或錄影帶被發現。我通常會等到第一次或第二次治療結束後，再提出錄音錄影的問題，請當事人考慮看看，下次再給我回覆。偶爾的情況是當事人原本同意了，後來又改變心意，但大多數的當事人會希望可以錄音錄影，一旦治療開始了，就會忘記機器的存在。錄音或錄影帶是屬於當事人的——如果我想保留備份，必須得到當事人的允許，手寫文件也須採取同樣的保密措施。

139

摘要

　　當當事人開始指出有用、先前未被說出的生命中的次要情節

後，治療師可安排一個情境，讓治療師以外的其他人也可以聽到這個豐富的故事。療程可以採用由圈外見證人團隊組成的界定儀式，成員們分享聽到故事後的反應，當事人則在旁聆聽，接著成員們聆聽當事人聽到他們所說的話後產生的反應。必須遵守特定的程序，由治療師掌控整個過程。圈外見證人的回饋包括：分享因當事人的敘說而記起的個人經驗，以豐富增強當事人的故事。沒有辦法組成團隊的治療師可以用不同的方法來符合程序，例如，邀請當事人的朋友或親人前來治療，或擔任圈外見證人的角色。

CHAPTER

8 敘事治療實務一：

憂鬱症治療與從虐待中復原

本章和第十章將說明本書中所提及的許多理念與實務，但未能涵蓋全部——例如，界定儀式並未在此處呈顯示，因為我的實務工作中少有機會運用此項技巧。很多的治療師都會有類似的限制，而我之所以會選擇這些治療案例，是因為我相信它們可以在某些限制下以敘事的方式進行。

在我的實務工作裡，我常常會對當事人和自己的表現不太滿意，但在以下的案例中，敘事治療發揮它的效用。以入門書而言，我認為描述治療*如何*發揮效果，比說明治療師的限制是更有幫助的。

本章描述我和兩位女性的治療工作。身處男性文化中，某些假設和行為可能會在無意間影響我對她們的看法，因此我鼓勵讀者就這個可能性保持警覺。

克萊拉

克萊拉前來接受為期四個月八次的療程。在第一次的療程中，她哭得幾乎說不出話來。幾年來，克萊拉在手術病房擔任護士，

但因為憂鬱症及壓力的緣故，不得不放棄喜愛的工作。有將近一年的時間，她很滿意目前所擔任的飯店高階櫃台服務員的職務，讓她有機會跟人群接觸，而毋須經歷護士緊張煩惱的生活。但最近她又因憂鬱症復發、疲憊與缺乏活力，而開始覺得工作壓力沉重，有時候她幾乎沒辦法去上班。這真的很可怕，因為最近的生活中沒發生什麼事情可以解釋這個現象。她和第二任丈夫大衛的婚姻生活美滿，多年來，他和她與前夫生的兩個兒子相處愉快。要離開護士工作時，她曾求助心理治療師數次，先生告訴她說，她的問題起因於長久以來想要取悅別人的習慣。克萊拉接受這個「專家的評估」，認為她之所以過分取悅別人，是由於童年時期的無價值感。她覺得自己很笨，既不聰明也不吸引人，經常犯錯。她可以學會不要那麼取悅他人嗎？我說我們可以試試看，但此時我好奇的是，她如何從事手術護士這個高壓力的工作，在這種情況下，她長久以來是怎麼將憂鬱和壓力拒之門外的？現在的她是如何設法去應付這個忙碌與須負重責大任的職務，而不讓憂鬱和壓力再次毀壞她的生涯？克萊拉說，擔任護士時，她就只是全力迎擊，但最後還是不得不離開。她的醫生開了抗憂鬱藥，告訴她必須要持續服用五年。慢慢地她覺得好多了，又興致勃勃地進入職場。然而，她討厭依賴藥物，在服用不久後隨即停藥。兩個星期前她告訴醫生這個決定，他立刻開了同樣的藥物給她，讓她覺得受挫和失敗。我試探性地問她，知不知道對某些人來說，憂鬱症有生理上的原因，而非起因於對生活經驗的反應？見識過憂鬱的威力，她曾考慮過這個可能性，因此才會去看醫生服藥，也恢復原來的功能水準。所以，她也許已經找到不讓憂鬱症控制她生活的方法囉？我答應給她看一篇有關解釋憂鬱症心理和生理因素的文章，並安排一星期後再次晤談。

> **敘說的要素：**
>
> 　　在第一次的療程中，同理的傾聽非常重要。這時候，我必須小心不施加太多壓力，要求她完整敘說問題的影響，因為這可能會增加克萊拉的絕望感。但我給她空間，在她準備好時再充分敘說問題。問題命名要反駁克萊拉自己對「憂鬱」和「壓力」的用法，我會使用外化的語詞，以便在其後的療程中，克萊拉可以將問題和對自我的感覺分開。我尊重她從前任治療師那裡得來的想法，認為童年經驗和她的問題有關，但仍堅持要找出獨特的結果的線索，詢問她戰勝憂鬱症的過程，而非持續把焦點放在憂鬱症如何成功影響她的生活。很矛盾地，獨特的結果的線索跟她的主流故事相呼應。對抗的過程幫助她保住工作，但也讓她將服用抗憂鬱藥物視為失敗的象徵。透過外化「孤軍奮戰等於堅強／接受幫助等於示弱」這個內化的論述，我鼓勵她重新檢視這些文化假設，提供另類觀點讓她思考：人們必須服藥來克服憂鬱症時，是否意謂他們是失敗者？我也挑戰廣為諮商界相信的觀念，是否服用抗憂鬱藥物會延誤處理「真正的」問題（Hammersley & Beeley, 1992）。我讓克萊拉閱讀文章以平衡呈現對憂鬱症的論點，而避免將我自己的觀點強加在此議題上。

　　一星期後的克萊拉仍然淚流滿面，但說的比較多了。她描述她和丈夫幾年前跟大兒子的相處問題所引發的焦慮，她也告訴我，四年前她的父親在轉診到鄰鎮的醫院後意外過世。她沒有機會跟他道再見，手術室裡病人死亡的經驗，讓她對父親的死有很深的感觸。她的母親（克萊拉跟她的關係一向很糟）不肯透露父親的葬禮何時何地舉行，因此，到現在克萊拉還不知道父親的墓園在哪裡。這些事情過後不久，她就開始「憂鬱」了。我問克萊拉是否曾想過，那時候憂鬱症入侵她的生活時，是讓她覺得困惑抑或

142

是可以理解的？她對這些事件的反應是正常的抑或怪異的？克萊拉說，她認為她的反應是正常的，憂鬱症可能跟這些反應有關。我要她用一個詞形容母親的行為，克萊拉說不出來。我堅持問道：這些行為是仁慈或殘忍的？是精心設計的保護策略還是無情的舉動？說她是鐵石心腸比較恰當呢，還是體貼、疏忽或是判斷不足？克萊拉說「殘忍」是較好的形容詞，還有其他批判性的字眼可以說明她和父母親相處的經驗，特別是與母親的關係。小時候她的父母親對她十分苛刻，跟朋友的雙親完全不同。我們同意在下次療程時回顧她和父母親的關係。最後我分享一個小故事作為結束：我曾看過電視節目主持人薩維爾（Jimmy Saville）談到有一次在直播節目中，一位女性打電話進來，他很快地意識到她正在哭泣，她告訴他，她的兒子剛剛死了。他回應說：「那麼整個英國都是他的墓園，這是一個多棒的墓園啊！」這番話讓該位女性十分安慰。克萊拉的故事也讓我想起了華滋華斯的詩句（Wordsworth, 1904）：

> 現在的她動也不動，一點力氣也沒有；
> 既看不見也聽不到；
> 伴著岩塊、石頭和森林，
> 隨著地球日復一日的運轉。

我在想，克萊拉和大衛也許可以創造一個私人的儀式來取代他們曾錯過的葬禮，我說明在治療中，曾有某位當事人為葬在國外的妹妹設計一個儀式。克萊拉很喜歡這個主意，也提到朋友設計揮灑父親骨灰的告別式。

敘說的要素：

　　我繼續使用外化的語言來描述克萊拉的問題。克萊拉開始敘說她的自我故事，透過意識全景和行動全景來描述：她兒子的問題和她的感覺、父親的死及相關的場景、母親當時的行為，以及她所受到的傷害等等。在治療早期，我不會急著發問尋找獨特的結果的線索，而是用「為問題命名」鼓勵克萊拉去定義、澄清她對這些事件的反應，以及對母親行為的想法。這樣可以鼓勵她敘說自己對這些事件的反應是正常的次要情節，以及母親殘暴行為背後蘊含他種意義。我分享「整個英國都是所愛的人的墓園」的想法，提醒她現在被排除在父親墓園的故事可以發展成另一種故事的可能性。同樣地，創造儀式的討論也提供替代性故事發展的可能性，當被敘說出來時，就可以取代無法參加葬禮的故事。她對儀式的構想和行動可以協助她走過現在的悲傷「過渡」階段。

　　第三次的療程時，克萊拉已經沒那麼沮喪了，她提到對父親的複雜情緒，提到他總是用嚴厲和疏離的方式對待她。她對他的悲悼仍是真實的，但現在她已有信心可以隨著時間而發現說再見的方法。從我們上次談話到現在，她最主要的煩惱是「自尊心低落」，她說她一直以來真的很看不起自己。我說我會要求她做些有點困難的事，接著我邀請她至少提供三個例子，說明認識她的人會喜歡她哪些個性。這對克萊拉來說是件難事——起初她說她「不知道別人會誇我什麼」——但令她有點驚訝的是，經過一番思考後，她竟然可以回答我的問題。她不喜歡說長道短、她開車很小心、面對別人的攻擊時她可以保持冷靜。她也很獨立自主，有時候她覺得很難接受丈夫愛的保護，因為在成長的過程中她被要求須自謀生計。我們同意討論她和父母親間相處的關係，以及對她日後生活所造成的影響，還有這段歷史對她的意義。就我的

經驗來說，我認為重新看待過去經常可以發現某些被遺忘的部分，或許有助於因應當前問題。

敘說的要素：

　　克萊拉繼續敘說她的故事，上面那一段描述並無法表達療程中緩慢、充滿沉默的氣氛。「不喜歡自己」的主流故事仍強而有力地出現在克萊拉的敘說中，但更樂觀的是，在療程中她開始展現找到悲悼父親方法的自信。我邀請她質疑主流故事，詢問她別人對她的看法，她開始敘說正面的自我故事。跟先前比較起來不那麼沮喪後，我們將討論推向她的原生家庭史，這是她自認的問題的源頭。我的假定是不要病理化：我不相信我們應該或可以查考出傷害，我的假設是，當事人生命的次要情節永遠會因對過去的厚實敘說而浮現，而導向有益的、更豐富的自我故事。我的解釋傾向於在其後的療程中用非病理化的方式探索孩提記憶，且在治療中會坦誠說明我的取向。

　　第四次的療程開始時，克萊拉說她的精神大有改善，她對因兒子問題所產生的焦慮也恢復正常。她加入一個瘦身俱樂部，決心藉由改善外表來增強對自己的看法。兒子的一些朋友們說很喜歡到她家去玩——因為洋溢著輕鬆與接納的氣氛，這讓克萊拉回想起她三十五年前拜訪朋友家的情景。她說她已經成功地不要將孩提時期家中的氣氛在自己的家庭中重演，她堅認這是人們逃離父母親影響力的最好證明。在我的邀請下，她詳述這些發現，以及她有能力珍視自己的意義。

　　克萊拉獨立堅強的特質讓她排斥抗憂鬱藥物，她認為這源自於她的童年生活。我邀請她多告訴我一些，她顯得有點激動，偶爾泛著淚光。她的原生家庭租屋於貧窮的工廠小鎮，在那裡「你

必須成為戰士才能生存」。由於父親的工作不穩定，工時多薪資少，家裡永遠有經濟方面的問題。母親也要工作，在當時這是很特別的，因為大多數的婦女結婚後就成為全職的家庭主婦。她的童年很淒慘，不像她的好朋友，她從沒得到父母親的親吻或擁抱，因為她的父母親認為對孩子表露感情及關心會「寵壞」她，而讚美會讓她「得寸進尺」。她很清楚地記得，她在學校的良好表現換來的卻是批評或冷漠。當她申請獲准進入藝術學院時，母親只說：「我們的開銷又要變大了。」她家的房子在冬天裡非常濕冷——沒有爐火，生病也沒有特殊待遇，她記得就算得了重感冒還是得上學，頭痛也要做完繁重的家務。

我問她如果經濟和社會情況不同的話，她是否會有不同的回憶，她的父母親是否會有不同的教養方式？他們會不會比較不那麼撲克臉，會更有感情些？克萊拉說她也常常問自己這個問題。接著她提到整個童年裡有一件事也許符合這個情況，是記憶中的黃金時刻。某個冬天她病得很重，症狀是肺炎、喉嚨痛及發高燒，醫生堅持她得留在家裡睡覺，保持溫暖。她的父母親在較不冷的廚房裡為她做了一張便床。某天早上她獨自留在家中，突然覺得口渴，雖然又病又暈，她還是起身倒了一大杯水回到床上喝光，把空杯子放在地上。後來父親回家吃午飯，看到這個空杯子，克萊拉說她太渴了一定要喝水，可是沒力氣再把杯子放回原位。父親不但沒有如她預期的責備她，反而說：如果他早點到家的話，就會幫她倒水。這是她整個童年裡唯一能跟主流故事相抗衡的回憶。父親的話伴了她一生，是他愛她的明證。

關於母親，她則沒有這方面的回憶，克萊拉相信這跟她看不起自己大大有關。我提到多倫的「治療信」系列，是成人寫信給要間接為兒童性侵害負責的人（Dolan, 1991: 191-3）。我問克萊拉是否願意用這個方法來處理自己的情感受到忽視的情況？我們同意在下一次的療程中討論。

145

> **敘說的要素：**
>
> 　　從之前的療程看得出克萊拉很想敘說她的故事，但到目前為止，她只說了一部分。雖然她說出某些現在的想法和行動，顯示其已在某種程度上看重自己，例如，不會重演原生家庭的氣氛，但我並不會在整個療程中都圍繞這個主題。這些「當下的」獨特的結果並不足以對抗長期的自我批判。它們是短暫的，缺乏歷史的脈絡以連結過去與現在，因此我鼓勵她談談童年生活。克萊拉的故事幾乎一路走來充滿艱辛，唯一描述的獨特的結果來自父親給她的珍貴記憶，支撐她三十五年來一直相信父親是愛她的，非常令人感動。但這是單一事件，並不足以形成次要情節。對我來說很重要的是，把要從父母親的態度和行動擷取獨特的結果的堅持放在一邊，這麼做很沒有禮貌，只是炫耀我有較高深的知識而已，其立論基礎為「敘事治療告訴我，反駁主流故事的意義永遠都有，因此如果我堅持的話，克萊拉會記得她母親的確有母愛，也有一大堆的例子證明她父親愛她」。相反地，我讓她思考不受雙親情感忽視及嘲弄行為的主流故事的方法，一個不同的重寫故事的方式，一封想像性的寫信過程，最終可能會讓她敘說不被雙親所愛，卻不至於造成負面影響的故事。

　　在下一次的療程裡，我向克萊拉說明多倫的信件治療，也許克萊拉可以試試別種方法。她願意考慮看看，並在下一次療程時讓我知道她的決定。

> **敘說的要素：**
>
> 　　建議克萊拉考慮書寫治療性信件，我很開放地和她討論其間的原理與細節。確信在兩次療程間讓她有足夠的時間考慮這個建議和選擇。

　　接下來的療程，克萊拉說她不喜歡寫信這個主意，因此，我改採不同的方法協助她重寫過去。她從未自雙親那裡得到關心注意——但在她的童年生活裡，曾有任何人關心她嗎？曾有人重視她並用行動表示嗎？克萊拉立刻想到兩個人：她的美術老師和祖母。老師看出克萊拉的藝術天分，並於課內課外悉心指導她。她借給克萊拉偉大藝術作品方面的書，帶她去倫敦美術館，每個星期還在家裡開美術課，兩人一邊畫畫一邊聊天。這是克萊拉兒時最美好的回憶之一，她常常因為太投入而忘了回家的時間。美術老師是一個慈祥可親的人，克萊拉很感激她，要是沒有她的影響，克萊拉不會申請就讀藝術學院，或知道自己有藝術天分，帶給她終生的樂趣與滿足。我讚揚克萊拉——接著詢問她，老師也*從她身上*獲得什麼？認識克萊拉讓她的生命有何不同？克萊拉除了藝術方面的優點，還有什麼特質讓老師想和她成為好朋友？傍晚的繪畫課及閒聊，以及倫敦之旅，對老師的意義是什麼？在繪畫和參觀美術館之外的場合，克萊拉自己有什麼特別的人格特質或個性豐富了老師的生活？這些問題很難回答——克萊拉從沒好好思索過這段關係。我問她，如果奇蹟發生的話，美術老師現在就在這房間裡，她聽到這些問題會怎麼回答？克萊拉回答，也許她會說克萊拉對藝術很熱情，而且把老師當作朋友。美術老師可能是個相當孤獨的人，她獨居而且是個「穿著打扮有點不入時的女性——喜歡跟人保持距離」。她們曾開懷大笑，亦曾嚴肅地討論事情，克萊拉認為這對老師很重要。我說我的腦海裡清楚地浮現兩位女士的影像，年齡殊異的兩人談笑著創作藝術作品，彼此都覺得很滿足，忘卻時間的流逝。

　　在克萊拉的童年裡，跟其他人還有類似的回憶嗎？是的，確實有——她的祖母一向很和善也很歡迎克萊拉。克萊拉記得她是個寡婦，跟一位「男性朋友」住在一起。他是一位保險推銷員，會開著閃閃發亮、有著光滑皮椅的汽車接克萊拉到祖母住處，三

個人一起喝著下午茶，然後再開車載克萊拉回家。有時候她也會在週末時陪祖母過夜。克萊拉詳述這些回憶，我鼓勵她思考她的造訪對祖母的生命有何貢獻。也許克萊拉決定保留這些生動的回憶？也許她可以透過這些人的觀點來看她自己？如果祖母和美術老師看到現在的克萊拉，她們會認為這是她們當初所愛和珍視的人嗎？克萊拉深受感動，這些人在她的生命中仍占有一席之地。

> **敘說的要素：**
>
> 　　放棄寫信的主意，讓我相信克萊拉知道治療有哪些要素是她覺得有益處的。鼓勵她回想過去生命中有誰接納她，透過「重新入會的對話」（re-membering conversation）（見第九章），我尊重她認為父母親的態度對她造成傷害的想法，然而，我也會挑戰她的主流故事。她說因為父母親不夠愛她，因此證明她是不可愛也不值得被愛，任何她所得到的注意都是因為他人的好心。我的問句是：「妳對她們的生活有何貢獻？」以及「她們對妳的生活有何貢獻？」我試圖幫助克萊拉對這些人「再次說哈囉」（White, 1989: 29-36; 1997b: 222-5; 2000: 36），把她們帶至此時此刻的生命中，作為支持力量的來源，也證明她曾被疼愛過、她值得被愛、她對她們的生活有影響力，而且仍持續擁有這些特質。

　　在第七次的療程中，克萊拉提到雙親的不信任：他們內向、不善交際，疑神疑鬼。她發現她自己也有信任方面的問題，部分是由於父母親的影響，部分由於被某些人嚴厲責備。她不喜歡這項特質。我請她想想看，在她的生命中是否有人是她信任的？她再次提到童年的好朋友珍妮特。珍妮特的媽媽會高興地把她不小心弄髒的床單加以改造變化，但克萊拉知道，若她母親碰到同樣的事時，只會抱怨個不停。這件事讓克萊拉知道某些人是可以信

任的——他們不會把意外歸咎於別人。克萊拉說，在她生命中的不同時期，她也曾信任過別人，而別人並沒有背叛她的信任——她的美術老師、祖母、珍妮特、現在的兩位好朋友，以及她的丈夫等等。她對自己不想去信任別人的觀念開始修正為別人是可以信任的，但只要受到幾個人的嚴厲責備，就會變得小心翼翼。

> **敘說的要素：**　　148
>
> 　　我選擇不去外化「不信任」。克萊拉對雙親的記憶是內斂與吝嗇，我不希望用任何語言上的言外之意暗示這是他們無法掌控的人格特質。我不知道克萊拉在這樣的情況下，是否能發現她自己是可以信任別人的。療程大多數的時間都在找出從童年時期到現在，她其實有能力信任他人，並將其融入生命的次要情節之獨特的結果。

　　在第八次且是最後一次的療程，我鼓勵克萊拉談談和丈夫的關係。雖然有點害羞，她還是盡量詳細地敘說當初相遇時對彼此的觀感。她的先生認為她很有魅力，他愛她，兩人決定共度一生，以及這些事情對她的意義等等。透過他人對她的觀點，克萊拉現在比較習慣用正向的方式看自己，在療程中也顯得愉悅、自我接納和快樂。我們協議如果有需要，她可以再諮商一次，但她並沒有出現。在同意本書引用她的故事的回覆中，附上了一張紙條，紙條上寫著現在的她正「愉快地獨自慢跑著」。

> **敘說的要素：**
>
> 　　這次的療程充滿祝福與肯定的氣氛，當豐厚的故事敘說接近尾聲，並透過問句連結克萊拉對過去的發現，憂鬱消失了，她很滿意她的工作，不再被負向的自我觀感所控制了。

露絲

　　幾個月前，露絲四歲大的兒子湯姆因便祕而就醫，醫生注意到他可能有被性虐待的身體跡象。於是轉介湯姆做進一步特殊的檢查，並詢問露絲在家族中是否有任何人會對兒童性侵害。出於震驚與恐懼，露絲說她三十二歲的表哥泰瑞可能就是嫌犯。露絲和丈夫最近外出時，泰瑞及他太太有時候會照顧湯姆。醫生建議她不要讓湯姆和泰瑞單獨相處，直到醫療症狀檢查結果報告出來為止。隔天晚上泰瑞又必須要照顧湯姆，當露絲告訴丈夫醫生的懷疑和建議時，他立刻打電話告訴泰瑞他們不過去了。這讓泰瑞覺得奇怪，結果露絲的丈夫只好告訴他理由。泰瑞對這項「指控」很驚恐，把電話摔在地上，告訴他太太事情發生的經過，接著打電話給家族中其他人和他的父母親，表達他強烈的憤怒。兩天後檢查結果出爐，醫生所觀察的症狀只不過是便祕而已。露絲和丈夫向泰瑞解釋和道歉，但泰瑞和他太太都不肯原諒他們。此時，泰瑞的父親告訴露絲的母親整個事件的來龍去脈。泰瑞在家族中很受歡迎，露絲頓時成為眾矢之的，即便她丈夫也不知道她為什麼會懷疑泰瑞，因為當時照顧湯姆的人很多，包括一個他們不太熟稔的保母。露絲不斷地向泰瑞和親戚道歉，但都徒勞無功。每個人都很生氣，都不願原諒她。這件事跟過去露絲不被父母親重視的例子一樣。她排行中間，是家中唯一的女孩，泰瑞常常到她家玩，簡直就像她其他三位兄弟一般。整個童年她跟他們混在一起，常常被毫不留情地嘲笑捉弄，她覺得父母親偏袒這些男孩子。

　　我問她，如果她沒有告訴醫生她懷疑泰瑞，而讓他繼續照顧孩子，結果他的確虐待了湯姆，那會怎麼樣？哪一個情況更糟？是毫不猶豫地保護孩子的安全呢，還是冒著讓孩子受傷的危險而假裝不去懷疑？露絲說她沒想過這個問題，但顯然後者嚴重多了。

我問她要怎麼讓家人在這一點上明白她的選擇，她不知道。不管怎樣，問題的癥結點在於她懷疑泰瑞——她不是在*指控*他性虐待，但他和家人都不明白這點。

　　有一個很好的理由可以說明為什麼她馬上聯想到是泰瑞。露絲十四歲那年的某日下午，她和當時十八歲的泰瑞去朋友安迪的家，當時他的父母親都出去了。這群年輕人大肆搜括酒櫃，聽了幾個小時的音樂後，他們全都醉了。安迪說他房間裡有張很棒的專輯，可是他不確定放在哪裡，所以三個人便到房間去找。一進入房間，安迪就將她撲倒在床上，脫了衣服強暴她，當時泰瑞只是站在房門口看著。她已醉得幾乎不省人事，根本沒辦法反抗。

　　即便仍有醉意，泰瑞和和露絲仍然走路回家。在路上，泰瑞把她拉進小巷子裡，企圖愛撫她，露絲喝令他停止，他也住手了。回到家後，露絲直接回到床上睡覺，泰瑞告訴她的父母親，她只是頭痛而已，他們也接受他的說詞。那天過後，泰瑞或露絲都不再提起那件事，我是露絲第一個透露這件事的人。她說她很高興，好像卸下了心頭重擔。

　　療程近尾聲時，我謝謝露絲願意信任我，告訴我這麼痛苦和私密的故事，並提議下次我們可以討論其他受虐婦女如何在揭發與否上找出解決衝突的方法。我推薦幾本有益於婦女克服性虐待後遺症的書，其中一本還討論到露絲的兩難情境（Dolan, 1991）。

敘說的要素：

　　敘說故事是本次療程的重點，我問露絲，如果她沒有舉發泰瑞，而泰瑞真的虐待湯姆的話，她會有何感覺，讓她想起的確有這種可能性——是靜下心來再想想，露絲才明白湯姆沒有被虐待。我故意「命名虐待」（White, 1995a: 82-111），用這個詞形容兩位年輕男孩的所作所為。我坦白地告訴她，在治療中會提出問題讓她思考，我不能在未經她同

意的情況下就討論這些話題。我強調這是她的選擇，並盡可
能確認跟男性治療師晤談並不會複製男性在虐待事件中所扮
演主導的角色。

接下來的療程我們討論是否要揭發泰瑞，但露絲不想讓家人
知道泰瑞的作為。泰瑞的父親心臟不好，要是知道兒子十二年前
做過這件事，可能會危及他的生命。露絲離開時，對事情這麼不
公平顯得很難過及受挫。我們討論寫信給泰瑞是否有幫助，這封
信可以邀請他和露絲見面，坦誠十二年前做的事，負起責任，並
明白露絲會向醫生舉發他是情有可原的，不要在家族中批評她。
如果寫信後她並不想寄出，也可以留著，提醒自己毋須在意這些
批評。露絲喜歡這個主意，她也想過是否要寫信給父母親，抗議
他們忽視她的方式。我建議她給自己時間思考各種可能性，想想
看是否還有更好的方法。我請她填寫多倫的「虐待復原量表」修
訂版，說明有很多婦女用這種方式確認她們克服虐待實際或潛藏
的後遺症的程度（Dolan, 1991: 32）。

露絲說，我在之前的療程裡使用「虐待」這個詞來形容表哥
和朋友對她的所做所為，對她造成「巨大的改變」。她從未以這
種方式思考這件事，很訝異我會這麼說，但仔細思索後她同意——
這*的確*是虐待。

> *敘說的要素：*
>
> 　　討論露絲書寫治療性文件的可能性是本次療程的重點。
> 我持續坦誠地說明此項技巧的想法與原理。露絲自動將寫信
> 的範圍擴大至父母親，讓我明白引介此項技巧是適切的。她
> 認為我稱兩位年輕男孩的作為是「虐待」改變了她的觀點，
> 讓我更確信敘事治療中命名的力量與重要性。

　　第三次的療程成為治療露絲的里程碑，我把我們的對話節錄如下，在治療後我馬上寫下這些筆記，雖無法一字不漏，但露絲已確認其中的次序、語調和內容大致無誤。

馬丁：多倫曾提及女性從發現信念和真相中獲益。她們發表一個簡短的聲明——有時只有幾個字，或幾句話——總結她們知道是誰該為虐待負責任。一旦她們要回到認為虐待是自己的錯這樣的壞習慣時，就不斷地閱讀這些話，或將之記在心裡。她們可能會寫「這是他的錯，不是我」或「不該責怪受虐者」等等。

露絲：我認為那是我的錯。

馬丁：抱歉，我有點離題了。所以妳會責怪自己？

露絲：我不該喝醉。如果我沒喝醉，事情就不會發生了。我沒有反抗安迪——當他強暴我，而泰瑞站在那兒看時，我只是躺在那裡，我應該要說些什麼，或打回去。我喝醉了，我們都喝太多了。

馬丁：如果可以的話，我想問些有關這件事的問題。如果我們再從頭看這整個虐待事件的發生經過，甚至詳細回顧，這樣可以嗎？我不是指安迪真的對妳做了什麼——我不會問這些問題——而是整件事的情況和前因後果。

露絲：好的，沒關係。

馬丁：如果妳覺得很可怕，我們可以停止，好嗎？

露絲：好的。

馬丁：你們三個人到安迪家聽音樂，接著開始喝酒。妳記得是誰先說要打開酒櫃的嗎？是誰先開始痛飲的？

露絲：是安迪。他打開酒櫃，把所有的酒杯和酒瓶都拿出來。

馬丁：你們為什麼會喝這麼多？是你們自己想這麼做的嗎？還是有人拼命地在別人的杯子裡倒酒？

露絲：我認為安迪倒得最多。他不停地在我的杯子裡倒酒，
　　　告訴我要喝光。泰瑞也有倒，但我認為安迪倒得最多。

馬丁：妳喝了什麼？

露絲：我不知道。什麼都有吧——喝起來味道不是很好，但
　　　我還是喝了。可能是伏特加、威士忌等等之類的東西，
　　　還有一些啤酒。我們喝了一整個下午。

馬丁：這是妳常常會做的事嗎？或者是件很不尋常的事？

露絲：不，不，我從沒做過這種事。當時我只有十四歲，我
　　　不能喝酒。我想我只是想證明自己長大了，反正我沒
　　　辦法拒絕。

馬丁：泰瑞和安迪都知道妳不會喝酒。

露絲：是的。

馬丁：所以他們兩個加上妳一個。兩個將近二十歲的年輕男
　　　孩還有一個十四歲的女孩，他們怎麼了？

露絲：什麼意思？

馬丁：他們很常喝酒嗎？

露絲：他們常常跟哥兒們去酒吧，我想他們常常喝酒，沒錯，
　　　我想他們很會喝酒。

馬丁：我說的沒錯吧，露絲。兩個年輕男孩應該知道喝太多
　　　酒的後果。他們在沒有人干涉的情況下，喝了一整個
　　　下午的酒，不斷地向沒有經驗的十四歲女孩灌酒，其
　　　中一個人還混合烈酒與啤酒，讓她喝到不省人事。

露絲：對，沒錯。但他們也有喝酒——他們也喝醉了，我不
　　　應該讓自己變成那樣。

馬丁：泰瑞是妳的表哥，家族中的成員之一，幾乎就像是另
　　　一個哥哥一樣。

露絲：沒錯。

馬丁：一個男人不是有責任照顧與保護年輕的女性親人嗎？

　　當她陷入危境時，他什麼都不做是對的嗎？

露絲：他應該要保護她。

馬丁：事實上，也許「表哥」的關係有點遠。但是不是所有
　　　的男人都有責任保護女性？也許我們都有責任照顧別
　　　人，妳認為呢？

露絲：沒錯，我們應該要這麼做。

馬丁：泰瑞有照顧和保護妳嗎？

露絲：沒有，他沒有，他還湊一腳。沒錯，他是沒做什麼，
　　　他沒有強暴我，他只是——在那裡看著。

馬丁：可是，他是妳的表哥，也許這樣就應該讓事情的發展
　　　有些不同？看著他的朋友強暴他的表妹？

露絲：我記得……（她描述虐待事件的細節，以及在意識模
　　　糊中看見泰瑞站在房門口看著）

馬丁：他沒有試著阻止安迪？

露絲：沒有。

馬丁：那麼他有出聲抗議嗎？

露絲：沒有，他就只是站在那裡。

馬丁：所以他默許這件事。甚至有鼓勵的味道？不抗議、不
　　　阻止、不求援、不保護妳，他不也有責任嗎？這件事
　　　全是安迪的錯嗎？

露絲：不，我了解你的意思了，就算他只是旁觀者，泰瑞在
　　　這件事上也有責任。

馬丁：也許虐待應該包含沒有阻止強暴，或沒有試著阻止它
　　　發生？

露絲：是的。

馬丁：所以，虐待應該要涵蓋故意看某人被性侵害——是這
　　　件事的幫兇？

露絲：沒錯。

馬丁：告訴我，妳跟安迪很熟嗎？

露絲：很熟，他是泰瑞的朋友，我常常碰到他。他常跟泰瑞混在一起。

馬丁：妳曾單獨跟他在一起嗎？

露絲：有，他人很好，我很喜歡他。

馬丁：妳認識他，跟他相處過，他曾讓妳不自在嗎？調戲妳、講黃色笑話，或類似這些事情？

153

露絲：沒有，我想沒有。他人很好，我很年輕——他大概大我五、六歲，比泰瑞還大一點，大部分的時候我看起來就像個小孩子一樣。

馬丁：所以，妳不認為跟妳的表哥去安迪家是件危險的事，對不對？妳跟這兩位年輕男孩相處的經驗都是不錯的，因為泰瑞是妳的表哥，就像個兄長，妳大可放心？

露絲：沒錯，我很放心，我從沒想過會發生這種事。

馬丁：讓我再跟妳確認一下，好嗎？妳之前對泰瑞和安迪的所有印象，都讓妳相信他們是可信賴的。妳之前跟泰瑞和安迪相處的所有經驗都證實妳的想法，一起喝醉只是個惡作劇，一件有趣的事？

露絲：沒錯，一件有趣的事。

馬丁：所以，儘管安迪拼命在妳的杯子倒酒，妳還是不覺得有必要擔心。一起喝醉真的很蠢，卻是無傷大雅的玩笑，一點也不危險。妳一點都不懷疑跟安迪和泰瑞到房間裡會發生什麼事，就像安迪說的，只是找找專輯罷了。只有當安迪把妳撲倒在床時，妳才開始擔心，但那時已經太遲了。安迪是個孔武有力的男人，而妳只是個沒經驗的十四歲小女生，而且喝醉了——還有可能是他們故意的。這兩個男孩根本不值得信任，我說的對嗎？

露絲：我從沒這樣想過。我從沒想過他們故意要灌醉我。

馬丁：我們不知道這是不是預謀——也許有那麼一點點——可能是一時衝動。但我不禁懷疑他們是否跟妳一樣醉？妳醉到回家時倒頭便睡，但泰瑞還能跟妳的父母親講話，說妳頭痛。如果他也爛醉如泥，絕不可能做到。而且在巷子裡，當妳告訴他停止撫摸妳時，他也罷手了——這是泰瑞和安迪唯一不同之處。身為一個男人，我可以想到安迪根本不像妳想的那麼醉，他應該還能控制自己。完全喝醉的男人是很難發生性行為的。莎士比亞說，喝酒「會增強慾望，卻力不從心」，也許事實上，安迪強暴妳正顯示當時他並非妳想像中的喝醉了？

露絲：所以你要說的是，他們應該要為整件事負責任，而不是我？

馬丁：沒錯，我正是這個意思，但我要邀請妳看到這些*證據*，而不只是因為我這麼想，妳就這麼認為。

　　稍後的療程中，露絲告訴我，現在的她對當時那兩個年輕男孩對她所做的事有不一樣的觀點，她知道他們才是該被責備的，而不是她。不再受到罪惡感和自責的束縛，並重新檢視泰瑞在這場強暴事件中的角色，讓她更確信她向醫生舉發他是對的，她也更有能力反駁親戚們想要讓她有罪惡感的舉動。

> **敘說的要素：**
> 　　我採用個人創作的治療性文件增強露絲的覺察，她毋須自責所遭遇的虐待事件，但卻發現這個方式無法發揮作用。在某種程度上她還是會責怪自己。受害者毋須為虐待負責任的信念讓我有信心解構整件事，以創造替代性故事取代她記

憶中的主流故事。也許我運用太多直接的重新思考問句，但整體上我檢視她的行動與意識全景，邀請她確認或駁斥我的重新描述。我試圖表現出「正是如此，不是嗎？」甚者「是的，不過……」的態度（見第五章），並鼓勵她回答。須謹記在心的是，我身為治療師的權力位階很可能會讓露絲難以反駁或爭論我所說的話，她覺得須為虐待負責任的說法，顯示必要時她會毫不猶豫地認為我是對的。在這段解構式的對話裡，露絲和我共同創作一個重新敘說的故事，經與她核對細節，未被她認知和敘說的次要情節逐漸累積成形。對話結束後，她詢問我的觀點，我也告訴她，因而違反傳統治療應該把問題再丟回給當事人的黃金定律，例如，適當的回答應是：「你認為呢？」我認為開放就是透明化，展現一致性，而不是和她大玩心理遊戲，也不是在我們的對話中，為了堅守自己的地位而放棄應負的責任。稍早前露絲曾希望我說出自己的看法，而我也答應了，但第一步應要先邀請她參與這段事件的重新敘說過程。不管怎樣，她已經知道我的想法了——從我最早邀請她書寫「信念宣言」時就已經暗示了，但那時並未引起她的共鳴，那是哄騙、說服。在對話最後，我的意見讓露絲思考她提出的證據所顯示的意義。

第三次的療程後，治療露絲的重點從性虐待及揭發的兩難情境轉移，而把焦點置於過去和現在跟父母親的關係。受到我們對話的啟發，她寫了一封信，說明她整個人生如何受到他們偏袒兄弟和忽視她的影響，她讓我閱讀這封給父母親文情並茂的信。我們討論她沒辦法如自己所希望的愛父母而產生的罪惡感，以及想到因為自己是女孩子而讓他們失望，甚至造成他們婚姻衝突的罪惡感。治療結束後，露絲說她覺得自己脫胎換骨，對自己的看法變好了，能夠看清家庭中的不當對待與不公平，也能夠體認到存

在於自身、幫助自己克服這些經驗的優點。

露絲：後記

　　我寄給露絲一份敘說的影本，請她看看是否相符，她給了肯定的答覆，另外談到閱讀這份敘說對她的重要性。第一次閱讀時，她的心情不是很好，但第二次閱讀是一種確認：「當我閱讀時，我刪掉泰瑞（化名）和安迪（化名）的名字，在腦海中恢復他們真正的名字……用真名讓我更堅強，好像我可以應付任何事情。謝謝你讓我更堅強。」她提到最近與父母親的關係得到改善，以及某些重大的自我發現，使她決心改變。她說：「當療程結束後，我用不同的角度看每件事情……我希望你可以用這個故事幫助其他人……我現在過得很好，漸入佳境。」我竟然在無意間用了治療性文件的技巧！她也證明此種治療性文件的力量與重要性。她的信就是重新敘說的證明，在這個例子中，重新閱讀的重要性不只顯現在獨特的結果的次要情節上，這些次要情節持續地影響他們生活的所有層面，而不只是他們告訴治療師的特定問題而已。

敘說的要素：

　　藉由解構式的對話，豐厚露絲整個自我故事。她告訴自己，被強暴的故事已不再是自責「之所以會發生是因為自己不小心喝醉了」的稀薄故事，而是更能反應事件多元本質的故事——表哥和朋友施加於她身上的怒氣、背叛、欺騙、侮辱與虐待，這完全是他們的錯。透過共同撰寫的新故事，她得以放下罪惡感，從被年輕男性虐待的自我觀中解脫。新故事的次要情節成為一個很重要的要素，讓她逃離原生家庭的禁錮，迎向她是值得被接納且被愛的人生。

摘要

克萊拉和露絲都受到自我故事的影響，父母親和家人的行動與態度以不同的方式造成認同問題。克萊拉的自我觀相當負面，露絲想逃離不受原生家庭重視的影響，但卻因表哥及朋友的性侵害而自責不已。解構式的治療協助兩人重新檢視過去，指出她們過去的自我故事中未曾考慮到的要素。克萊拉想起愛她的人，以及她對她們的意義；露絲了解到被強暴完全是攻擊者的責任，而非她自己的問題。這些豐厚的故事賦予兩人的過去新的意義，也促進新的認同形成──克萊拉知道她是有價值的和可愛的，露絲可以在沒有罪惡感的情況下大無畏地邁向未來的人生。

CHAPTER

9 治療文化假設的新觀點

第二章勾勒了形成敘事治療觀念的若干西方思想。本章延續這個主題，再次探討懷特為後結構主義所撰述的幾篇文章，質疑傳統的治療文化中被廣為接受的假設。接下來也會略述從這些質疑中所衍生的敘事治療實務。本章以說明非學術性的心理學為結論，該心理學和敘事治療的假設上有許多共同點。

後結構主義的挑戰

敘事治療的某些理念對治療師而言是陌生的，但他們可能會發現，其實這跟他們的假設與工作方式完全一致。雖然羅哲斯慣用男性的代名詞指稱當事人，我認為他的個人中心學派的概念符合懷特敘事治療的中心思想。

（羅哲斯）：我們希望個體選擇自己的價值觀，還是我們的
　　　　　行動其實是在說服他（通常是未說出口的），
　　　　　如果他允許我們幫他選擇價值觀、規範和目
　　　　　標，他應該會更快樂？（Rogers, 1951: 20）

（懷　特）：詮釋的轉折與抗拒專家詮釋生命的知識有關，

> 跟前來求助、形成意義的當事人有關，且與產
> 生、重建、修正這些意義的脈絡有關。
> （White, 2000: 127）

　　然而，相似也可能產生混淆。敘事治療可能具有跟其他治療
法相似的價值觀，但它從*後結構主義*的觀點對傳統的治療提出嚴
正的質疑。我並不完全同意「敘事」的理念可以跟所有的治療法
產生連結（Angus & McLeod, 2004a: Chapter 21），矛盾的是，因
為敘事治療在本書的定義也許*不是*由「敘事」這個詞所定義。敘
事治療運用當事人敘說的方法和其他治療法不同，這點最足以說
明它的獨特性在於其哲學觀與特殊的技巧。懷特／艾普斯頓的敘
事治療中的某些技巧，如：鼓勵詳細描述問題，以及探索當事人
的成長史等，卻和具相當類似要素的他種治療法有不同的目的與
意義。很多治療文化中所重視且眾所皆知的假設與信念立場，和
後結構主義的工作方式扞格不入。

　　我猜即使是有耐心的讀者可能也會有感到不耐煩而拒絕的舉
動，並且難以理解這些假設同時謹記在心。我很能認同這點。我
發現，懷特、艾普斯頓和其他敘事治療師及實務工作者的著作都
很有趣，具啟發性、有激勵作用、令人振奮，但有時候也令人不
安。我發現不管我再怎麼努力，我還是無法真的了解這個治療法
的本質，我的思考仍停留在我原先個人中心學派訓練的西方人文
主義論述。當我以為我已經體會敘事的工作方式，接著才發現我
有所誤解時，不安也會油然生起，有時候還真令人生氣！當我試
著理解懷特和艾普斯頓真正想傳達的意思時，先入為主的力量會
扭曲不熟悉的事物，在不知不覺中落入早已存在的心態。然而，
值得慶幸的是，我跟其他學習敘事治療的治療師似乎都面臨同樣
的景況。修森（Daphne Hewson, 1991: 5）就承認：「我發現，我
需要花些時間才能理解懷特和艾普斯頓所說的話……有時候我以

為我懂了，但當我回到自己的治療室時，提示下一步或問話的大字報似乎不像懷特和艾普斯頓當初在討論時那麼清楚。」無疑地，有太多人發覺要理解敘事治療的理念並不是件容易的事，有時還會扭曲原意，讓懷特覺得有必要重新聲明和澄清：

肯　：我聽說你反對使用標籤和藥物。

懷特：聽起來很有趣。跟我聽說的一模一樣。

肯　：是嗎？

懷特：有時候我會聽到我從沒說過的話，有時候我會讀到某些說明我想法的文章，卻跟我想的不一樣。（White, 1995a: 116）

敘事的隱喻通常被認為和家族治療的文獻與實務中常用的隱喻有關：特別是隱喻的系統與類型……一方面是因為隱喻的系統與類型，另一方面是敘事的隱喻基於獨特且不同的思想傳統，添加及合併不同的隱喻是起不了作用的。（1995a: 214）

敘事治療的詮釋讀起來像是對結構主義／人文主義心理學實務的反芻利用……這種說法和形成與發展敘事治療的傳統思想與實務直接牴觸──也就是後結構主義思想的傳統。（1997b: 217）

有時候，這些考量跟知識和實務或知識與權力的關係有關……就我的觀點而言，那是錯誤的詮釋。例如……（接下來用了六頁的篇幅舉出三個例子來澄清）。（2004a: 99-105）

159

有好長一段時間，我認為敘事治療和羅哲斯的取向類似，因其都認為當事人有能力靠自己的知識與經驗去克服問題，特別是

受內化他人想法影響所造成的問題。我視其為比個人中心學派還*特別一點*的工作方式（Payne, 1993）。直到更仔細閱讀懷特的著作後，我才困窘地發現我對敘事治療的觀點太簡略，大錯特錯。

跟隨葛根（Kenneth Gergen）與其他社會建構理論家的腳步，懷特認為「人性」與「自我」是社會建構出來的，然而，個人中心學派的治療師卻認為有一個穩定、根本的自我，以及客觀、真實的，名為「人性」的實體（Mearns & Thorne, 1999: 16-19）。我也還沒準備去接受懷特的論點，指出即便人們在他的療程中以「強烈的情緒」重新體驗經驗的不同面向，並且「彼此在治療的互動中所產生的情緒反應可能非常強烈」（1995a: 20），他不是在「處理情緒」，而且不是想要：

> 我不認為我處在學術或智性的立場，但這並非意謂我不得不投入治療文化中主流的「感覺論述」，按照這個論述進行特定的實務，以及用這個論述認可及指定的方式和當事人談論生命經驗。我根本不會回應各式的煽動，好讓「我自己適合」「感覺論述」所要求的反應。（White, 1995a: 87）

我曾認為懷特和艾普斯頓僅想發展某種具創意及獨特的實務工作，用不同、也許是較不病理化的方式達到傳統治療的目標。因此，我恍然大悟它們跟我視為理所當然的治療*目標*（aims）並不相同，動搖我所受過的訓練，增強我的閱讀動力及與其他治療師的對話。在和萊斯利·亞倫（Lesley Allen）對談時，懷特明白地表示：

萊斯利：我可以理解協助年輕女性認識並挑戰各類（神經性厭食症）的自我壓抑知識是在解放她們。

懷　特：沒錯。不是解放她們成為真正的自己，而是從「真

> 實」中解放。我希望我們在這裡討論時所考慮的事
> 情，可以幫助我們對抗大眾心理學的強烈誘惑，來
> *壓迫我們自己進入「真誠」狀態* —— *這些考量會開*
> *啟我們某些可能性，去拒絕「整體性」、去抗拒*
> 「個人的成長」、去奪取各種「真實」的狀態。開
> 啟讓我們不去遵行的可能性，掙脫規範存在狀態的
> 訓練。（White 1995a: 47-8，強調處為作者自加）

懷特把很多公認的治療目標稱為「專制」，這該如何解釋我 *160*
在懷特的文章和治療錄影帶中明顯看到的溫暖、人道、樂觀與樂
於投入等特質？如果治療師不致力於協助當事人發現自我、成為
真誠的人、追求個人成長，變得「真實」或「整體」，我不知道
他們還需要做什麼？即便覺得錯亂，懷特的理念還是很吸引我，
我也想嘗試使用他的技巧，但這段話似乎沒有考慮到成為有效的
治療師的某些必要條件。英國諮商與心理治療學會（British Asso-
ciation for Counselling and Psychotherapy）代表各種學派，其中一
項資格認定標準是「持續專業與*個人*的發展，例如定期參加訓練
課程、學習、*個人治療*等」。但在這裡，懷特說個人成長的概念
是「（心靈）訓練」，要「棄置……和掙脫」。我不得不問自己：
我*應該*擺脫這些態度、這些「訓練」嗎？這些被視為理所當然的
治療文化假設，真的是大眾心理學的「暴政」反映出來的「知識
階層化」的產物嗎？（White, 1995a: 47）

後結構主義者對人文主義的批評

西方的人文主義思想傳統將個體*視為一個有核心自我、能獨*
立運作的實體。羅哲斯的治療學派與其他視個體為獨立的動力單
位者，都屬於人文主義的傳統，其治療過程所使用的語彙習慣上

被稱為主流的治療論述。然而，後結構主義和社會建構主義思想家卻較重視社會與文化對個人知覺、認同與行為的影響，強調人類互動的社會結果。

懷特尊崇人文主義傳統中協助當事人「鼓勵他們挑戰被支配的各種行動，在挑戰不同形式歧視與壓迫的人權運動中扮演重要角色」（White, 1997b: 254）。更確切地說，他現在甚至稱人文主義的概念為「*美麗的理念*」（beautiful ideas）（White, 2004c，強調處為作者自加）。但是他認為，這些主流的人文主義治療文化假設很明顯地*有限制*存在。既然這些理念體現本質主義（essentialist）的人本觀，就是後結構主義者要去思考的問題，有可能「知道並說出我們是誰的『真實』——我們存在的本質、我們的人性」想法的時代已經過去了（White, 1997b: 220）。此外，人文主義的觀念代表普遍的社會和文化假設，強化擁有既得利益的社會機構的權力，影響人們用缺陷語言來看自我。當事人受到西方論述的影響，會相信他們需要改變、成長及改善，接受專家所鼓吹的：

161

> 有越來越多關於贊同與反對真實自我本質的論述，以及如何將其釋放的相對意見。這些主張和建議在各處迴響——暢銷雜誌、如雨後春筍般出現的自助書籍、商品、媒體廣告、自我改善企業的促銷等等……但最可悲的不僅是大眾文化的過度執迷。傅柯把真實意志的提升和專業學科形成人性與人類發展的後設敘說（meta-narratives）成就連結，這些認為生命該如何真實的普世理論無視文化、階層、性別、種族、環境、場合、時代等等。此種真實的意志鼓吹用正規的系統分析人類生命的發展，做出可能的解釋與簡化類別。（White, 1997b: 222）

三個有限制的假設

在《治療師的敘說》（*Narratives of Therapists' Lives*）這本書的最後一章（White, 1997b），懷特引用傅柯的著作，討論三個他認為深入大部分主流心理學理論的相關假設，也是他確信已成為傳統的治療中有限制的假定真實或主流的假設。這三個假設分別為真實的意志、壓抑假設及解放敘說。「三巨頭」（triumvirate）是懷特用來說明這些主流假設的用語，意指其共同擁有支配治療文化的權力（1997b: 224）。

主流的假設一：真實的意志

懷特引用傅柯的分析，在西方文化裡，重要的哲學問題如何變成「什麼是真正的我們？……我們存在的本質、我們的人性。這已變成專業和大眾文化最關心的議題」（White, 1997b: 220）。在以後結構主義和社會建構傳統所形成的敘事治療裡，「什麼是真正的我們」是無解題。後結構主義的思想不認為人類具有普遍的內在本質，或一個跟文化與變動環境無關的核心人性。因此，「真實的自己」這個問題是無解的。「我們是誰」是多變的（variable），不是隱藏固定地等著被找到及曝光。在後結構主義者的傳統裡，這項議題變成「文化的知識與常規如何形成我們的生活模式與思想。透過後結構主義的探究，我們能解除發現『特定的』本性的任務……」（1997b: 223）

主流的假設二：壓抑假說

懷特引用傅柯的觀點，由於西方文化假設相信我們具有人性本質，但都不為我們所知，西方文化要找出造成這種疏離的罪魁禍首——這個罪魁禍首是被稱作壓抑的心理機轉。懷特總結傅柯

162

的論述，主張壓抑假說已經形成廣為流傳的假設：

> （a）壓抑機轉蒙蔽我們真正的本質；
>
> 　　所以
>
> （b）我們真正的本質不明，妨礙或抑制我們的成長與實現；
>
> 　　所以
>
> （c）此種對成長和實現的妨礙或抑制造成疾病，並導致「我
> 　　們真誠的需求與最深層的願望受到挫敗」。

懷特總結壓抑假說：

是壓抑隱瞞了我們是誰的真相。壓抑曾經不是罪惡，但
變本加厲成如此……它也是阻撓表達真相的勢力。是壓抑讓
我們不能自我實現……阻礙我們過符合人性的生活。更有甚
者：我們真誠的需求與最深層的願望受挫會導致各類疾病，
壓抑就更罪不可赦了。（1997b: 221）

主流的假設三：解放敘說

懷特引述傅柯的結論，西方主流的思潮回答「即便壓抑蒙蔽
了真實，我該如何了解真實的我？」問題的答案是「將自我從壓
抑的力量中解放出來」（White, 1997b: 221）。將自我從壓抑中解
放的是*解放敘說*（emancipation narrative），要求治療師急於解決
此假設性的問題，「很多自我及生命的現代知識與規範……都是
為了過免於壓抑的生活。包括人類『需求』的知識與滿足這些需
求的方法」（White, 1997b: 221）。懷特引用人文主義觀最有影響
力的馬斯洛（Maslow）階層論為例（Maslow, 1954）。馬斯洛是
位中產階級的美國白人男性，主張有普世的人類需求等級，從基

本的生存到自我實現，暗指唯有自我實現的個體才是「健康的」。
懷特認為，馬斯洛的階層論是在未受檢視、文化決定、個人主義，
以及簡化的二元論（健康的／不健康的）下提出的完人觀，是相
當受限與武斷的價值導向假設——甚至具有危險性：「一想到那
些根據現代需求論述而被正當化的行動就令人不寒而慄。」
（White, 1996: 51）馬斯洛階層論之立論基礎為個體的自我實現，
讓倫理選擇變得無關緊要，貶低社會組織的角色，不重視靈性經
驗，並設立幾乎不可能達到的完美標準要當事人去追求。

　　懷特強調人文主義的理念阻礙了我們去質疑文化與社會對人
類生命的影響。「就在第二次世界大戰後，需求（needs）的呼聲
大增——包括兒童需要母親待在家裡看顧他們，不可以去工作；
是男人要去工作！」（White, 1997a）這些深入人心的假設減少我
們詢問自己如何活在當下，因其所贊同的生活目標是要超越當下
個人的限制，朝向更能展現真實自我的美好未來。呈現在眼前的
治療和生命目標美其名曰解放，但事實上卻是在削弱與設限：

> 　　本性、壓抑與心理解放的主張，讓當事人在追求解放時
> 複製文化的「真實」認同——*當事人更會因解放自己限制了*
> *主體性*……在後結構主義的分析下，不是壓抑蒙蔽了真實，
> 真正的情形是壓抑假說蒙蔽了當事人被搧動去複製被（本質
> 主義、結構主義、現代主義、個人主義所假設）認定的（人
> 性）真理的事實。（1997b: 224，強調處為作者自加）

治療的效果

　　懷特認為，「三巨頭」假設限制我們跟當事人探索他們自己；
在「形塑其生活」上所做的貢獻，重新評估他們對經驗所賦予的

163

意義如何深入他們在治療中敘說的情境。把自己局限在個人動力架構的治療師「在不知不覺中共謀複製主流與文化默許的認同敘說，複製普遍與受人尊敬的個人特質，以及複製最常見的與主流的主體性」（White, 1997b: 227）。身為治療師，如果我們同意這些文化默許的認同敘說和以個體需求為焦點，我們就是在共謀鼓勵當事人接受追求並需要「個人發展」的心理概念。這些觀念並沒有撼動、挑戰或質疑社會與文化的刻板印象，也沒有挑戰或質疑本土或文化／社會的政治力量在形成當事人的問題上所造成的影響。藉著鼓勵與加強*內化*及*病理化*看問題的方式，我們異口同聲地鼓勵當事人用「過去的影響已對我造成傷害，意指我需要治療」的方式定義問題，而不是「我對自己生命的敘說可以用另一個更有益、肯定經驗的敘說來代替」。

懷特沒有舉出任何例子，但也許接下來的敘述可以闡明這一點（根據 White, 1997b: 217-35）。如果一個治療師受到前述「三巨頭」假設的影響，當他治療在學校受到霸凌的孩子時，他可能會視問題為兒童的低自尊，因此需要去發展身體及情緒上的防禦技巧。他可能會猜想，這個男孩極端的憂鬱是否部分導因於他「否認」對該情境的感覺，而治療師是否應該鼓勵讓這些真實的感受在治療室裡充分表達；他可能會猜想是否這個男孩沒有「勇敢地去面對」霸凌，跟成熟度不足有關，因而「招致」霸凌；或許經由接納自己，男孩將具備更成熟的能力以保護自己，並發現對付霸凌的方法。如果這些理念左右他的治療，他會責怪受害者，把情況歸咎於男孩的不成熟、不適應或病態。敘事治療師採取後結構主義和社會建構的立場，會認為學校該阻止霸凌行為；欺負別人的兒童須接受治療以便知道並改變其行為；受害的兒童要給予協助，使其知曉他毋須因霸凌而受到責備，治療是為了幫助他了解，他*沒有責任去發展新的個人能力*（如：學會打架或捍衛自己）以克服這個問題。如果他的父母親仍急於尋求這類課程，那麼治

164

療師會邀請他們看出文化的論述觀點如何影響這個問題，如何阻止他們去欣賞孩子拒絕陷入以暴制暴的立場。治療也許可以協助兒童對自己感覺更好，但*並非*是在他們招惹霸凌、無力反抗或克服的假設下，要求他們改善或成長。此種對權力的認識、譴責非常重要，幫助他對曾經遭受的待遇發展清楚的觀念，也清楚認識到他的絕望和無力感是受到霸凌時不可避免的心情。他新敘說的次要情節將不會圍繞著軟弱、失敗和需要去改善攻擊技巧，而是圍繞在了解恐怖手段的現實與不公平，以及對個人的自我感所造成的後果。我運用類似的敘說歷程來處理情況稍異的露絲（見第八章）。

　　再舉個例子：某位男人的同儕團體論述讓他認為，女人是性剝削需求中該被抨擊的對象，他的治療師應挑戰這點，並且不是用粗魯及面質的方式，而是鼓勵這位男性檢視他的假設（Jenkins, 1990）。如果治療師鼓勵男性從壓抑中解放，邁向成長與自我實現，這種機會就喪失了。男人隱然被給予藉口以迴避責任，因為他的行動被歸諸非個人的機轉和因素（例如不快樂的童年）導致他內在的缺陷，該經由個人成長而消除。「治療的背景脈絡是要反對壓抑，重現人性的『真實』」（White, 1997b: 227）。相反地，敘事治療的工作方向是讓男人面對他所造成的傷害，負起責任，接著擺脫文化對他的態度的影響，改過自新過著迥異、有選擇意識及覺醒的生活。曾被這個男人踩在腳下的女人，會因為害怕他的行動而失去意志，也被說服當有暴力發生時該責怪的是她本人，這些意義會因為治療師試圖用壓抑假說，以及男人有成長與實現的需要來幫助她時而被*複製*（reproduced）。當治療師認為她該知曉勇氣或自尊的限制，或改正可能會被男人痛打的行為時亦然。此種治療聯手並加重壓迫與譴責被害人，無視關係的權力政治導致她的處境──包括男人的行動，以及被同儕團體和被文化影響的價值觀，都在肯定男人的行動。

165

評論「三巨頭」觀念對治療的壓迫性影響時，懷特強調，如果治療師允許自己的思考被真實的意志、壓抑假說及解放敘說所支配，因而使治療工作受到限制，我們不只會限制當事人的選擇，還會讓自己難以實踐倫理，並且降低以豐富的方式過生活及進行實務工作的選擇。我對懷特的論點的了解是，如果我們相信超過我們實務工作所能控制（例如：壓抑）的非人性化歷程，我們不可能做出合乎倫理的抉擇；如果我們用改進缺點的方式來看待自己的生命，我們可能會將自己局限在自怨自艾的內在缺陷苦惱中。此種「三巨頭」的假設壓縮治療師解構治療文化論述的主流故事，以及再次檢視實務工作的創造能力。這不是給治療師機會去「跳出熟悉與已知的疆界」和「挑戰我們思想的極限，（這三個假設）將治療師限制在複製與確定所有我們早已熟悉和知道的東西⋯⋯讓我們和我們的治療工作變得和以往不同的機會之門被關閉了」（White, 1997b: 225-6）。「把這些人性的標準、規則和法律作為我們實務工作的基石，身為治療師，我們讓自己豁免於思考個人的倫理⋯⋯當治療是要解放人類的束縛、要找回真誠時，就沒有什麼好監控的了。」（1997b: 228）「在實務中，這會將我們及當事人限制在以缺陷為中心或充滿問題的過往陳述──不只是當事人的過去，還有我們過去的治療工作。」（1997b: 230）

質疑治療的普世價值觀

根據我的理解，後結構主義隱然質疑治療在本質上對任何人及每個人都有價值的整體概念，因為它宣揚我們都需要的個人成長。雖然我發現懷特和艾普斯頓並沒有特別強調這一點，我相信後結構主義的觀點也挑戰治療師本身當然需要「接受治療」（in therapy）的觀念，或者至少要花大量的時間成為「案主」，以便熟練實務工作。這些觀念是人文主義治療論述的概念，源自於和

西方人文主義意識密不可分的專業文化。它們反映並體現知識／權力與當代其他社會機構的連結，而它們的善意掩飾了自我利益。後結構主義的觀點引導我們去質問：這些信念從何而來？誰在治療中真正受益？此種治療何時結束？誰曾宣稱獲得，或誰曾遇過已經達到實現狀態、令人滿意的個人成長、完全的自我、從壓抑中解放的人？假設所有的治療師都有缺陷，他們應該長期不斷地自我懷疑未知的壓抑和「未竟事務」對其能否勝任治療有潛在影響時，治療師是在向當事人傳達何種意義？這種持續性的心理自我監控並不是傅柯所謂的正向力量（在這裡意指「產生結果」）的例子，反而是在召喚我們投入持續個人自我評價的不可能任務，而這種我們視為不斷擴大的解放運動，卻是永遠不可能達成的？

豐富的生活

　　我不認為我不斷開放地思考、檢視假設和態度、監測行動、擴展理念，就相當於傳統治療所定義的「需求」。當我透過建立關係、旅行、閱讀、聆聽音樂、欣賞藝術、到鄉村遊覽及其他樂趣來豐富我的生命時，我並非將此認定為治療文化中慣用的「個人成長」的詞彙意涵。這很豐富，但不是個人的發展。我還未完成發展（developed）；我沒有變得更好或「更健康」。我選擇探索新觀念，用充滿樂趣的活動豐富我的生活，同時試著謹記在心，我能夠獲得此種富足，跟地球上其他人比較起來顯得享有特權與奢侈（Welch, 1990: 15）。但這跟認為我或尋求協助的當事人在個人發展上，有製造問題或阻礙我們克服這些問題的缺陷大相逕庭，也跟假設當事人需要透過我認為有益於我自己生命的因素來辨識這些內在缺陷更是大大不同。

　　很多治療師在受訓時被鼓勵要假設有這些缺陷——未被滿足的需求、未被承認的傷害，以及未被實現的潛能——在他們及「案主」身上都有。就我看來，在諮商／治療文化裡，豐富的生活已

被視為個人發展中的必備條件，而「治療」被視為對過去與現在生活事件的冗長探究分析，其目標根植於假設但未獲覺察的病理。當事人在克服他們的問題上出現困難，因為他們有這些缺陷，而治療文化促使治療師要認識及消除自身的缺陷，否則就會絆手絆腳，或至少會對當事人的問題產生共鳴而分神。這些源自人文主義文化的論述，從後結構主義的觀點來看，根本是弊多於利。

關於解放個人失敗感的敘說

在〈探究個人的失敗〉（Addressing personal failure）這篇文章裡，懷特認為，解放敘說透過文化與專業的對自我評價及個人發展的大眾心理學施加壓力，是當事人感覺自己過著失敗生活的主因（White, 2002, reprinted in White, 2004a）：

> 對人類生命標準化的判斷已經由全新科技力量的發展成為可能，它們採用各種結構和常態／非常態的連續光譜、成果表、量化每個可想像得到的人類表情，以及排序當事人與他人間關係的公式……雖然這些科技大部分由專業學科所發展……它現在已形成很多大眾文化裡被視為理所當然的通俗知識，對現代生活與認同形成具有舉足輕重的地位（有那麼一段時間反映出大眾心理學的特性，還曾表現在當代浮誇人類興趣的期刊與八卦雜誌上）。（2004a: 169）

懷特認為，治療實務的地圖可以協助當事人遠離各式各樣病態與癱瘓的自我定義。根據治療地圖，治療師可以幫助當事人重新定義他們所謂的「失敗」，並重新定位自己。解放敘說讓他們自覺失敗之處，就是當事人被鼓勵要去思考，是否可經由丟棄文化說要成長、發展、改善及自我評量的誘人指示，他們要學會去*拒絕*。此種能力（因為先前未被指認或敘說而未被認識到）源於

他們的成長史中認同形成的因素，以及在成長過程中形成的價值觀與信念——在現實中引導他們的價值觀和信念，但卻被文化和社會期許的迷霧所遮蔽。

在我認為，這篇擷取自懷特療程中的逐字稿，以及本篇文章稍早的理論解說部分，是本篇文章最令人信服，也是有趣的地方。除此之外，在後現代的模式下，他（經由傅柯）吸收古希臘哲學理念作為治療序列的原理，從這個原理中進一步導引出失敗對話地圖（Failure Conversations Map）。這篇文章猛烈批評的部分不易閱讀，我並不想摘述於此，以下的簡述並無法充分符合原作。

失敗對話地圖

168

可以提出以下的治療問話地圖來探索當事人的失敗感——不是與粗心或不適當的行為有關的失敗，而是一種「不適任、無能、不足、缺陷、遲疑感等等，籠罩在他們的生命中」（White, 2004a: 153）：

1. 哪些社會／文化假設與嘉許的生活，是你認為你沒有達到的？
2. 這些失敗感引發哪些行動、想法和感覺？
3. 在你的生命中，有哪些異於現代社會文化與專業宣揚的成功標準，是你認為很重要也處理得很好的？
4. 你的答案說明你的價值觀和信念是什麼？
5. 在你的成長史及關係中，有哪些地方已經讓你了解、重視與完成這些價值觀和信念？
6. 你已做（或拒絕）了什麼，使你能夠依照這些價值觀和信念過生活？
7. 你希望你未來的生活如何反映並表現這些價值觀與信念？

> 珍妮絲對她的生涯和與伴侶西蒙的關係都十分滿意愉快。她喜歡孩子，認為自己是個「好阿姨」，不但對外甥子女很好，對朋友的孩子也很好。但是她不希望生活被自己的孩子干擾。雖然她的思慮清楚，珍妮絲的內在聲音卻很難蓋過朋友、同事、親戚、父母與社會持續不斷喧鬧的聲音。不管是有形或無形的，所有的聲音都斷言，如果她不成為母親，她的生命將失去很重要的東西；一旦超過生育年齡，她會痛苦地後悔做出這個決定，而且她也不算是個完整的女人。

　　珍妮絲開始思考是否她真的不配稱為女人，也發覺很難不去想是她讓西蒙當不成父親，即使西蒙跟她在這件事上有同樣的看法。根據失敗對話地圖，珍妮絲被鼓勵去指認出跟「母性本能」有關、試圖破壞她與西蒙對生命做出清醒選擇的主流文化敘說，並重新確認她的信念。她決定不再跟某位特別霸道、堅持她該有小孩的親戚來往，覺察某些過去的經驗與她的立場息息相關。不配身為女人與人的失敗感至此都消失無蹤了。

專業的發展

　　在對傳統治療的某些主流假設提出批評時，懷特並非貶低治療師的專業（professional）發展。治療師的技巧是很重要——但技巧與假定有較高層次的心理洞察、假定有能力比當事人還了解他們的經驗有顯著不同：

　　在治療中，我的確會碰到自己個人的瓶頸，那正是我想要探索的。這些瓶頸跟語言、對關係權術的覺察、平衡某些工作上碰到的兩難的能力、經驗、知覺並選擇能開啟新的可能性的特定價值觀等等有關。我想要探索這些瓶頸，跟前來求助的當事人討論，跟其他治療師討論，也透過個人反思、

閱讀等等來探索。用這些方法探索這些瓶頸，我超越過去已知的治療限制。（White, 1995a: 38）

不以促進個人成長的治療目標

也許，一旦我們不再緊握要當事人成長、克服壓抑、發現自我、自我實現的觀念，剩下的就是前來求助的當事人。我從未說治療要「促進我的個人成長」或要「幫助我發現真正的我」，雖然當事人會對我說：「我卡住了」、「我不知道我怎麼了」、「我不了解我自己」，以及「我不知道該往何處去」。大部分尋求協助的當事人只是希望治療可以幫助他們盡快找出問題。通常當事人會把他們的問題歸因於本身的不足、失敗或缺點，然而，傳統尊重個人的治療其實是建立在個人缺陷的假設，並確認及體現這點。我相信敘事治療也想要協助當事人實現他們所追求的目標，不倚靠本質主義與缺陷假設，而是經由練習敘說消弱，而非增強自我病態觀。

當事人本身的語言形式

不出我所料，很少前來求助的當事人熟悉後現代及後結構主義的思想。當事人從充斥大部分西方文化的本質主義與結構主義論述中定義他們的問題。雖然我嘗試在後現代／後結構主義的觀點下思考及進行治療，意謂著我暗中提供當事人另一種思考及敘說生命的方式，但我不會堅持非得這麼做不可，也絕對不會批評或否定他們的語言及思考形式。我相信，如果我在自己的信念和假設的架構下從事治療，他們依隨本質主義和結構主義架構的思考和語言，不會否認治療所帶來的改變。

不以治療師為中心

或許敘事治療對傳統的治療假設最重大的發展就是不以治療師為中心（therapist decentring），重新思考治療師與當事人關係的本質。懷特提出幾個定義關係的方式，質疑這個治療中最被看重的假設。

不以治療師為中心造就敘事治療的特色與實務，並在以下三處的討論中特別聚焦表示：重新入會、透明化（transparency），以及收回練習（taking-back practices）。在治療對話中，這些元素相互交織，但為求清楚，我將依序討論。不過，首先我會說明我自己對後結構主義思想的了解，其對治療文化裡治療師與當事人間關係的假設提出質疑。我並未在懷特的文章中看到他評論這些傳統的假設，雖然他已經在治療師——當事人關係議題中闡述他的理念（White, 1997b: 125-44）。

當事人和治療師之間的關係

在羅哲斯學派與敘事治療中，當事人被視為生活的專家，而非治療師。與心理動力或認知治療師相較，羅哲斯學派的治療師被認為不參與治療歷程。羅哲斯相信，如果治療師提供接納、同理與真誠的治療脈絡，給予當事人時間和空間探索問題，加上適當的鼓勵暗示，這樣就足夠了；當事人面對他的恐懼，理清思緒，敢於體驗真實的感覺，邁向改變（Rogers, 1951, 1961）。

對我而言，羅哲斯的治療似乎包含兩個假設，與他尊重當事人有能力發現自己前進的方向有所出入。其中之一是方才討論過的*缺陷假設*（deficiency assumption）——「當事人」需要改變。即便有很多相異點，羅哲斯學派、認知與心理動力學派治療直截了當地認為問題「出在」當事人身上，當事人被視為無力克服、

因應或辨識其問題，因為他們思緒不周，不夠完美、成熟、健康等等，端視治療師如何定義這些詞彙。

即便羅哲斯稱其療法為個人中心治療，另一個相牴觸的假設是以*治療師為中心*（centrality of the therapist），強調其為協助當事人克服缺陷的方法。雖然羅哲斯反對治療師的專家角色，套用安德森（Harlene Anderson）的話——我認為羅哲斯學派的傳統已然導致治療師理想化與自稱「解放英雄」角色的危險（1997: 32）。治療師要提供當事人暫時但重要的關係，否則治療無法竟其功，而且也沒有其他人可以支援此種關係。在羅哲斯學派裡，治療師的任務是*藉由*此種與當事人的關係促進其「成長」：「如果……我將關係視為一個機會，用以增強他的*全部*存有，增強他這個人和他的全部*潛能*，那麼他就會傾向於依此而行動，並且也支持了*這個*假設。以此，我就——用布柏（Buber）的話說——確認了他是個活著的人，具有創造的*內在發展能力*。」（1961: 56，斜體處為原作者強調）

以「治療關係」為中心已變成大部分治療的既定事實，特別是個人中心學派的傳統，如同孟與瑟聶（Mearns & Thorne）所說：

> （羅哲斯的）個人中心取向最大的特色就是，它不會只是口頭上說關係很重要，而是實際把它當作每一位當事人的*治療歷程目標*……關係是最重要的：如果關係是健康的，那麼治療結果都很有可能具建設性。治療師有責任去創造健康的關係。（1999: 22，強調處為作者自加）

> （在督導中）呈現「案例」不會像其他學派一樣投注心力在當事人錯綜複雜的人格上，但是……把較多的注意力放在評估治療師與當事人之間的關係。（1999: 56，強調處為作

171

者自加）

　　相互一體感（mutuality）在個人中心治療中無法總是達到，總會有某些時候，治療師發現當事人再也不需要*此段關係了*。也許當事人已順利通過重大的生命轉捩點，縱使治療關係沒有辦法發展到一體感，當事人大多能掌握其生命……有時候當事人在治療中有顯著進展，然而，卻發覺很難想像他如何靠*自己*持續下去。（1999: 16，強調處為作者自加）

　　持續不斷地關注治療師—當事人的關係，讓治療室成為治療歷程的中心，當事人和治療師的關係是改變的重要動力。

　　這是在吹捧治療師。我認為把治療室當作治療脈絡，以及把跟治療師的關係視為治療重心，根本忽視了當事人在治療室外的關係和生活脈絡，才是導致他們探索及抉擇的一項重要因素。此種觀點不曾考慮當事人可以在朋友、伴侶、同事、雙親、老師、兒女、親人、醫生、牧師、正式與非正式同儕團體等等的協助下克服問題。除了治療師，每個人都被排除在治療歷程外。

　　我從未聽過我的同事們吹噓自己比當事人生命中其他的關係還重要，我確信這個想法會嚇壞他們，但這正是治療師要激發的療癒性關係。的確，朋友和親人的協助有時會帶來反效果：他們可能太樂天、太悲觀、給太多無用的建議，或逼你處理問題。治療師很容易相信專業的知識是必要的，特別是與專家的特殊關係。只有在敘事治療裡，我才得知這個完全相反的觀念，專家的角色若能成為治療的現實性與真實生活關係的催化劑，將會更具建設性及合乎倫理，有時可透過安排圈外人見證，邀請當事人的朋友或重要他人參與（見第七章）。其餘可以在真實生活中獲得的療癒關係將略述於後。

172

治療師與當事人的連結未等同於治療關係本身

我相信，經由真誠、豐富的關係，當事人真實生活中的重要他人會帶來治療的轉變。我認為治療師在協助引發這些轉變上扮演相當不同的角色，運用他們的專業技巧鼓勵當事人主動且專心地重新思索經驗、觀點與認同，也就是運用本書所描述的一些方法。

這並非宣揚冷漠、疏離或疏遠的工作模式。在治療時，我會試著以尊重、接納及真誠和當事人產生連結，這跟我試著與一般人建立關係並無不同——在治療室裡我並非特別採取「治療—連結」模式。我不是試著跟當事人建立特殊的關係，而是運用對話尋找、強調及探索當事人過去和現在真實生命中的關係。用敘事術語就稱之為「重新入會的對話」（re-membering conversations）。我也會試著採用透明化及可信賴的態度，邀請並分享我們該如何共同進行治療，以及承認我自己生命中可能會影響或對我所提供的服務有所限制的態度與經驗。這些不以我為中心的對話在挑戰治療師的神祕感，排除任何我能夠或我希望自外於治療室中的自己與其他生活面向的自己的想法。透過收回練習，我自己的生命對當事人的故事有影響的部分都得到充分的認識，強調我自己和當事人之間關係的雙向本質，包括從委託我解決問題的當事人身上學習。這些是實務上合乎倫理層面的要素。以下的描述並非依照原文陳述，我的實踐是基於對懷特的理解。

「重新入會」的對話

「重新入會」的對話是不以治療師為中心的治療。經由重新入會的對話，找出當事人的重要他人及具有助益的關係，不管其是否仍在世或現在已不在身邊。我鼓勵當事人記住可以協助他的人的「聲音」。我邀請他鉅細靡遺地描述這些關係的發展史與本

質。我詢問這些人當中是否有人適合加入、重新參與,或可以在「他的生命俱樂部」(club of his life)變得更主動積極(White, 1997b: 22-4)。有時候我用開放且特定的方式介紹「生命中的俱樂部」這個隱喻,有時候我用獲准重新加入或不准加入當事人的生命這個較一般性的概念來稱之。

藉著回想曾扮演支持性或正面角色的人們,以及想像他們可能會說的話、可能會給的建議,或對當事人的努力與成就可能有的反應,即便這些人可能因失去聯絡或不在人世,當事人還是可以在困境中獲得協助及陪伴。他的自我故事會因他們重新回到他的生命而變得豐厚,而他對自己的感覺也會因為了解他對這些人的重要性、這些人對他的重要性,以及邀請他們重新回來扮演支持性的同在而變得豐富。這個過程開創新的治療情節。對這些人的增強回憶連結對當下的敘說,將他們的影響力拉到現在。這不是靈性或宗教體驗,我要加以澄清以免誤解。我曾治療相信死後仍有生命的當事人,他們對重新入會的想法非常感動,也覺得有幫助,但我知道這個觀念對沒有這個信仰的當事人仍然有益。遭逢悲傷,特別是逝者離世已久的當事人,通常會在讓逝者重新入會時得到很大的安慰與啟發,放棄想要順從社會文化中要人忘記或「讓他去吧」的普遍觀念(White, 1989: 29-36; 1997b: 2-39; Hedtke & Winslade, 2004)。

某些人可能還能聯絡到,或可以聯絡得上,他們在協助經驗分享與共同慶祝問題得到解決上是相當具有價值的。一些問題如:「如果你告訴他們你的進展,誰會因而感到歡喜?」「你會想跟誰分享你的發現,好讓它流傳更遠?」會鼓勵當事人徵召重要他人作為重新敘說的聽眾,不管是私底下或帶進治療室都可以。至於克服敘說與重新敘說對話的限制,就交給我這個治療師。

重新入會的對話可見本書第六章(珍妮)、第八章(克萊拉),以及第十章(約翰)的例子。

生命俱樂部的隱喻也可以用於當事人不想要生命中某些特定的人，例如施虐者或煩人的前伴侶，卻發現自己很難抽離這些人，不管是在形體、心態或感覺上。以此為例，這個歷程可視為下定決心要將施暴者懸置或趕出當事人的生命之外——不是「重新入會」，而是「撤銷會籍」。被虐待或被拒絕的關係的本質與歷史通常會在治療此刻探索，因此可以列出當事人被不公平對待的清單，作為將施暴者趕出場的證據。可以寫下施暴者慣用的辯詞及當事人的陳述，以揭發這些詭辯。「事情已經發生了」可以用「你選擇這麼做」來抗衡；「你讓我神經緊張」可以用「你喜歡用憤怒來回應我的沮喪」來抗衡；「你想太多了」可以用「我知道我看到和聽到什麼」來抗衡等等。這些宣言可作為治療性文件保存。在撤銷特定人士會籍的過程中，支持性人士的重新入會很有幫助：在當事人轉變與迷惘時，見證並支持他的價值觀。有時候撤銷會籍可用象徵性的儀式來發揮作用，例如：支援委員會，由當事人召集重新入會的人檢視證據，並且協助他確認撤銷會籍的正當性。這可以是實質的會議（White, 1995a: 104-7），或由想像／象徵性的人物組成。接下來可撰寫開除信件，分送給支援委員會或特定的朋友，如果沒有潛在危險的話，或許可以郵寄給這個當事人生命中的前會員。也可以將此信件影印，保存作為治療性文件。

174

雖然是由治療師引介重新入會的對話，對話本身卻是要不以治療師為中心。它們關注與鼓勵的是當事人真實生活中擁有的真誠關係，並在治療師逐漸成為遙遠的回憶時，可以持續扮演支持性與肯定的角色。

透明化

敘事治療的透明化概念或許有點類似羅哲斯的「真誠一致」（congruence）：兩者都強調治療師應真誠地對待當事人，避免上對下或保持專業的距離。

羅哲斯強調治療師的自我覺察，持續地意識其感覺和反應，對「當事人」毫無保留（Rogers, 1961: 61-2）。懷特的透明化理念也是自我監控，但他的重點在於跟當事人對話時，治療師不可能完全脫離文化與社會形成的假設、信念及行為。透明化是藉由開放地向當事人承認有這些因素以增進信任感，並從分享中擺脫其負面影響。懷特強調，不以治療師為中心的倫理首先要以開放的心胸對待當事人：

　　　　賦予尋求協助的當事人發聲的權力，（大過）治療師一向被視為理所當然，以及再次將他人邊緣化的權力表現。這些情境提供治療師機會，把這些表現和他們在社會上的性別、種族、文化、階級、性取向及年齡位階相連結。（1997b: 205）

　　　　敘事的實踐讓我們不至於複製權力關係，鼓勵我們負起指認這些權力關係的責任，並建構至治療歷程裡。（1997b: 232）

　　有關我的種族、社經地位、性別、性取向、能力，以及所有其他我的經驗和當事人的經驗獨特之處，都必須獲得認可。以性別為例：懷特認為以一位男性治療師而言，透明化包括在治療中承認他身為男性及處在男性文化的限制，檢視女性是否在治療中受到此種態度的操弄；鼓勵女性檢視她們跟他合作的經驗，請女性指出他的治療工作中運作這些因素之處，還有徵詢其他非接受該男性治療師治療的女性，都可以協助他了解女性如何經驗到他不當的性別行為（White, 1995a: 165-6）。

　　我曾徵詢女性，我在錄影訪問時的表現顯露多少未受檢視的性別歧視態度，並向一位對機構權力特別有興趣的女性友人尋求建議。我的督導之一是位女性。然而，我尚有許多改進空間。我

175

很容易落入羅（Ian Law）所說的隱微的性別歧視陷阱：「向女性徵詢意見以支持我自己的想法，而不是聽聽女性不同的意見。」（1994: 40）

藉由如下的詢問、聲明與邀請，我定期與當事人檢核，是否有我未被認知的性別偏見與文化形成假設會影響我的治療：

- 身為男性，我無法親身體會女人被男人限制要「乖乖聽話」的滋味是什麼。
- 在理解同志的生活經驗上，我一定會有某些盲點。
- 我說話的語調會使你回想起那個要控制你的男人嗎？
- 我似乎說得太多。典型的男性行為。我很抱歉我控制了這個療程。
- 我剛剛說的話聽起來像是一個成年人自以為他懂青少年在想什麼嗎？
- 我很容易忘記我有工作而你沒有。以為你可以去公民諮詢局找資訊是很不體貼的——我該知道你負擔不起公車費。
- 當我問你為什麼離不開你先生時，你讓我明白我沒有考慮到婚姻誓約的重要性。我很抱歉——或許那是反映出我這一代對這些誓言的輕忽態度。
- 我了解我用西方的語彙討論你女兒的事——我不知道在你的國家裡，要一直到兒女結婚，父母親才能卸下重擔。如果我說了什麼不得體的話，我很希望你可以告訴我。

收回練習

根據傳統的治療觀，治療師提供單向（one-way）的服務。所有的注意力都在當事人和他的問題上，治療師拒絕分享自己的生命。這看似符合倫理；治療師為當事人服務，不可以將注意力轉

移到自己身上。這就是不以治療師為中心嗎？懷特挑戰我們去重新思考這個假設，了解治療不是*單*向的：

176

> 單向的治療互動觀在心理治療文化是理所當然的事……治療的對象僅指前來求助治療師的當事人，而且……若治療是成功的，若一切順利的話，這些當事人會經驗某些轉換歷程……治療師據悉擁有治療的知識，並將之應用在當事人身上，當事人是生命改變的「他者」……反對這種單向的做法為理想的治療歷程肯定會受到質疑。（White, 1997b: 127-8）

> 我對宣揚治療是雙向的歷程（two-way）有倫理上的承諾（ethical commitment），並試著找到實際的方法指認、說明且盡可能在實務工作中表現此種治療互動，也用更正面的方式形塑我的生活。（White, 1995a: 168，強調處為作者自加）

懷特認為，傳統的位階事實上限制了個人與以治療師為中心：

> 假使理想的情況是當事人的生活因治療的對話而改變，但同時治療師的生命仍維持不變，當事人還是很容易排斥好不容易建立的認同……很多尋求協助的當事人對其生命和認同所獲致的結論仍嫌不足。他們「認為」他們缺少必要的知識或技能去發現生命中的問題……這些缺陷因治療師的專家知識與技能而得到修復……這種情況嚴重地加重薄弱的認同。（White, 1997b: 128-9）

敘事治療師當然不會強迫當事人聽他們個人的問題！在治療中發生的雙向過程完全是為了當事人，而不是為了治療師（White, 1995a: 172-98; 1997b: 100-4）。「收回練習並不是以治療師為中心

的產物，相反的是要……讓前來求助的當事人依然是治療的重心。」（White, 1997b: 146）我試著「反過來」告訴當事人，我們的療程如何有助於我的工作，還有我在治療工作外的生活。我不會用過分熱情或恭維的方式表達這些謝意，而是體認到我們共同的人性的精神：「我不是在表達慈悲心。這些表現一點也不誇大──『你已改變了我的生命』──而這並非恭維。最重要的是，這些收回練習是一種倫理上的承諾……承認這項工作讓治療師的生命有所不同。」（White, 1997b: 145）

實務範例

- 我會告訴相信死後有生命的當事人，他們的想法提醒我，我的母親如何從其靈性信仰中得到安慰。

- 我對一位死產的女性表達感謝，因她讓我知道失去孩子的心情，並向她保證這將會對我治療面臨類似問題的女性很有幫助。

- 露絲寫信同意我在本書運用她的經歷（第八章），她希望她的故事可以幫助其他的女性，我回信說，即便只有一或兩位治療家暴女性的治療師獲益，她的希望亦得到實現。

- 我問成功獲得職場傷害賠償的瑪莎願不願意跟有類似職場爭議的人分享她的故事，因這個故事教育及激勵了我。

- 比利因對師長不敬被學校轉介而來。在幾次的會談中，我花了很多時間鼓勵他指出可以保持冷靜與禮貌的場合。在第三次的晤談中，他無視於我的開放性問題，逕自談了很多過去痛苦的回憶，讓他時時刻刻神經緊繃與憤怒。我謝謝他即時提醒我要注意，我是否在探討他真的想探索的問題。

- 珍必須靠輪椅行動。談到她的兩難是，她想要被當作正常

177

人來對待，而不是「坐在輪椅上的珍」，但是當別人無視
她的不便時，她又會生氣。我聽了心有戚戚焉，這跟人們
忽視我的重聽或沒注意到我助聽器的反應很像（儘管助聽
器的設計是隱藏式的）。我告訴珍，她的想法對我個人很
有幫助，強調這些想法有助於我將來治療有身體障礙的當
事人。

● 當治療結束時，我通常會告訴當事人，他們能用更有希望
的方式過日子，這也帶給我希望，當我將來面對類似的問
題情境時，我應該能記得我們的對話，作為勉勵。

其他有助於不以治療師為中心的實務

在先前的章節中說明的實務技巧都有助於不以治療師為中心，
避免讓治療室成為「脫離當事人日常生活脈絡的微觀世界」
（White, 1997b: 200）。鼓勵當事人從生命敘說中找出獨特的結
果，加以命名、解構，並編織成連貫的系列故事，思考這些系列
故事在未來會變成什麼，就是不以治療師為中心，因其不認為治
療師或單與治療師的關係就是治療或療程的必要條件。

外化的對話藉由討論社會、文化、歷史與人際政治的主流假
設來解除治療師的中心地位。有助於當事人的不再是治療師對內
在歷程的專家知識，換句話說，治療師所提供的協助是要挑戰當
事人，用結構主義的方式描述其對生命事件的反應是否適當。鼓
勵當事人檢視與解構，選擇是否保留或擺脫這些影響，治療師協
助當事人展開平等的對話，思考非病態化的觀點。治療師展開並
鼓勵這個過程，但並未在這個過程中顯示自己的權威。舉個例子
來說，有位當事人自認為失敗感不斷襲來，因為他沒辦法像兄弟
姊妹一樣在學業上獲得高成就，一旦治療師與他展開對話，解構
父母親、同儕、社會、文化與階級等因素將學業成就當作評量個

人價值的標準，也污染了他的自我故事，就可能因而改變他對自我的觀感。此種對話包括用其他方式評價人們的問句，並邀請他從這些因素和價值觀思考自己的生命。當事人*可能*選擇依據這些價值觀過日子。因此，毋須仰賴治療師提供特殊關係、治療，或修復思考、缺乏情感的缺陷，不成熟或任何本質主義認定需要專家關注的病理。

敘事心理學

麥理歐認為敘事治療是「後心理學」（post-psychological），是一種認識到學術與專業的心理學已成為有害的病理化與個別化的潮流（參見本書序言）。我同意他的說法。然而，有一種心理學很接近敘事心理學的價值觀與概念——用非學術的方式思考人類及其關係，也就是布魯納所稱的「俗民心理學」（folk psychology）。接下來的說明大部分是根據布魯納的理念，以及懷特如何將這些理念應用在敘事治療上（Bruner, 1990: Chapter 2; White, 2004a: Chapter 3）。

後結構主義重新評估心理生活知識的準則與本質，包括質疑學術、專業、專家的心理學理論與實務，是否定、拒絕那些沒有運用專業理論的人們對日常生活的理解與人性觀。重新評估專家知識反映出後現代運動欲推展解構的思想至整個社會與文化生活。贊同某些概念，如多元觀點、心理學假設的不可驗證性、不可能運用心理學理論預測，以及尊重不同文化的信仰、社會階層和生活方式意義（Gergen, 1994: 149-72; Geertz, 1973, 1983, 1995, 2000）。這些重新思考包括分析由那些心理健康專家掌握的權力位置，他們運用隱微的假設性心理歷程知識來界定並提升他們的社會地位和生涯，要回答人類受苦的問題須應用這些深奧的實務與理論，並得到封閉的訓練與認證系統的支持（Foucault, 1963;

Parker et al., 1995）。專業心理學假定的真實情況當然沒有達成共識，各異的專家理論用互斥的語彙反對不同的專業理念（Gergen 2001: Chapter 3）。關於人類行為的原因，非專家的理論不似專家理論受到認可，卻在大多數人的日常生活中得到彰顯。雖因簡單原始而被專家們嗤之以鼻，然而卻是一般社會生活與互動的基礎──包括專業的菁英本身。

179 　　懷特主張：「敘事治療的很多實務都跟長久以來理解生命與認同的特殊傳統有關……有時……被稱為『俗民心理學』。」（White, 2004a, 67）現代主義的專業心理學知識假定有菁英知識的存在，如潛意識的心理力量、適應不良、自我欺騙、缺乏情感、肢體語言所顯露的未知心理狀態、不合邏輯的思考等等。相反地，俗民心理學比較像是十九世紀末期前佛洛伊德（pre-Freud）心理學家所提出讓人易懂的心理學理論，例如，詹姆斯（William James）「不主張內在狀態構念」及「了解人類生命的傳統在最近幾十年來顯著復甦」（White, 2004a: 69）。

　　敘事治療不完全等同於俗民心理學，因其受到某些專業領域如：社會學、社會心理學、記憶理論、人類學和歷史觀念的啟發。然而，這就是認知性理論跟日常生活有所交集之處。俗民心理學和敘事治療相關的論點包括：

- 嚴肅看待當事人的意識，以及公開陳述的意圖、目標與價值觀。
- 焦點在當事人的「主動性」（agentive），意思是說，即便他們有困惑、憂慮及不確定的時候，都能夠完全了解自己及他人，明瞭做決定的理由，以及將其新觀點轉換成實際的行動。
- 認為「深層」心智功能無關緊要。
- 用可理解的方式表達例外事件，用日常生活已知的現象詮

釋它們的意義。

- 用敘事的形式表達對世界、生命與關係的觀點。

從一項極富盛名和影響力的研究裡，霍格（Richard Hoggart, 1953）在他傳統的英國勞工階級文化主題的書中，論證俗民心理學的論述如何透過諺語、成語及故事在社群中有力地表達出古老的智慧。這些都是經驗的摘述與生活的指導方針。然而，就像霍格、懷特與布魯納所堅持的，不要對俗民心理學感情用事是很重要的。它跟其他的論述一樣，融合多重面向，也跟其他看生命的角度一樣，可能存有偏見。但它的論述可用共同分享、可理解的詞彙，*而非專家心理學的知識*來加以檢視、質疑與挑戰。對話是開放的：你的意思是？你為什麼會這麼想？這些觀念從哪裡來的？你發現哪些證據可以支持它們？你為什麼會這麼做？當你這麼說時，對方會說什麼？你如何用不同的方式行動？如果你這麼做的話，什麼事情會變得更好？——在治療中，將用更完整而非簡述的方式表達，當事人被邀請談論他們的行動、信念與感覺，毋須在意表裡不一的專業心理學論述，以及被視為是有較高階知識的治療師。

俗民心理學非大眾心理學

180

媒體對心理學的遐想，讓狹隘的學院派心理學理論滲透至日常生活意識與通用說法中。雖然它們尚未普遍影響傳統俗民心理學的概念與日常生活的互動，但是這些概念卻常常會在人們第一次誠惶誠恐地見治療師時浮現。我見過無數的人用損害及制約的隱喻將早期童年經驗視為當前困境的原因。配偶們通常把「溝通問題」視為其關係不良的來源（有時他們的衝突就是太過於激烈的溝通）。曾被性虐待的當事人告訴我，他們很害怕會去性侵害

自己的孩子，深信這幾乎是難以避免的。暴力被誤認為是早年家庭暴力的必然結果。曾有一次在醫生的診療室裡，一位新轉介而來的當事人問我，她是不是應該躺在檢查台上，因為她把那當成精神科醫師的躺椅了！我真的認為大眾心理學的解釋影響當事人看待自己生命的方式，因而加重其沮喪與宿命感。解構大眾心理學，確認及詳述替代性故事和觀點通常是比較可行且具建設性：「你認為丈夫不快樂的童年是他離開妳的主要原因，我們是不是該好好審視一番？」有時我舉研究結果為例說明另類觀點，如三分之二的受虐者並沒有變成施虐者（Kaufman & Zigler, 1987, 引自 Tavris, 2003: xii）。換句話說，我試著對抗當事人的故事中涉及大眾心理學的觀念，避免使用專業心理學的術語，並且運用類似俗民心理學直接與坦率的論述來對話。

摘要

後結構主義啟發了敘事治療，對很多傳統治療文化所依據的心理學假設提出質疑。它挑戰主流人文主義「真實的意志」、「壓抑假說」及「解放敘說」的假設。懷特探討未被檢視的治療師權力，以及在治療時所提出的問題、自我的本質等，都在病態化當事人、治療師的自尊，和治療師與當事人間的關係。不以治療師為中心是對敘事治療的倫理性承諾，在讓過去或現存的關係繼續具治療性的激勵對話中特別明顯；透明化是承認治療師的文化處境限制，以及跟當事人分享其在治療的貢獻對治療師的意義。「俗民心理學」中意識選擇的觀念，有能力改變與透過故事來象徵和詮釋生命，都比學術性的心理學還要接近敘事治療的理念。

CHAPTER

⑩ 敘事治療實務二：

創傷後反應與伴侶諮商

創傷後反應

我 和唐娜的治療內容（第六章）說明了敘事治療如何因應創傷後反應。在唐娜的案例中，治療性文件扮演重要的角色。我將進一步提供更多的描述和實例，說明敘事的技巧如何有助於影響當事人的生命與認同感。

因虐待與暴力所導致的創傷

　　敘事治療師們在治療經歷暴力與虐待的當事人上已累積相當多的著作，通常典型的創傷後反應有：夢魘、瞬間經驗重現、逃避、過度警覺與憂鬱。跟虐待的影響相較起來，其對當事人的認同感所造成的影響鮮少受到重視（White, 1995a: Chapter 4; 2004b）。懷特認為，重點工作在協助當事人重獲「我是誰」的認同感，以對抗施虐者欲摧毀她的認同感而強加自身觀點在她身上，希望她是順從的、自責的、缺乏自我與生活的價值。治療包含：

- 為虐待命名，使用能讓施虐者負起虐待責任和選擇的用詞。
- 解構虐待的事件與脈絡，以便澄清施虐者應負的責任。
- 詳述受虐者的身體或觀念上對抗虐待的影響，以及抵抗施虐者企圖強加在她身上的受害者意識時，所產生的獨特的結果。
- 邀請受虐者敘說雖因虐待創傷而被暫時摧毀的認同感，但卻能與之抗衡的生命事件。

182　　　　獨特的結果從重新敘說開始，包括想法、行動和感覺都顯示出當事人自己的*價值*，她「生命的重要知識與實踐」（White, 2004b），不必管施虐者對她的觀點為何，也不管其他人以拒絕認真傾聽她的敘述或責怪她咎由自取來貶低她。這些獨特的結果之前並未受到重視，但經由詳盡的探索得以編入次要情節裡，以抗衡並削弱那個低認同的自我故事。如果有可能的話，界定儀式可以透過圈外人見證團隊的回應，以及當事人對這些回應的評論，進一步地具體化這個修正過的故事（White, 2004b）。

　　有時候虐待並不是直接的，此時獨特的結果來自當事人決定說出創傷、它的後續影響，以及她的行動和反應，但也須小心因透露太多的細節和情緒負荷所可能產生的二度創傷：「鼓勵他們直接重現創傷經驗是無益的，在很多的情況下是危險的。」（White, 2004b: 71）因此，治療回溯的過程不可能只有創傷事件，當敘事治療師專注在當事人的生活而非創傷經驗時，跟傳統取向比較起來，他們所採取的是較間接的做法。重點在對抗當事人的負向認同感，要修正或逆轉這種觀念，可透過探索生命中任何可能的獨特的結果，則虐待的影響就會減低或分散。舉例說來，這種方式跟麥新保（Donald Meichenbaum）的認知敘事取向並不相同，但懷特和艾普斯頓的創傷治療卻有很多的共同點（Meichenbaum, 1994: 330-9）。在懷特和茱莉（她被父親、鄰居和配偶

虐待）的晤談中，轉捩點在懷特提出一連串與虐待情境無關的一件意外的相關問題。她目睹一場交通意外，對於無法上前救助一個受傷的小孩而自責。矛盾的是，這正指出她有一個重視的東西——「珍視兒童的生命」。懷特解構這個意外，並結合圈外人見證的方法，結果「很明顯地那些令她洩氣的想法，且*與這事件有關的恐怖視覺影像*都大幅降低，茉莉有一種『開始從動彈不得的僵局中脫困……就像從冬眠中甦醒』的感覺」（White, 2004b，強調處為作者自加）。她沒有再回到施虐者身邊。

敘事治療師假定，使人痛苦的創傷後反應，如：憂鬱、逃避、焦慮、夢魘、瞬間經驗再現、高警覺性及恐慌，都是回應虐待情境而引發，只要再建立認同感，它們就會削弱及消失。在敘事的文獻裡，這些反應並不受重視，而我很驚訝地發現，這些惱人的反應是大部分來找我做創傷後治療的當事人最擔心的。懷特的立場似乎認為，重新敘說認同把當事人的記憶系統重新指向更有助益的地方（White, 2004b）。他訴諸有關於記憶生理基礎的理論，特別是同事米爾斯（Russell Meares, 2000）的理論，有趣的是，在討論創傷的生理學時，懷特使用之前著作中從未提及的隱喻，如：「記憶系統」、「自傳式記憶」及「意識流」（White, 2004b: 70）。當懷特的思考擴展時，這是他另一個令人驚奇的例子。

183

因隨機事件（如意外）所造成的創傷

本書中擷取實務工作中所聽到的故事，是我認為可以讓個別治療師——跟家族治療師比較起來資源較受限——但還是能有效地運用敘事治療處理嚴重的問題。我將不在此對敘事治療實務做太多的說明和解釋，因為讀者讀到此也差不多已有相當的概念了。

在本書即將付梓前，很遺憾地，敘事治療的文獻裡仍普遍缺乏除了虐待和暴力以外的創傷性閱讀資料。雖然《國際敘事治療與社區工作期刊》（*International Journal of Narrative Therapy and*

Community Work）已經出版有關海嘯（Arulampalam et al., 2005）、卡崔娜颶風（West, 2005）等創傷性的文章，且韋嘉頓（Kaethe Weingarten）也研究意外和疾病等間接創傷（2003）。我會想到這一點是由於幾年前，一位名叫約翰的三十多歲男性被醫生轉介而來，提到他會焦慮和憂鬱、睡眠不足、注意力不集中及食慾不振。轉介信提到約翰小時候曾目擊朋友意外死亡，而且還常常作跟此有關的惡夢。在我們開始治療前，我查閱所有敘事治療的書籍和文章，希望可以發現某些指引，但收穫不多。雖然有些觀念可能有用，但大部分都不相關。麥新保（Meichenbaum 1994）的書強調，從當事人的敘說中找出可以正向重新概念化的經驗是很有用的，而我跟約翰的第一次晤談就決定要從他對創傷意外的敘說中找出獨特的結果。也許他曾試過要大聲警告以避免這場意外，或者曾在朋友死亡之前說些安慰的話，或者可能有某些其他重要的行動。這些線索可能指向另一個相反的情節，說明他仍有某些控制力及行動力，且證明他曾採取「試著要保護他所重視的東西的行動」（White, 2004b: 48）。

在第一次的療程中，我告訴約翰，如果敘說創傷意外事件會令他負荷太重，他隨時可以喊停。我告訴他，對我們而言，最重要的事情是討論朋友的意外對他目前生活的影響。他說事情既然已經這麼糟了，再談這件意外也不會更糟了。約翰的故事的確令人不寒而慄，我也很確定目擊恐怖事件所造成的創傷後壓力反應，應該和直接經歷創傷事件一樣嚴肅地看待（參照 Weingarten, 2003）。約翰九歲時，他和朋友詹姆斯爬到一棵很高的樹上，詹姆斯從樹上滑落，掉在一排尖欄杆上，欄杆刺穿他的身體，而他就掛在那上面。約翰坐在樹上動彈不得，最後終於勉強爬下樹，剛好有一個男人走過來幫忙。很不幸地，當這名男子把詹姆斯從欄杆上放下來時，約翰看到詹姆斯肚破腸流、血淋淋的模樣，然後在那一刻他就氣絕身亡了。

184

在意外發生後，約翰沒有接受任何的醫療或心理治療，三十年來，他依舊每晚作栩栩如生的噩夢，迫使他經常熬夜，把自己弄得疲累不堪，但沒什麼效果——他依然從噩夢中驚醒，難以再入睡。有時候看電視或其他跟創傷有點關聯的事情，會讓他想到意外事件的影像，還會恐慌發作。他同意醫師對他的憂鬱症診斷——他從沒真正快樂過，覺得生活很悲慘乏味。他的太太崔絲很支持他，但他沒告訴她完整的意外故事，因為他怕她會受不了，覺得這個問題太難應付而決定離開他。雖然他是一個很好的技師，可是卻沒辦法持續工作，因為疲憊常使他無法專心工作。

這次的療程談的都是約翰對意外的描述及後果，令我沮喪的是，我沒辦法找出任何獨特的結果的線索。我是適合約翰的治療師嗎？我心裡懷疑著。敘事治療是治療他的適當取向嗎？我跟督導討論，我們決定，既然約翰已經認為自己對生活沒多少控制力，那麼讓他選擇繼續前進，包括這次轉介，是很重要的。她建議我再盡可能做幾次治療，如果約翰決定選擇此種療法，我到時再想想看可以怎樣運用敘事治療的理念。我回頭查閱麥新保的書，吸收不同的創傷治療取向的知識、相關的效果及證據等等。我花了很多時間思考，提醒自己探索獨特的結果是找到替代性生活次要情節的唯一入口。

我承認在第二次療程開始時，我處理創傷的治療經驗仍相當有限，特別是那些目睹恐怖事件的間接創傷而非自身的安全受到威脅的當事人。我列出幾個約翰可能會考慮、但我無法提供的取向，給他一張說明單。我告訴他，如果他決定繼續，我們會持續不斷地檢視，而我的方法會試著協助他發展出堅強的正面影像，以對抗糾纏他睡眠及清醒意識的恐怖影像。他選擇要繼續治療，在這次療程結束後，我們都笑了。

在我的邀請下，約翰描述他和詹姆斯在意外發生前多年來的友情。他們是最好的搭檔，身為家裡的獨子，約翰簡直把詹姆斯

當作弟弟一樣看待。他們在同一所學校的同一個班級上課，座位就在隔壁，常會跟老師開開無傷大雅的玩笑，放學後玩各種小把戲。在描述這些事情時，約翰變得生氣勃勃，我讓他描述更多的細節，如記憶中的聲音、氣味、影像等。約翰和詹姆斯都住在鄉下，他們曾經在鄰居的菜園裡挖壕溝、玩戰爭遊戲，弄得全身髒兮兮；他們曾經惡作劇地在玉米田裡放火；當他們在果園偷摘蘋果時，還被警察逮個正著，但警察的嚴詞訓斥因仁慈的果園主人而態度軟化，果園主人傍晚時還給他們每個人一箱蘋果帶回家。這兩個男孩有時候會睡在彼此家中，在床上看漫畫、談天說笑，直到睡著。這些重新入會的對話（White, 1997b: Chapter 2；本書第九章）彷彿讓詹姆斯重生，為約翰的生活注入活力。我告訴他我小時候也偷過東西，並建議約翰在我們下次見面前注意一下，是否能再回想起與詹姆斯相處的點點滴滴。

的確，在下一次的療程裡，約翰說出越來越多的故事。男孩們曾經把小推車放在兒童遊樂場的溜滑梯上，兩個人坐在上面以驚人的速度滑下來。有一次約翰還跌下來撞到頭，不得不去看醫生。冬天裡，他們滾大雪球擋在鄰居家門口，結果鄰居從側門追著他們追到馬路上。我問約翰，如果詹姆斯可以聽到這些回憶的話，他會說什麼？約翰在他短暫的生命中扮演什麼角色？如果沒有約翰的話，他的生命會缺少什麼？詹姆斯希望約翰怎麼回憶他？如果詹姆斯可以聽到約翰回憶這些歷歷在目的相處時光，他會有什麼想法和感覺？這些回憶對他的意義會有多大？約翰會如何用這些回憶來紀念他的朋友？猶豫了一下，約翰說：詹姆斯可能會說約翰讓他的生命很快樂、很充實，如果詹姆斯現在還活著，他們還會是最好的朋友，互相開玩笑，可能還會一起喝到不醉不歸，三不五時惹些小麻煩。

我問約翰，他的太太崔絲是否聽過他告訴我的這些故事？「沒有，我沒跟她提過」；他還有跟其他知道這些事的童年伙伴聯絡

嗎？他也說沒有。但這些問題都發揮了作用：下一次的晤談開始後，約翰就說他已經告訴崔絲有關詹姆斯意外死亡的細節經過，還有他的創傷後反應，細數了很多的童年往事。崔絲全數接納，並提議一起造訪童年發生意外的地方。他們真的去了，而讓約翰感到高興的是，他們發現了他和詹姆斯花了一整個夏天策劃惡作劇的祕密基地（一棵大樹後面的空地）。無庸置疑的，後來的孩子們都還在使用這個祕密基地——它依舊在那裡，約翰說那是「聖地」。

在第四次療程時，約翰提到他的創傷後反應減輕了，噩夢越來越少，也不那麼恐怖，也較少想起那些揮之不去的恐怖記憶。

第五次療程時，約翰說他去拜訪詹姆斯的父母親，談的都是詹姆斯的事。他終於得到「糾纏」（用他的話來講）他三十年的答案。他們怪他嗎？他們生他的氣嗎？不，相反地，他的父母親說，一直以來他們都很惶恐和害怕，深知當時喪命的也可能是約翰，也認為談這個悲劇會讓他難過，讓事情更糟。他的父母親拿出約翰和詹姆斯的合照，是他多年來從未看過的，就這樣，他們三人邊看邊追憶往事。

現在，多數的夜晚約翰都睡得比較好了，他作噩夢的頻率更減少許多。憂鬱減輕了，揮之不去的意外影像也減少了。他和崔絲相處得很好，他也對這段關係充滿信心。雖然開車有段距離，他還是常常早起造訪他和詹姆斯以前玩耍的樹林，這讓他的一天有了很好的開始。他提議將其後的療程延期，因此，我們就在他同意我可以引用他的故事教學或出版的情況下結束治療，並歡迎他有需要的時候可以再回來。之後他並沒有再回來。

我並不準備將這段晤談變成長期治療，以及把削弱創傷後壓力反應當作所有類似晤談的模式，但我認為它也對非虐待情境的創傷提供某些有趣的可能性。我並未把跟約翰的治療架構在「他是誰」的感覺上——懷特的確在多年後發表了這樣的文章（White,

186

2004b）——而是在重新入會。他跟朋友之間相處的豐富記憶及對彼此的意義曾經是被遺忘的區塊，只因為意外事件駭人的驚恐影像過於滋長，以致意義被遮蔽。在治療中，他創傷前的生活的次要情節被指認出來，成為此刻的焦點，經過具體而詳實的敘說，不但得到我的見證，還有約翰的重要他人也都包含在治療空間的脈絡中。我希望這些重新發現的不可思議影像、這些生命中的次要情節可以在想像中重生，其強度可以對抗創傷後的影像，有時候還能從中得到短暫的解脫。我很高興地發現，這些快樂的影像所帶來的效果超乎我的預期，創傷後的影像在頻率和強度上都減少了，約翰得以運用他的想像力創造與詹姆斯的全新關係，一個短暫但卻快樂的生命，成為現在喜悅與撫慰的來源。

在和某些當事人晤談時，我會用類似的方法，如那些沒有辦法把摯愛的親人和配偶受傷和死亡影像自心中驅逐的例子。

伴侶諮商

懷特曾撰文提及治療高衝突的伴侶，發現伴侶諮商雖然非常困難，但卻可用新奇且令人驚訝的方式來解決兩難情境（White, 2004a: 3-4）。我不應該先揭露答案而破壞讀者閱讀原文的樂趣，但對於懷特說和有很長衝突史的伴侶工作格外困難與受挫，但也得到同樣的回報與激勵而深受感動。懷特承認，他有時候會覺得自己「並不知道該如何跟這些伴侶進行對話」（2004a: 5）。有時候我覺得，治療有很長衝突史的伴侶和衝突沒那麼大的伴侶之間並無多大差別，但伴侶諮商和個別諮商還是有很大的不同。

在一對一的個別諮商裡，問題通常不在現場。當然，我想要知道問題如何影響當事人，在敘說中當事人會表達出強烈的情緒，如：焦慮、困惑與痛苦，但問題的脈絡卻在他處。霸道的老闆不在這裡、過世親友所導致的憂鬱也只是個回憶、新伴侶和青春期

187

女兒的衝突發生在別處。用來治療的素材是描述、敘說和故事，選擇與摘要自當事人的生活，在事件發生後與重複發生前被說出來。在伴侶諮商裡，經過開始的客套話與猶豫後，衝突就有可能會在治療師的面前活生生上演。當這三人共處一室，互動會比個別治療還要複雜。伴侶諮商常會陷入三角關係裡，雙方都認為自己才是對的，他們不但會這麼說，還會要求諮商師評評理，把氣氛弄得很火爆。在我早期的治療工作裡，曾經有丈夫和太太都不想要我和他們客觀地討論彼此的歧異，而且越吵越大聲，以至於櫃台職員不得不在等候室裡放點輕音樂，最後我只好匆匆地結束這次的治療。

敘事治療特別適用於伴侶諮商，經由其多方觀點的立場，可以了解真實的多面性，及相同經驗也有很多種敘說方式（但這並不是說在經過仔細檢視後，每個敘說都跟其他敘說一樣可靠）。與衝突中的伴侶晤談時，鼓勵他們發展生活和關係是多面向故事的觀點一個很好的開始。這不是在發表後結構主義的理論，而是在治療室裡運用特定的技巧讓新的觀點形成。現在，我會在開始治療前先設定好規定，取得雙方的同意，包括要求我在跟每個人晤談時，另一人要安靜地傾聽、做筆記，不可打斷談話。中斷談話會讓每個人在只聽到一半時就急著插入自己的想法，有時候我發現光是這樣就足以營造較好的氣氛，開始彼此同理的了解（Sheehan, 1997; Freedman & Combs, 2002: 22）。

一旦雙方都說明他們對關係困境的看法，並就對方所言有機會發表意見後，我繼續採用敘事治療中外化問題的技巧（例如：「你們彼此間增長的距離」，而非「你們的溝通問題」），接著從這對伴侶過去的相處史中找尋獨特的結果，並詢問其意義。我所有的目標都在協助這對伴侶重新連結關係中的正向部分，而這往往已因為彼此的問題而被拋在一邊或隱而未現──大致說來，就是詳細敘說關係中「好的故事」，因為「壞的故事」已經有兩

種版本的敘說了（Ziegler & Hiller, 2001）。經由兩人間獲得改善的氣氛，以及從較好的過去與現在偶爾出現的好時光引出這些好的故事，如此將促使他們去發現、命名和想出屬於自己的解決方法（過去我們會不帶孩子，只有兩人定期出去吃飯——也許我們可以再這麼做？），互相指責、歸咎與怨恨的惡性循環會逐漸被推翻，而相互間較多同理與理解的良性循環得以建立。當進行伴侶諮商時，我也常常就根植於文化中有關性別的假設、角色刻板印象及關係規範進行解構式對話，因為這會對伴侶關係產生破壞性的影響（Freedman & Combs, 2002: Chapter 1; White, 2004a: Chapter 1）。由於我還沒有機會諮商同性戀伴侶，因此以下的敘說乃取自我與異性戀伴侶的實務工作。其中許多的理念和技巧均可運用於治療失和的手足、朋友、同事等等。

蘇和理查

蘇和理查的醫生轉介他們時，稱他們為「緊急案件」——這種分類通常意指有自殺意念的個體。轉介信上寫道這對伴侶花了很多心血經營一間中國餐廳，是相當成功的事業，但他們的關係陷入困境，還可能想分手，只維持生意上的伙伴關係。蘇特別沮喪，兩人目前都在服用抗憂鬱藥物。

在第一次的療程裡，理查說蘇來自香港，原是他在英國餐飲學院的學生，其後他們相戀，開始經營一家旅館。繁忙的工作曾讓理查離去，但隨後又回來解決問題，賣掉旅館，買下現在經營的餐廳。他負責人事，而蘇則負責廚房事務。一年前他注意到蘇的變化，她刻意跟他保持距離，而且工作漫不經心，以至於他必須負擔她部分的工作。最近她告訴理查，她愛上了餐廳的中國籍副理，他只有暫時的居留權。理查很絕望，懷疑這個男人是在利用蘇以便能留在英國，但為了事業的緣故及生計，他必須繼續和蘇保持關係。他們的狀況真的很糟。

　　當理查說話時，蘇在旁邊安靜地哭泣，但隨後也鎮靜下來，表達她對事情的看法。過去很多時候她並不快樂，她說理查對她吼叫，讓她覺得自己很無能，她覺得在他眼中，她什麼事情都做不好。四年前她曾考慮離婚，但又打消此意。有時候他們會溝通彼此的關係，但沒什麼進展。她害怕理查，他酗酒，又掌控雙方及生意上的財務，更讓她深覺無力。她想生小孩，但他說他們負擔不起，她也不喜歡他強迫她跟他恢復性生活。副理是個好人，不但尊重她又很體貼——兩人都感受到彼此的吸引力。現在祕密曝光了，他們沒法再碰面，而她真的很想他。

　　我們同意把問題稱為「你們之間增加的鴻溝」。我感謝他們毫無保留的敘說，也體認到他們的痛苦，就好像在此刻活生生上演的一樣。我說我想要問一些問題，而他們也同意了。

189

　　我並沒有就他們所描述的困難點上找尋解決方法，反而問能找出獨特的結果線索的問題。我邀請他們敘說相愛和婚姻中的喜悅與樂趣。我問理查，放棄穩定的教師工作和蘇一起經營生意，還有蘇決定不回香港，選擇和家人分開，留在英國並嫁給大她十幾歲的人，對他的意義是什麼？不管有多難過，理查仍決定回到蘇身邊，且蘇也不想離婚，這對他的意義又是什麼？跟其他很多夫妻不一樣的是，他們會談論彼此的問題，這又意味著什麼呢？縱使曾對某人動情，蘇仍想跟理查在一起，而理查也接納她，這代表什麼涵義呢？決定前來治療而非分居的意義為何？在敘說他們早期的相處及回答我有關的問題後，蘇和理查開始敘說之前被忽略的愛、承諾與堅定的次要情節。

　　這次療程結束後，在我的提議下，他們都願意嘗試改變。蘇說除非工作需要，否則她不會再跟副理聯絡，理查說他會少對她大吼。

　　我想要讀者謹記在心的重點是，事實上在療程中，我們沒有討論要這對伴侶改變其關係。療程都用來重述他們關係的故事，

以及未來可能的發展。我在療程中引導，確保每個人都有時間說話而不會被打斷，並要求另一人傾聽及做筆記，檢視並摘要雙方說的話。發現改變與解決的方式留待理查和蘇在治療室外的共同私人時間討論。

　　我將摘要接下來的療程，重點在蘇和理查如何在第一次的療程裡重新創造他們的關係。稍早的療程還是有痛苦和危機感，但也有我勾勒出的正面願景。特別的是，這對伴侶能體認到未被覺察的性別權力議題，了解到威權是彼此關係的阻礙因子。在大學時期，蘇就反對自己文化中女性的次要地位，認同西方的女性主義思想，可惜卻發現父權思想在這個國家仍存在，而她的丈夫喜歡在關係、婚姻和生意上扮演教師和專家的角色。由於他們在工作和家庭上都生活在一起，因此，她根本沒辦法逃離他支配性的態度與高高在上的姿態。理查把他的態度解釋成對蘇和生意的真誠關心與照顧。他認為蘇對某些地方真的不夠了解——例如，她對餐廳員工太容忍也太有禮貌了，因此失去員工們的尊敬，也讓他們變得懶散及缺乏效率。在蘇這一方面，她認為理查對員工太兇，所以他們都盡量少做少錯。在治療期間，他們要注意傾聽彼此的觀點，修正他們在生意上的行為——蘇要更有自信給予員工指示，而理查也不要那麼霸道。這些改變要延伸到他們的私人關係中，造成好的結果。

　　第二次療程：蘇說理查不再那麼跋扈，在心情沮喪的時候，她會尋求他的安慰，這讓彼此都很驚喜。她決定留在理查身邊，不再想副理的事。

　　第三次療程：他們同意再多溝通，理查的壓力減少了，脾氣也獲得控制。雖然會造成生意上某些問題，他還是將副理解雇，且蘇也拒絕與他聯繫。在這次的療程裡，談話並不僅限於生意上的議題，兩人都覺得事情已經改善了 25%。

　　第四次療程：兩人都放鬆許多，理查不再「吼叫」——在這

次的療程裡，蘇改稱之為「批評」，而非「大聲講話」，這也澄清了理查跟我對此的誤解（理查堅稱他沒有對蘇吼叫）。理查為他不當地批評蘇而道歉，蘇告訴理查她愛他。理查不再強迫蘇跟他做愛，他現在了解用性來改善關係是錯誤的男性文化本位的解決方式。他開始有生小孩的想法，知道蘇很努力工作，他也「為她感到驕傲」——聽起來還是具占有性的意味，不過，跟他之前習慣性批評的態度比較起來正面多了。蘇恢復了她的社交生活，給自己更多時間放鬆而不會有罪惡感或被批評，在忙碌時也不覺得有壓力。但她反而不確定是否要生小孩，說不定養隻小狗就足以成為她表達溫情需求的出口。

第五次療程：發生些許挫折，蘇又失眠了，還作跟餐廳有關的噩夢，理查對員工發脾氣。然而兩人都能盡快恢復正常，在家裡一起討論過後，把這些事件視為起起伏伏的復原過程。理查買給蘇一隻狗，作為驚喜的禮物，這真的很不簡單，因為理查幾乎是在違背自己意願的狀態下買狗送給她，很快地跟蘇和小狗打成一片。

第六次療程：這次的療程談的大多是餐廳的事，蘇和理查覺得生活日漸上軌道，彼此還會有親密的擁抱。理查現在和蘇一樣，能夠享受工作之外的時光，而不會覺得焦慮或有罪惡感。他們咸認關係已改善 65%，要求我告訴醫生，他們已經「回歸正常」。治療也在此時劃下句點。

稍後我收到他們親筆寫的信，說：「我們……從相當糟的情況走向充滿希望的未來，每天每件事都漸入佳境！這真是筆墨難以形容！」在最近的一封信裡，我希望他們能同意將他們的故事放在本書裡，他們也提到他們現在的生活越來越好——而且他們正期待小寶貝的誕生呢！

艾德華與哈莉特

哈莉特的醫生轉介信上寫著她有頭痛、疲倦、體重減輕、睡眠不足，以及失去樂趣等症狀，她的丈夫健康狀況不佳，也處於憂鬱中。他們有一個重度殘障的女兒，是哈莉特與前夫所生，她部分時間住在家裡，部分時間住在療養院中。哈莉特的父親病得很重，可是除了艾德華和哈莉特之外，沒有其他可靠的親人可以幫忙。

在第一次的療程中，哈莉特確認醫生的診斷，並說她還有多發性硬化症，雖已獲得控制，但仍令她焦慮。我問她在所有這些困擾當中，哪一個是她最想討論的？得到的回答是沒有，她沒有告訴醫生她最主要的困擾。五年前她曾有外遇，在當時似乎很不真實，一直到現在也是。她並不想離婚。

艾德華曾懷疑她有外遇，但哈莉特本能地否認，他寧願在被欺騙的狀態下，相信她的保證。外遇持續了幾個月，後來艾德華和哈莉特到西班牙度假，哈莉特的情人打手機給她，哈莉特跟艾德華說那是一位女性朋友，他也接受她的說詞。年末艾德華終於發現她外遇的「徵兆」，跟她對質後真相大白。他崩潰了，雖然哈莉特的外遇也在此時劃下句點，兩人間緊張的關係過了幾年之後也趨於緩和。艾德華為了他們的女兒而留下，但他們的性生活完全停止，而期待中的假期也往往因西班牙事件的回憶而終止。他們曾因女兒的關係共同經歷很多事，也成功地為她爭取到很多社會福利，支持她度過許多危機。哈莉特告訴我，她對這段外遇、謊言和欺騙深感後悔，她願意做任何事讓時光倒流。她深愛且尊敬她的丈夫，更感激他沒有忘記照顧繼女的承諾。

哈莉特的懊悔是出自真心的，為了可愛的女兒，他們想過很多的方法，這是這次療程中僅有的獨特的結果。我在想艾德華是否知道她有多懊悔呢？哈莉特也不知道，他們從不提往事。經過

一些討論後，我們都認為伴侶諮商是較恰當的，如果艾德華願意的話，我跟他可以先從個別治療開始。

下一次約談時，艾德華獨自前來，證實了哈莉特的說法。他說他自己是個腳踏實地的男人，但他卻一直想著哈莉特外遇的影像，特別是她跟情人在床上的畫面。每一次他和哈莉特想溫存時，這些生動又令人沮喪的畫面就讓他沒法繼續下去。其他揮之不去的影像包括他終於揭穿這段外遇，這真是一個懸疑且嚇人的「靈異」經驗。那天當他在桌前忙時，他聽到一個聲音叫他到西索坡（Seathorpe）的城堡去，那是位於遙遠的海邊村莊。他不理會這個聲音，可是這個聲音卻一直呼喚著他。這聽起來很荒謬也很可怕，因為艾德華曾開車經過西索坡幾次，他很確信那裡沒有什麼城堡之類的東西。但這個聲音實在不肯罷休，所以艾德華就像變了個人一樣，離開工作崗位直驅那個村莊——沒有城堡，他告訴自己實在愚蠢極了，便回到車上到鎮上繞一繞，竟然看到一間名叫「城堡」的小旅館，就在那個時候，他看到哈莉特和她的情人手挽著手從旅館中走出來。這些影像和相關的畫面從此縈繞心頭，揮之不去。他曾愛著哈莉特，但自從那件事後他不再「鍾情」於她了。他不相信她沒有其他的外遇，也不相信她以後不會再有外遇，雖然他自己也不是很確定。

我們花了一些時間談談他們之間還有什麼共同點，還有什麼可以提醒他們還愛著對方，以及這意味著什麼。我特別問了很多有關他們對女兒的愛，以及這如何成為他們生活的重心。我邀請艾德華再次檢視「愛」（loving）和「鍾情」（being in love）這兩者之間也許有過分簡化的區別，他回答說後者比較重要。兩者有什麼不同呢？哪一個比較有價值也比較持久呢？愛會以何種行動來表示？儘管有真正的問題存在，他對繼女的付出是不是也說明他還是有能力去愛？他對繼女的愛顯示了他對哈莉特何種的愛？這次的療程就在這類的對話當中結束。艾德華告訴我，哈莉特結

192

束治療後他們曾溝通通過，相擁而泣，並下定決心重新開始。

接下來是兩次的伴侶諮商，其中間隔了五週。這對伴侶詳細地描述他們在外遇事件發生前後的這些年來如何相互支持，不只是為了女兒，也考慮到各自的疾病。他們現在發現牽手的喜悅（這對艾德華記憶中哈莉特和情人手牽手從旅館中走出來的影像尤具意義），又可以一同開懷大笑了。我請他們輪流告訴我，他們覺得對方喜歡和欣賞自己什麼地方，這種促進同理心的技術是從艾普斯頓的內化他人問句（Internalized Other Questioning）變化而來（Epston, 1998: Chapter 5），可以豐富欣賞和了解彼此的故事。在第二次伴侶諮商結束時，我認為他們已經準備好再次開始性生活了，也能享受家中愉悅輕鬆的氣氛，共同體驗日常生活之美，也可以安心入睡了。糾纏艾德華的影像消失了，在諮詢醫生後，他們都毋須再服用抗憂鬱藥物。我問他們重新獲得快樂的方法中，哪一個是最重要的？他們給我的回答出乎我意料之外——*他們買了一張餐桌*。看出我的困惑，他們解釋說，過去他們都是坐在沙發上看電視吃晚餐，現在他們決定改變這個習慣，這個新餐桌在每晚都會正式啟用，把晚餐當作特別的場合，享受彼此的陪伴，談天說地，笑聲不斷。

他們決定不需要更多的治療，所以我們互道再見，我並向他們保證餐桌療法一定會被應用在我未來的治療工作上。

後記

這本書本身就是敘說──是我從懷特和其他敘事治療前輩的著作和教學中擷取出來的理念與實務，用獨特的順序、敘述和描繪的方式寫就。由於本書主要是為治療師而非家族治療師或社區工作者所寫，因此，某些部分可能會有所疏漏或無法詳細探討。

我很遺憾沒能對懷特在靈性方面的理念多做些闡述，這是一個整合創意和引人深思的概念（White, 1996）。我也沒能對敘事治療師堅信「治療」和「社區工作」之間並無差異的部分多加注意，這個理念能在治療室外用各種活動促進個體內在天生的自助能力，並協助弱勢團體自我賦能。《國際敘事治療與社區工作期刊》（前身為 *Dulwich Centre Newsletter*）對此和類似的實務工作有相當多的著墨，例如，1995 年第一期的「原住民社會正義」專題；1996 年第三期的「馬拉威與澳洲『HIV/AIDS、糖尿病與哀傷』」專題；1996 第四期與 1998 年第二、三期的「學校與其他教育現場工作的年輕人與成人」專題；以及 1997 年第四期的「身心障礙者實務」專題。有興趣的讀者也可參閱丹波洛（Denborough, D., 1996）所編著的《監獄之外》（*Beyond the Prison*）、丹波洛和傑利·懷特（1999）共同編著的《敘事治療的延伸》（*Extending Narrative Therapy*）、溫蓋爾德（Wingard, B., 1999）編著的

《敘事治療與社區工作》（*Narrative Therapy and Community Work*）、渥德格雷（Waldegrave, C., 2003）等編著的《正確的治療》（*Just Therapy*）（以上均由澳洲阿德萊德的達爾維屈中心出版）。

達爾維屈中心出版社（Dulwich Centre Publications）在許多國家都有經銷商，詳盡的經銷商及其所出版的書籍與期刊、課程與研討會資訊，讀者可聯絡：

Dulwich Centre Publications
Hutt St PO Box 7192
Adelaide
South Australia 5000

電話：（61-8）8223 3966
傳真：（61-8）8232 4441
Email：dcp@senet.com.au
網址：www.dulwichcentre.com.au

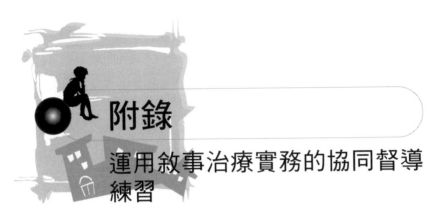

附錄

運用敘事治療實務的協同督導練習

閱讀／實務的缺口

閱讀並不是個非常有效的「從做中學」的方式——因此,我要如何協助讀者嘗試敘事治療的理念呢?訓練的課程雖已逐漸增加,但可能礙於交通或財務上無法完全負擔。我認為,與其單打獨鬥地學習和平常慣用的實務工作不甚相似的敘事治療,讀者可能更有興趣用以敘事為本的共同督導方式跟同事們一起學習。

這個練習活動約花三小時,改良自我的同事艾默生(Peter Emerson)於《達爾維屈中心通訊》(*Dulwich Centre Newsletter*)(夏季號,1989/90)從蘭伯特(Pam Lambert)和懷特所發展的訓練模式。懷特的文章可參閱 *Experience, Contradiction, Narrative and Imagination* 一書(Epston & White, 1992)的第四章。

指導語是制式化的,因此,由它們所引導的對話看起來免不了有點矯揉造作或不自然。這個以敘事的概念為主的練習並未給予太大的彈性、變化、創意及發展新的工作方式,且只專注在一定範圍內的技巧。然而,我希望參與此項練習的讀者可以敘事的

方法活用它們。

　　傳統的督導是由治療師討論實務工作上碰到的問題，而不是談論工作上令他們快樂的地方，此種督導方式會增強諮商師對專業能力的懷疑。這個練習讓督導者和治療師採取和傳統督導相當不同的歷程，指出治療師的實務工作中具有獨特結果的價值，並理出次要情節或自我故事的*能力*。治療師被鼓勵要找出個人和專業的意義以豐富與當事人的實務工作，肯定治療師是一個有能力的治療師，並可將之轉換到其他的治療情境中。

　　這種督導是敘事性的，不是治療的方法，因此，*治療師應該討論的是目前或過去實務工作中慣用的取向*。

　　所要討論的議題應是真實的案例，且要誠實地回答督導的問題。帶著探索性的步調，督導者可以看「小抄」提問，讓問題與答案不斷地重複或重新表述。每個人都可以在討論過程中叫暫停或澄清。時間不是最重要的，每個時程可能會多多少少和指定的時間不太符合。

195 結構

　　每位同事決定好要呈現給共同督導者看的治療材料，應包含一次或多次的療程，且多多少少是對當事人有助益的地方。

1. 每位同事輪流擔任督導者與治療師約一小時，督導者問下列的問題，並鼓勵治療師完整且詳細地回答，在必要時隨機應變，問更多的問題。
2. 首次的督導段落結束後，在交換角色之前可以有短暫的休息，接著在是否要於首次督導後立即討論，抑或把所有的歷程完成後再討論以取得共識。
3. 結束練習的討論和後續練習的指導語如下，但參與者可以再加以擴展延續。

單次督導歷程順序

1. （15-20 分鐘）：治療師簡短地陳述當事人目前的問題，接著敘述在目前的治療中，治療師做或說了什麼有助於當事人的部分。

2. （30-40 分鐘）：當治療師說完後，督導者問下列的問題，聽聽治療師的回答，接著再詢問更多的問題以引導出更完整、詳細的答案。

   （1）對於治療成功的部分，你是否可以再敘述得更詳細些？

   （2）過去成功的治療如何在你目前的實務工作鋪陳出這些獨特的結果？

   （3）在你與這位當事人的實務工作中，它用什麼方式激發你的想像力？

   （4）你認為這些獨特的結果反映出你自己是位怎樣的治療師？

   （5）你認為這些獨特的結果如何展現出你特殊的晤談風格？

   （6）這些獨特的結果對你和這位當事人的晤談指出何種未來晤談的方向？跟其他當事人又是如何呢？

   （7）你認為這位當事人最欣賞你實務工作的哪些部分？

討論重點

1. 因這個晤談展現你身為一位諮商師的能力及技巧，會讓你很訝異嗎？

2. 與討論問題和失敗的督導相較起來，在督導中帶出這些特質，讓你感覺如何？

3. 有多少成功諮商的記憶因為這個練習又被重新回想起來？

4. 你從這個練習中學到哪些原來從閱讀中無法釐清的敘事觀？ *196*

5. 有哪些關於敘事治療上的問題是你現在想去探討的？

後續練習

在完成這些練習後：

每位督導者可以為每位治療師寫下 A4 紙大小的文件摘要，說明在督導中產生的獨特的結果，以及治療師對此所發現的意義。

或是由每位治療師寫下約 A4 紙大小的摘要，說明他在督導過程中產生的獨特的結果，以及這些獨特的結果的意義。

參與者可能希望安排更多的時間討論這些文件，它們正確地反映了督導的狀況嗎？它們激發了什麼想法？這些文件及這整個督導過程對接下來的治療有何影響？

我亦歡迎讀者透過 e-mail（martin.payne@which.net）跟我一起討論這些練習。

參考文獻

Adams, Richard and Hooper, Max (1975/1976) *Nature Through the Seasons.* Harmondsworth: Penguin Books.

Amis, Kingsley (1986) *The Old Devils.* London: Hutchinson.

Amis, Martin (1991) *Time's Arrow.* London: Vintage.

Andersen, Tom (1987) 'The reflecting team; dialogue and meta-dialogue in clinical work', *Family Process,* 26 (4): 415–28.

Anderson, H. (1997) *Conversation, Language and Possibilities: a Postmodern Approach to Therapy.* New York: Basic Books.

Anderson, H. and Goolishian, H. (1988) 'Human systems as linguistic systems', *Family Process,* 27 (4): 371–93.

Angus, Lynne E. and McLeod, John (eds) (2004a) *The Handbook of Narrative and Psychotherapy.* Thousand Oaks, CA: Sage.

Angus, Lynne E. and John McLeod (2004b) 'Toward an integrative framework for understanding the role of narrative in the psychotherapy process', in Lynne E. Angus and John McLeod (eds) *The Handbook of Narrative and Psychotherapy.* Thousand Oaks, CA: Sage.

Arulampalam, Shanti, Denborough, David, Perera, Lara, de Mel, Sathis and White, Cheryl (2005) 'Responding to the tsunami', *International Journal of Narrative Therapy and Community Work,* 2005 (2).

Archer, John and Lloyd, Barbara (2002) *Sex and Gender.* Cambridge: Cambridge University Press.

Ashley, Bernard (2005) *Ten Days to Zero.* London: Orchard Books.

Barthes, Roland (1957/1993) *Mythologies.* London: Jonathan Cape.

Barthes, Roland (1966/1988) 'Introduction to the structural analysis of narratives', in Roland Barthes, translated by Richard Howard *The Semiotic Challenge.* Oxford: Basil Blackwell.

Barthes, Roland (1968) 'The Death of the Author', in R. Barthes, ed. Stephen Heath (1977) *Image-Music-Text.* London: Fontana.

Behan, Christopher (2003) 'Rescued speech poems: co-authoring poetry in narrative therapy', Dean Lobovits, David Epston and Jennifer Freeman (pubs.) www.narrative-approaches.com/narrativepapers/behan

Belsey, Catherine (2002) *Poststructuralism: a Very Short Introduction.* Oxford: Oxford University Press.

Benjamin, A. (1974) *The Helping Interview*. Boston: Houghton Mifflin.

Bird, Johnella (2004) *Talk That Sings*. Auckland: Edge Press.

Brammer, M. (1973) *The Helping Relationship*. Englewood Cliffs, NJ: Prentice-Hall.

Bruner, Jerome (1986) *Actual Minds, Possible Worlds*. Cambridge, MA: Harvard University Press.

Bruner, Jerome (1987) 'Life as narrative', *Social Research*, 54 (12): 11–32.

Bruner, Jerome (1990) *Acts of Meaning*. Cambridge, MA: Harvard University Press.

Burnham, John (1986) *Family Therapy*. London: Routledge.

Buzugbe, P. (2005) Personal communication.

Carey, Maggie and Russell, Shona (2002) 'Externalising: commonly asked questions', *International Journal of Narrative Therapy and Community Work*, 2002 (2): 76–84.

Carlson, Jay (2004) 'Brief integrative therapy for individuals and couples', in Stephen Madigan (ed.) *Therapy from the Outside In*. Vancouver: Yaletown Family Therapy. pp. 75–82.

Cecchin, Gianfranco (1988) 'Address to Association for Family Therapy', *Context*, 8 (4): 7–10.

Cobley, Paul (2001) *Narrative*. London; Routledge.

Culler, Jonathan (1997) *Literary Theory: a Very Short Introduction*. Oxford: Oxford University Press.

Dawkins, Richard (2003) *A Devil's Chaplain*. London: Weidenfeld and Nicolson.

de Shazer, Steve (1985) *Keys to Solution in Brief Therapy*. New York: W. W. Norton.

de Shazer, Steve (1988) *Clues: Investigating Solutions in Brief Therapy*. New York: W. W. Norton.

de Shazer, Steve (1991) *Putting Difference to Work*. New York: W. W. Norton.

Dolan, Yvonne (1991) *Resolving Sexual Abuse*. New York: Norton.

Eagleton, Terry (1996) *Literary Theory*. (2nd edition). Minneapolis: University of Minnesota Press.

Easton, S. and Plant, B. (1998) 'Practical approaches: clients' notes – how long should we keep them?', *Counselling*, 9 (3): 188–90.

Epston, David (1989) *Collected Papers*. Adelaide: Dulwich Centre Publications.

Epston, David (1998) *Catching Up With David Epston*. Adelaide: Dulwich Centre Publications.

Epston, David and White, Michael (1992) *Experience, Contradiction, Narrative and Imagination*. Adelaide: Dulwich Centre Publications.

Foucault, Michel (1963) *The Birth of the Clinic*, trans. A.M. Sheridan (1973). London: Routledge.

Foucault, Michel (1984) *The Foucault Reader*, ed. P. Rabinow. London: Penguin.

Fox, Hugh (2003) 'Using therapeutic documents; a review', *International Journal of Narrative Therapy and Community Work*, 2003 (4): 26–36.

Fransella, F. and Jones, H. (1996) 'Personal Construct Counselling', in Stephen Palmer, Sheila Dainow and Pat Milner (eds) *Counselling: The BAC Counselling Reader*. London: Sage.

Freedman, G. and Combs, J. (1996) *Narrative Therapy: the Social Construction of Preferred Realities*. New York: Norton.

Freedman, G. and Combs, J. (2002) *Narrative Therapy with Couples – and a Lot More*. Adelaide: Dulwich Centre Press.

Freud, S. (1917) *Introductory Lectures on Psychoanalysis*, trans. J. Strachey (1963). London: Penguin.

Garske, J.P. and Anderson, T. (2003) 'Toward a science of psychotherapy research: present status and evaluation', in S.O. Lilienfeld, S.J. Lynn and J.M. Lohr (eds) *Science and*

Pseudoscience in Clinical Psychology. New York: Guilford Press.

Gass, C. and Nichols, W. (1988) 'Gaslighting: a marital syndrome', *Contemporary Family Therapy*, 10 (1): 3–16.

Geertz, Clifford (1973) *The Interpretation of Cultures.* New York: Basic Books.

Geertz, Clifford (1983) *Local Knowledge.* New York: Basic Books.

Geertz, Clifford (1995) *After the Fact.* Cambridge, MA: Harvard University Press.

Geertz, Clifford (2000) *Available Light.* Princeton, NJ: Princeton University Press.

Georgopolou, Victoria (2004) 'Constructing casenotes with clients', *Context,* Feb 2004.

Gergen, Kenneth J. (1982/1994) *Toward Transformation in Social Knowledge.* London: Sage.

Gergen, Kenneth (1992) 'Towards a postmodern psychology', in S. Kvale (ed.) *Psychology and Postmodernism.* London: Sage.

Gergen, Kenneth (1999) *An Introduction to Social Construction.* London: Sage.

Gergen, Kenneth (2001) *Social Construction in Context.* London: Sage.

Gergen, Kenneth and Davis, Keith (eds) (1985) *The Social Construction of the Person.* New York: Springer Verlag.

Ghirardo, Diane (1996) *Architecture after Modernism.* London: Thames and Hudson.

Gilligan, Carol (1982) *In a Different Voice.* Cambridge, MA: Harvard University Press.

Gilligan, Stephen and Price, Reese (eds) (1993) *Therapeutic Conversations.* New York: W.W. Norton.

Goffman, Erving (1961) *Asylums.* London: Penguin.

Hammersley, D. and Beeley, L. (1992) 'The effects of medication on counselling', *Counselling,* 3 (3): 162–40.

Harré, Rom (1998) *The Singular Self.* London: Sage.

Hare-Mustin, R. and Maracek, J. (1994) 'Feminism and postmodernism: dilemmas and points of resistance', *Dulwich Centre Newsletter,* 4: 13–19.

Hedtke, Lorraine and Winslade, John (2004) *Re-membering Lives.* New York: Baywood.

Hewson, Daphne (1991) 'From laboratory to therapy room: practical questions for redirecting the "new-old" story', *Dulwich Centre Newsletter,* 3: 5–12.

Hobson, R. (1985) *Forms of Feeling.* London: Tavistock.

Hoggart, Richard (1953) *The Uses of Literacy.* London: Chatto and Windus.

Horowitz, M.J., Wilber, N. and Alvarez, W. (1979) 'Impact of event scale: a measure of subjective distress', *Psychosomatic Medicine* (41): 209–18.

Hoyt, M.F. (ed.) (1996) 'On ethics and the spiritualities of the surface: a conversation with Michael White', in *Constructive Therapies.* New York: Guilford Press.

Iser, Wolfgang (1974) *The Implied Reader.* Baltimore, MD/London: Johns Hopkins Press.

Iser, Wolfgang (1978) *The Act of Reading.* Baltimore, MD/London: Johns Hopkins Press.

Jenkins, Alan (1990) *Invitations to Responsibility.* Adelaide: Dulwich Centre Publications.

Kaufman, J. and Zigler, E. (1987) 'Do abused children become abusive parents?', *American Journal of Orthopsychiatry,* 57: 186–92.

Kearney, R. (1991) 'Post-modernism', in J.O. Urmson and J. Réé (eds) *The Concise Encyclopedia of Western Philosophy and Philosophers.* London: Routledge.

Kvale, S. (ed.) (1992) *Psychology and Postmodernism.* London: Sage.

Law, Ian (1994) 'Adopting the principle of pro-feminism', *Dulwich Centre Newsletter,* 2/3: 40–3.

Law, Ian and Madigan, Stephen (eds) (1998) *Praxis.* Vancouver: Yaletown Family Therapy.

Leavis, F.R. (1943) *Education and the University.* London: Chatto and Windus.

Leavis, F.R. (1972) *Two Cultures? The Significance of Lord Snow.* London: Chatto and Windus.

Lyotard, J.R. (1979) *The Postmodern Condition: a Report on Knowledge,* trans. G. Bennington

and B. Massumi. Minneapolis: University of Minnesota Press.

McLean, Christopher (1995) 'Reclaiming our stories, reclaiming our lives', *Dulwich Centre Newsletter*, special edition.

McLeod, John (1997) *Narrative and Psychotherapy*. London: Sage.

McPhee, Lisa and Chaffey, Chris (1999) 'The Journey of a lifetime: group work with women who have experienced sexual assault', in David Denborough and Cheryl White (eds) *Extending Narrative Therapy*. Adelaide: Dulwich Centre Press.

Madigan, Stephen (1998) 'Destabilising Identities of Depression and Retirement', in Ian Law and Stephen Madigan (eds) *Praxis*. Vancouver: Yaletown Family Therapy.

Madigan, Stephen (1999) *The Politics of Identity: Considering Community Discourse in the Externalising of Internalised Problem Conversations*. (www.yaletownfamilytherapy.com).

Madigan, Stephen (ed.) (2004) *Therapy From the Outside In*. Vancouver: Yaletown Family Therapy.

Maslow, Abraham A. (1954) *Motivation and Personality*. New York: Harper and Row.

Meares, Russell (2000) *Intimacy and Alienation*. London: Routledge.

Mearns, D. and Thorne, B. (1999) *Person-centred Counselling in Action*. 2nd edition. London: Sage.

Meichenbaum, Donald (1994) *A Clinical Handbook/Practical Therapist Manual for Treating Adults with Post Traumatic Stress Disorder*. Waterloo, Ontario: University of Waterloo Press.

Myerhoff, Barbara (1986) 'Life not death in Venice', in V.W. Turner and F.M. Bruner (eds) *The Anthropology of Experience*. Chicago: University of Illinois Press.

Nelson, K. (1989) *Narratives from the Crib*. Cambridge, MA: Harvard University Press.

Nelson-Jones, Richard (1983) *Practical Counselling Skills*. London: Cassell.

Opie, Iona and Opie, Peter (1967) *The Lore and Language of Schoolchildren*. Oxford: Clarendon Press.

Ossario, Peter (1985) 'An overview of descriptive psychology', in K.J. Gergen and K.E. Davis (eds) *The Social Construction of the Person*. New York: Springer Verlag.

Palazzoli, M.S., Cecchin, G., Prata, G. and Boscolo, L. (1980) 'Hypothesizing – circularity – neutrality: three guidelines for the conduct of the session', *Family Process*, 19: 3–12.

Parker, Ian (ed.) (1999) *Deconstructing Psychotherapy*. London: Sage.

Parker, I., Georgaca, E., Harper, D., McLaughlan, T. and Stowell-Smith, M. (1995) *Deconstructing Psychopathology*. London: Sage.

Parry, Alan and Doan, Robert E. (1994) *Story Re-visions: Narrative Therapy in the Postmodern World*. New York: Guilford Press.

Payne, Martin (1993) 'Down-under innovation: a bridge between person-centred and systemic models?', *Counselling*, 4 (2), reprinted in *Counselling: the BAC Counselling Reader* (1996). London: Sage.

Pinker, Stephen (2002) *The Blank Slate*. London: Penguin Books.

Polkinghorne, Donald (1988) *Narrative Knowing and the Human Sciences*. New York: State University Press.

Rabinow, Paul (ed.) (1984) *The Foucault Reader*. London: Penguin.

Radford, Tim (1999) 'Baby talk shows skills with speech are in-built', *Guardian*, 1 January.

Ricoeur, Paul (1984) *Time and Narrative*. Chicago: University of Chicago Press.

Robbe-Grillet, Alain (1957) *La Jalousie*. Paris: Les Éditions de Minuit.

Rogers, Carl (1951) *Client-centered Therapy*. London: Constable.

Rogers, Carl (1961) *On Becoming a Person*. London: Constable.

Rosen, S. (1982) *My Voice Will Go with You: the Teaching Tales of Milton H. Erikson*. New York: Norton.

Russell, Shona and Carey, Maggie (2003) 'Outsider witness practices: some answers to commonly asked questions', *International Journal of Narrative Therapy and Community Work*, 2003 (1): 3–16.

Scott, M.J. and Stradling, S.C. (1992) *Counselling for Post Traumatic Stress Disorder*. London: Sage.

Sheehan, Jim (1997) Personal communication.

Sheehan, Jim (1999) 'Liberating narrational styles in systemic practice', *Journal of Systemic Therapies*, 18 (3): 1–18.

Shotter, John (1985) 'Social accountability and self-specification', in K.J. Gergen and K.E. Davis (eds) *The Social Construction of the Person*. New York: Springer Verlag.

Shotter, John (1991) 'Consultant re-authoring: the "making" and "finding" of narrative constructions', paper presented at the Houston–Galveston Conference on Narrative and Psychotherapy: New Directions in Theory and Practice, Houston TX.

Simblett, G. (1997) 'Narrative Approaches to Psychiatry', in Gerald Monk, John Winslade, Kathie Crockett and David Epston (eds) *Narrative Therapy in Practice*. New York: Jossey-Bass.

Smith, Pam Burr (2005) 'Good answers to bad invitations', *International Journal of Narrative Therapy and Community Work*, 2005 (1): 23–30.

Speedy, J. (2004a) 'Using therapeutic documents in narrative practices', in G. Bolton, S. Howlett, C. Lago and J. Wright (eds) *The Writing Cure: an Introductory Handbook of Writing in Counselling and Therapy*. London: Routledge.

Speedy, J. (2004b) 'Using poetic documents in narrative therapy', in Dean Lobovits, David Epston and Jennifer Freeman (pubs) *Narrative Approaches*. www.narrativeapproaches. com/narrativepapers

Speedy, Jane, Thompson, Gina and anonymous contributors (2004) 'Living a more peopled life; definitional ceremony as inquiry into psychotherapy outcomes', *International Journal of Narrative Therapy and Community Work*, 2004 (3): 43–53.

Spence, Donald P. (1982) *Narrative Truth and Historical Truth*. New York: Norton.

Sue, Brigitte and Mem, Veronika (1997) 'Companions on a journey', *Dulwich Centre Newsletter*, 1997 (1).

Sykes Wylie, Mary (1994) 'Panning for gold', *Networker*, November/December: 40–9.

Tavris, Carol (2003) Foreword to Scott O. Lilienfeld, Steven Jay Lynn and Jeffrey M. Lohr (eds) *Science and Pseudoscience in Clinical Practice*. New York: Guilford.

Tomm, K. (1989) 'Externalizing the problem and internalizing personal agency', *Journal of Strategic and Systemic Therapy*, 8 (1): 54–8.

Turner, B.S. and Hepworth, M. (1982) *Confessions: Studies in Deviance in Religion*. London: Routledge, Kegan and Paul.

Turner, Victor W. and Bruner, Edward M. (eds) (1986) *The Anthropology of Experience*. Chicago: University of Illinois Press.

Warren-Holland, S. (1998) 'Practical approaches: referral letters', *Counselling*, 9 (2): 96–7.

Weingarten, Kaethe (2003) *Common Shock*. New York: Dutton.

Welch, Sharon D. (1990) *A Feminist Ethic of Risk*. Minneapolis: Fortress Press.

West, Wendy R. (2005) 'Some early impressions in the aftermath of Hurricane Katrina', *International Journal of Narrative Therapy and Community Work*, 2005 (3&4)

White, Michael (1989) *Selected Papers*. Adelaide: Dulwich Centre Publications.

White, Michael (1991) in *Dulwich Centre Newsletter*, 1991 (3).

White, Michael (1993) 'Commentary: the histories of the present', in S. Gilligan and R. Price (eds) *Therapeutic Conversations*. New York: Norton.

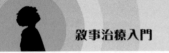

White, Michael (1995a) *Re-authoring Lives: Interviews and Essays.* Adelaide: Dulwich Centre Publications.

White, Michael (1995b) *Externalizing Conversations Exercise.* Adelaide: Dulwich Centre Publications.

White, Michael (1996) 'On ethics and the spiritualities of the surface', in M.F. Hoyt (ed.) *Constructive Therapies.* New York: Guilford Press.

White, Michael (1997a) Personal communication.

White, Michael (1997b) *Narratives of Therapists' Lives.* Adelaide: Dulwich Centre Publications.

White, Michael (1999) Personal communication.

White, Michael (2000) *Reflections on Narrative Practice.* Adelaide: Dulwich Centre Publications.

White, Michael (2002) 'Addressing personal failure', *International Journal of Narrative Therapy and Community Work,* 2002 (3): 33–76.

White, Michael (2004a) *Narrative Practice and Exotic Lives.* Adelaide: Dulwich Centre Publications.

White, Michael (2004b) 'Working with people who are suffering the consequences of multiple trauma', *International Journal of Narrative Therapy and Community Work,* 2004 (1): 45–76.

White, Michael (2004c) Personal communication.

White, Michael and Epston, David (1990) *Narrative Means to Therapeutic Ends.* New York: Norton.

Wilkinson, Mary (1992) 'How do we understand empathy systemically?', *Journal of Family Therapy,* 14 (2): 193–205.

Wilkinson, Mary (1999) Personal communication.

Winslade, John and Monk, Gerald (2001) *Narrative Mediation: a New Approach to Conflict Resolution.* San Francisco: Jossey-Bass.

Wordsworth, William (1904) *The Poetical Works of William Wordsworth,* ed. T. Hutchinson and E. de Selincourt. Oxford: Oxford University Press.

Young, Peter (2004) Personal communication.

Ziegler, Philip and Hiller, Tobey (2001) *Recreating Partnership.* New York: W. W. Norton.

Zimmerman, J.L. and Dickerson, V.C. (1993) 'Bringing forth the restraining influence of pattern in couples therapy', in S. Gilligan and R. Price (eds) *Therapeutic Conversations.* New York: W. W. Norton.

Zimmerman, J.L. and Dickerson, V.C. (1996) *If Problems Talked: Narrative Therapy in Action.* New York: Guilford Publications.

人名索引

（條目後的頁碼係原文書頁碼，檢索時請查正文側邊的頁碼）

≡ V

主題索引

（條目後的頁碼係原文書頁碼，檢索時請查正文側邊的頁碼）

≡ A

≡ D

identity　亦參見外化問題；行動／意識／認同全景

Milan systemic therapy　米蘭學派系統治療　80

modernism　現代主義　22-4, 31, 36, 179

　　see also postmodernism; poststructuralism　亦參見後現代主義；後結構
　　主義

≡ N

naming the problem　為問題命名　11-12, 42, 51-2, 58, 90, 107, 141, 143,
　　150, 181, 187, 188

　　see also metaphors　亦參見隱喻

narrative　敘事　20, 187

　　in anthropology　人類學　38

　　children's proto-linguistic readiness for　兒童的原始母語預備狀態　37-8

　　co-creation of　共同創作　93-6, 154, 155

　　as common factor in therapies　治療的共同因素　2-3, 157-8

　　cultural (grand narratives)　文化的（大敘事）　21-2

　　definitions of　定義　19, 60

　　as description of this therapy　本療法的描述　2-3, 19-21, 60

　　double description (relative influence questioning) *see* questions　雙重描述
　　　（相對影響力問句），參見問句

　　elements of　要素　39, 62-4

　　　see also 'landscapes' of action/consciousness/identity　亦參見行動／意
　　　識／認同全景

　　as entry points for other therapists　其他治療師的入門　5-6

　　in everyday life　在日常生活中　20, 40, 60-2

　　as life influence　生命的影響　19, 20, 27-8, 36, 131, 134

　　and meaning　意義　27-8, 131

　　overview　概觀　37-59

　　as postmodern concept　後現代的概念　19-21

　　problem-description　問題描述　10-11, 39, 64, 107, 158, 165

　　problem-saturated description　充滿問題的描述　10-11

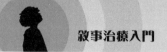

國家圖書館出版品預行編目資料

敘事治療入門／Martin Payne 著；陳增穎譯.--初版.--
臺北市：心理, 2008.07
　面；　公分.--（心理治療系列；22096）
參考書目：面
含索引
譯自：Narrative therapy: an introduction for counsellors,
　　　2nd ed.

ISBN 978-986-191-165-6（平裝）

1. 心理治療　2. 心理諮商

178.8　　　　　　　　　　　　　　　　97011720

心理治療系列 22096

敘事治療入門

作　　者：Martin Payne
譯　　者：陳增穎
執行編輯：林汝穎
總 編 輯：林敬堯
發 行 人：洪有義
出 版 者：心理出版社股份有限公司
地　　址：231 新北市新店區光明街 288 號 7 樓
電　　話：(02) 29150566
傳　　真：(02) 29152928
郵撥帳號：19293172　心理出版社股份有限公司
網　　址：http://www.psy.com.tw
電子信箱：psychoco@ms15.hinet.net
駐美代表：Lisa Wu（lisawu99@optonline.net）
排 版 者：龍虎電腦排版股份有限公司
印 刷 者：翔盛印刷有限公司
初版一刷：2008 年 7 月
初版三刷：2017 年 1 月
I S B N：978-986-191-165-6
定　　價：新台幣 330 元